财政学思政案例教程

文小才　盛　锐　主编

中国财经出版传媒集团
中国财政经济出版社
北京

图书在版编目（CIP）数据

财政学思政案例教程／文小才，盛锐主编．-- 北京：中国财政经济出版社，2024．3
ISBN 978－7－5223－2692－4

Ⅰ．①财…　Ⅱ．①文…②盛…　Ⅲ．①思想政治教育－教案（教育）－高等学校　Ⅳ．①G641

中国国家版本馆 CIP 数据核字（2024）第 034201 号

责任编辑：麦丽斯　　　　责任校对：张　凡
封面设计：陈宇琰　　　　责任印制：史大鹏

财政学思政案例教程
CAIZHENGXUE SIZHENG ANLI JIAOCHENG

中国财政经济出版社 出版

URL：http：//www.cfeph.cn
E－mail：cfeph@cfeph.cn

社址：北京市海淀区阜成路甲 28 号　邮政编码：100142
营销中心电话：010－88191522
天猫网店：中国财政经济出版社旗舰店
网址：https：//zgczjjcbs.tmall.com
中煤（北京）印务有限公司印刷　各地新华书店经销
成品尺寸：170mm×240mm　16 开　18.5 印张　317 000 字
2024 年 3 月第 1 版　2024 年 3 月北京第 1 次印刷
定价：56.00 元
ISBN 978－7－5223－2692－4
（图书出现印装问题，本社负责调换，电话：010－88190548）
本社图书质量投诉电话：010－88190744
打击盗版举报热线：010－88191661　QQ：2242791300

前言

FOREWORD

在这个充满挑战和变革的新时代，培养具有良好思想道德品质和专业素养的人才成为当今高等教育的重要任务。作为一门综合性学科，财政学既关乎经济运行和资源配置，又承载着社会公平、效率和可持续发展的使命。而思想政治教育则追求引领学生正确的价值取向和社会责任感。将两者有机结合，能够更好地促使学生在财政学知识的学习中深入思考，并培养出既具备专业素养又有社会责任感的新时代人才。

《财政学思政案例教程》应运而生，旨在将财政学与思想政治教育紧密结合起来，通过案例分析的方式，激发学生的思辨意识并加强其道德认知。本教程包含了一系列财政学领域的真实案例，覆盖了财政收入、支出管理、税收体系等多个方面。每个案例都涉及思政教育的核心价值观，既注重对财政学理论的传授，更通过案例分析，引导学生思考财政活动如何体现社会主义核心价值观，如公平正义、诚信守法、创新担当等。通过对这些案例的分析和讨论，读者不仅可以加深对财政学理论的理解，还能够培养批判性思维和综合问题解决能力。

在编写本教程过程中，我们精选了一系列具有代表性的财政学案例，涵盖了财政收入、支出管理、税收制度等多个领域。每个案例都蕴含着深刻的思想内涵和现实意义。通过深入剖析这些案例，读者能够全面了解财政学的理论知识，并在具体情境中锻炼批判性思维与综合分析能力。

本教程由河南财政金融学院文小才教授、盛锐副教授主持编写，并对全书大纲进行整体设计，胡艳荣、杨琳娜担任副主编，郭欣欣、杨淑燕、杨琳、陈丹丹、王晓燊参与编写。其中胡艳荣负责编写第一章，郭欣欣负责编写第二章，杨琳娜负责编写第三章，杨淑燕、杨琳、王晓燊负责编写第四章，陈丹丹负责编写第五章。

编写组水平有限，难免存在不足之处，恳请广大读者批评指正。本教程的部分内容已用于教学实践，编写组将结合教学实践积累的经验，持续完善和更新本书内容。

目录

CONTENTS

第一章　财政理论

案例1　财政现象

一、背景简介

财政学是研究不同社会制度下以国家为主体的分配关系及其发展规律的科学。财政学作为政治经济学的一个分支，是在资本主义经济发展较早的欧洲，随着资产阶级政治经济学的发展而逐步形成的。在财政学产生以前，已经存在着主要研究宫廷理财的“官房学”，财政学继承了“官房学”中的一些理财思想，并把财政问题提高到国家与经济的关系高度来研究，从而建立了自己的理论体系。从人类发展史来看，财政是伴随国家的产生而产生的，所以财政活动是一种历史悠久的经济现象。发展至今，我们身边的财政现象比比皆是。

二、案例概况

（一）我们身边的财政现象

我们的生活与财政之间有着密切的关系，不经意间就能感受到它的存在。

从一个婴儿呱呱坠地，到接受教育后走入职场，再到退出劳动力市场直至生命终结，人的一生都离不开政府提供的医疗卫生、义务教育、社会保障等公共服务。公共服务就是由国家财政提供的。

和家人出去旅行时，四通八达的高速公路是政府使用财政资金修建的；到达旅游景点时，相关游乐设施是政府投资开发的。这些都与政府的财政分不开关系。

告别高中，来到大学，学校的设施都是政府财政的教育支出。有的同学家境不太好，学校提供困难学生助学金，帮助同学完成学业、减轻家庭负担，同时每年都会有一定数额的奖学金发放，这些都与政府的财政分不开关系。

同时，惠农补贴、新型农业合作医疗制度、城市低保等各项制度都与国家的财政有着分不开的关系。由此可见，财政与我们的生活息息相关。

（二）政府工作报告中的财政现象

2022 年的政府工作报告指出，当年我国发展的预期目标为：国内生产总值增长 5.5% 左右；城镇新增就业 1 100 万人以上，城镇调查失业率全年控制在 5.5% 以内；居民消费价格涨幅 3% 左右。

2021 年，以习近平同志为核心的党中央团结带领全党全国各族人民，隆重庆祝中国共产党成立一百周年，胜利召开党的十九届六中全会、制定党的第三个历史决议，如期打赢脱贫攻坚战，如期全面建成小康社会、实现第一个百年奋斗目标，开启全面建设社会主义现代化国家、向第二个百年奋斗目标进军新征程。一年来，面对复杂严峻的国内外形势和诸多风险挑战，全国上下共同努力，统筹疫情防控和经济社会发展，全年主要目标任务较好完成，“十四五”实现良好开局，我国发展又取得新的重大成就。

——经济保持恢复发展。国内生产总值达到 114 万亿元，增长 8.1%。全国财政收入突破 20 万亿元，增长 10.7%。城镇新增就业 1 269 万人，城镇调查失业率平均为 5.1%。居民消费价格上涨 0.9%。国际收支基本平衡。

——创新能力进一步增强。国家战略科技力量加快壮大。关键核心技术攻关取得重要进展，载人航天、火星探测、资源勘探、能源工程等领域实现新突破。企业研发经费增长 15.5%。数字技术与实体经济加速融合。

——经济结构和区域布局继续优化。粮食产量 1.37 万亿斤，创历史新高。高技术制造业增加值增长 18.2%，信息技术服务等生产性服务业较快发展，产业链韧性得到提升。区域发展战略有效实施，新型城镇化扎实推进。

——改革开放不断深化。在重要领域和关键环节推出一批重大改革举措，供给侧结构性改革深入推进。“放管服”改革取得新进展。市场主体总量超过 1.5 亿户。高质量共建“一带一路”稳步推进。推动区域全面经济伙伴关系协定生效实施。货物进出口总额增长 21.4%，实际使用外资保持增长。

——生态文明建设持续推进。污染防治攻坚战深入开展，主要污染物排放量继续下降，地级及以上城市细颗粒物（PM2.5）平均浓度下降 9.1%。第一批国家公园正式设立。生态环境质量明显改善。

——人民生活水平稳步提高。居民人均可支配收入实际增长 8.1%。脱贫攻坚成果得到巩固和拓展。基本养老、基本医疗、社会救助等保障力度加大。教育改革发展迈出新步伐。新开工改造城镇老旧小区 5.6 万个，惠及近千万家庭。

——疫情防控成果持续巩固。落实常态化防控举措，疫苗全程接种覆盖率超过 85%，及时有效处置局部地区聚集性疫情，保障了人民生命安全和身体健康，维护了正常生产生活秩序。

过去一年取得的成绩，是以习近平同志为核心的党中央坚强领导的结果，是习近平新时代中国特色社会主义思想科学指引的结果，是全党全军全国各族人民团结奋斗的结果。在肯定成绩的同时，我们也清醒地看到面临的问题和挑战。我国经济尚处在突发疫情等严重冲击后的恢复发展过程中，国内外形势又出现很多新变化，保持经济平稳运行难度加大。全球疫情仍在持续，世界经济复苏动力不足，大宗商品价格高位波动，外部环境更趋复杂严峻和不确定。我国经济发展面临需求收缩、供给冲击、预期转弱三重压力。局部疫情时有发生。消费和投资恢复迟缓，稳出口难度增大，能源、原材料供应仍然偏紧，输入性通胀压力加大，中小微企业、个体工商户生产经营困难，稳就业任务更加艰巨。关键领域创新支撑能力不强。一些地方财政收支矛盾加大，民生领域还有不少短板。

我国需要着力稳定宏观经济大盘，保持经济运行在合理区间。继续做好“六稳”“六保”工作。宏观政策有空间有手段，要强化跨周期和逆周期调节，为经济平稳运行提供有力支撑。

第二，应着力稳市场主体保就业，加大宏观政策实施力度。完善减负纾困等政策，夯实经济稳定运行、质量提升的基础。

第三，应坚定不移深化改革，更大激发市场活力和发展内生动力。处理好政府和市场的关系，使市场在资源配置中起决定性作用，更好发挥政府作用，构建高水平社会主义市场经济体制。

第四，深入实施创新驱动发展战略，巩固壮大实体经济根基。推进科技创新，促进产业优化升级，突破供给约束堵点，依靠创新提高发展质量。

第五，坚定实施扩大内需战略，推进区域协调发展和新型城镇化。畅通国民经济循环，打通生产、分配、流通、消费各环节，增强内需对经济增长的拉动力。

第六，大力抓好农业生产，促进乡村全面振兴。完善和强化农业支持政策，接续推进脱贫地区发展，促进农业丰收、农民增收。

第七，扩大高水平对外开放，推动外贸外资平稳发展。充分利用两个市场两种资源，不断拓展对外经贸合作，以高水平开放促进深层次改革、推动高质量发展。

第八，持续改善生态环境，推动绿色低碳发展。加强污染治理和生态保护修复，处理好发展和减排关系，促进人与自然和谐共生。

第九，切实保障和改善民生，加强和创新社会治理。坚持尽力而为、量力而行，不断提升公共服务水平，着力解决人民群众普遍关心关注的民生问题。

政府工作报告中提出的我国发展中存在的问题和采取的措施，它们在相当程度上都可以纳入财政学的研究范围，并从中归纳出财政学的研究对象。财政是随着国家的产生而形成的一种经济关系及特殊分配关系，财政学就是研究以国家（或政府）为主体的财政分配关系的科学，其研究对象是财政分配活动及其规律性。在中国特色社会主义新时代，公共财政概论的研究对象可确定为：社会主义市场经济体制下的公共财政分配活动和分配关系及其规律性。

（三）美国政府停止运行反映的财政现象

2006 年 7 月 1 日，美国新泽西州州长科尔津签署一项行政法令，“关闭”已经没有权力支出任何预算的州政府。行政令签署几分钟后，州内公路建设项目就已经接到停工通知，交通部门计划在当地时间 7 月 1 日中午关闭；州法院也将被迫处于“停工”状态，除非有特殊情况亟待处理。该州其他非特殊领域的政府机关也很快停止运行。此外，所有州立公园、海滩和名胜古迹也被迫关闭，但预计将在 7 月 4 日美国独立日开放一天。不过，包括警察局、监狱、精神病所和儿童福利机构等在内的关键部门仍然处于运行状态，不过大约 36 万名雇员将在欠薪状态下维持工作。州政府的“关门”命令，导致大约 4.5 万名雇员基本处在待业状态。这一局面让许多工会感到不满，它们纷纷要求州政府在“关门”期间继续为雇员提供工资。

美国媒体评论说，州政府因预算问题被迫“关门”的局面在该州历史上绝无仅有。最受这一事件打击的是新泽西州的赌场。根据新泽西州法律，赌场营业时必须有州政府派出的监督员负责监督，而州长叫停大多数政府部门运行后，赌场将因为监督员缺失，从而不具备营业的前提条件。另据新泽西州赌场协会的估计，如果新泽西州的所有赌场停止营业，新泽西州政府每天将失去 130 万美元的赌场营业税，如果从这一天算到独立日假期的话，预计税收损失将达到数百万美元。

导致州长下达“停工令”的直接原因是州议会没有在规定时间前通过州政府预算。根据新泽西州宪法，州议会必须在 7 月 1 日前通过一项平衡预算方案，否则州政府将无权使用任何财政开支。此前，州长科尔津提出将州销售税从目前的6%提高到7%，以平衡 45 亿美元的财政赤字，但却遭到了州众议院的强烈反对，致使平衡预算最终未能在 7 月 1 日前通过，由此也冻结了政府的开支权。

2019 年 1 月，特朗普政府和国会陷入了僵局：特朗普在竞选初期提出要在美国和墨西哥边境建立一座围墙来应对非法移民，现在他准备兑现承诺，用 50 亿美元在南部边境修建隔离墙时，国会不批准这项支出了。于是，联邦政府“关闭”（shut down）了。

根据 *VOX* 新闻网站的报道，美国 15 个联邦部门中有 9 个受到这种关闭的影响。这些暂停服务的机构包括美国环保署、美国国税局以及州住房和城市发展部、财政部、农业部、商业部、内政部等（见图 1 – 1）。

不受影响的部门包括军队、空中交通管制、联邦监狱、教育和卫生医疗等。国会继续为这些部门提供全额资金。

当然，政府关门最直接影响的是各个机构的工作人员，他们要么被强制休假或解雇，要么无薪工作。

图 1 – 1　*VOX* 新闻网报道美国“停工令”

每个受影响的部门及其内部机构都有自己的应急预案，如何在紧急状态下维持运转。他们会判断哪些员工是“必不可少的”，那么这些人就并且必须无薪工作；或者哪些员工是“非必要的”，那么这些人就可以被解雇或者无薪休假。

例如，在国土安全部，包括边境巡逻队在内的大多数工人仍在工作，而美国国税局和环保局的大多数工人都被迫在家待着。

根据英国《独立报》报道，在纠纷解决之前，超过 420 000 名“基本”联邦雇员将无偿工作。另外 380 000 人将被“甩掉”（包括美国宇航局所有人在内），这意味着他们将被强制休假。

由于政府关闭，白宫的厨师也被送回家休假了。2019 年 1 月 14 日，特朗普在白宫举行纪念 2018 年大学橄榄球季后赛全国冠军克莱姆森老虎队的仪式，只能购买了快餐。

不过，特朗普并不是美国历史上唯一一个“关闭”政府的总统。在他之前，奥巴马、克林顿、卡特、福特都曾因为各种原因“关闭”政府。但特朗普是“关闭”时间最长的一个，这反映了预算对于政府运行和国家财政的重要性。

（四）财政现象中蕴含的财政知识

通过学习身边的财政现象、2022 年政府工作报告、美国政府因经费不足停止运行等案例，可以了解到其中蕴含的财政知识。我们知道了，一个公民一天的日常生活中，离不开国有企业运营提供的水、电、气等物品，离不开公共道路、更离不开靠法律维护的安定的社会秩序等。这些支出，也主要是靠政府财政资金提供。

对于政府的这些财政支出我们是否可以进行简单的分类呢？答案是肯定的。政府遵循等价交换原则安排的财政支出，也就是说，政府如同市场主体购买商品和服务所产生的支出，那就是购买性支出。前面提到的基本公共服务支出、财政投资等支出都属于购买性支出。

反之，如果财政资金是单方面无偿提供给社会公众的，就是转移性支出。社会保障支出、财政补贴、债务利息支出等属于转移性支出。

政府要花钱，就得筹钱。那么，钱从哪儿来呢？在政府收入来源里，排第一位的是税收收入。个人所得税、增值税、消费税、企业所得税都属于税收收入，减税降费、关税壁垒，这些都是在各类媒体上出现的高频词。

除了税收以外，政府的收入还有各种非税收入。2018 年某明星因为偷逃税需补缴的税款、滞纳金以及罚款超 8 亿元人民币，这里面就有税收收入和非税收入。

而当政府缺钱了，怎么办？

政府支出大于收入，这个差额在会计处理上用红色数字标识，收支缺口就是财政赤字。而弥补财政赤字，最常用的方法是发行政府债券。所以，财政收入还有一种来源，就是债务融资，即依靠发行政府债券来筹集财政资金。

归纳一下，财政的收入形式有税收收入、非税收入、政府债务三种主要形式，支出分为购买性支出和转移性支出两种形式，而收支不平衡会出现财政赤字和财政盈余。

以上的收支项目，政府是不是想怎么办就怎么办呢？现代社会，政府收支行为是受到权力机关和社会公众监督约束的。政府预计怎么收税，怎么花钱都需要征得权力机关的同意。每年全国人民代表大会代表都要审议财政部部长所作的关于上年财政执行情况和当年财政预算情况的报告，所以，财政现象中有一个非常重要的内容，就是政府预算和决算。

我国的政府预算包括一般公共预算、政府性基金预算、国有资本经营预算、社会保险基金预算四本预算，简称全口径预算。

转移支付也是一个重要的财政现象，它与财政体制有关。一个国家往往需要设置中央政府和地方政府进行分级管理，一级政府一级预算主体。如何划分政府间的财政收支分配关系有不同方法，由此就形成了不同财政体制。财政体制又被称为政府预算管理体制。由于地方政府之间存在发展不平衡的现象，所以上级政府或是同级政府将一部分财政收入以一定形式拨付给存在财政困难的地方政府使用，以达到该地方政府财政收支平衡的效果。因此，政府间的财政资金无偿拨付形成了转移支付。

从各级政府的财政收入和支出的数量及其结构可以看出各级政府的钱到底来自哪些方面，这些钱又用在哪些方面，从而反映出不同级次政府的财政活动的量和主要活动的范围。

政府编制预算时需注重收支平衡，就是在实行平衡预算。如果有意识地列有预算赤字，政府就是在推行赤字预算，以政府的收支不平衡维护宏观经济总量的平衡。因此，与财政平衡相关的有一个非常重要的财政现象——财政政策。财政政策是政府运用财政工具实现政策目标的指导原则及其相应的措施。大家比较熟悉的是扩张性财政政策、紧缩性财政政策以及中性的财政政策这几种分类。

从刚才这些现象里，我们可以找到几个关键词。购买性支出和转移性支出构成了财政支出，简称“支”；税收收入、非税收入和国债收入形成了财政收入，简称“收”，政府预算和财政体制形成了对政府收支的管理，简称“管”。财政平衡和财政政策相互关联，简称“平”。这四个字的组合形成了政府理财的逻辑。

在组合时，到底是以支定收还是以收定支？经济学者们普遍认为，要按照社会公共需要界定政府职能，再界定政府支出规模，以此为基础确定财政收入的规模。所以“以支定收”这一逻辑被大家更为普遍地接受。

把财政现象简单描述之后。想必大家已经对什么是财政，以及财政学学科体系的主线有了简单认识。国家或政府。为了向公众提供服务，需要耗费资源，这就是财政支出。为了满足支出，必须筹集到必要的资金，这就是财政收入。

国家为了能够持续运转下去，必须加强对财政收支的管理，实现财政收支平衡，这就是财政的管理和财政的平衡。财政就是支、收、管、平这条主线以政府为主体的经济活动。在 2022 年政府工作报告中，政府取得的经济成果、面临的挑战和对策都在相当程度上可以纳入财政学的研究范围，与财政收支有关，想要更深入地了解政府工作报告和我们身边的经济现象中蕴含的各项财政知识，需要了解和学习财政学的研究范围、研究对象、财政职能、财政支出（购买性支出、转移性支出）、财政收入（税收）、政府决策机制（公共选择）、政府预算（全口径预算）、财政分权（分税制）、财政平衡、财政政策等知识，这些我们在本书的后续内容中都会涉及。

三、思考题

1. 举例说明身边的财政现象。
2. 结合案例，谈谈政府工作报告中提到的内容都蕴含了哪些财政知识。

案例说明书

一、课前准备

本案例要求学生提前阅读案例正文，并通过网络了解政府工作报告、国家的财政政策等新闻，认真思考案例后的思考题。

二、课堂安排

绪论是财政学基础的教学内容。案例教学是沟通理论与实践的桥梁，能够把认知性和感受性学习方式很好地融合起来，培养学习者的相关技能及其运用能力。本案例课堂安排如下：

1. 学生熟悉案例背景：结合课前预习的国家财政新闻和专业课知识，总结提炼美国政府停止运行、我国政府工作报告等案例的基本要点和关键问题，并结合案例后面的思考题进行讨论。此项安排时间大约 20 分钟。

2. 教师组织进行讨论：大致按照“是什么（what）”—“为什么（why）”—“怎么样（how）”的线索展开。要求每组学生完成以下工作：首先，针对美国政府停止运行、我国政府工作报告等案例中涉及的事件进行政策描述（policy description），对基本知识背景与政策状况进行简要介绍；其次，分析案例中涉及的关键问题与知识点。此项安排时间大约 45 分钟。

3. 教师进行政策评价（policy appraisal），对成功或失败的财政政策进行总结，汲取经验教训，归纳各方意见并在选择中达成共识。此项安排时间大约 20 分钟。

三、教学目标

1. 通过分析身边的财政现象，了解到财政学的重要性。

2. 学习 2022 年政府工作报告，明晰财政学的研究对象和研究范围，并通过工作报告中提到的各项经济目标和政策，了解财政学的基本概念与知识。

3. 阅读美国政府案例，学习政府、财政与财政预算之间的联系。

四、思政元素

1. 让学生了解财政学知识的重要性，加强专业认同感。财政是国家治理的基础和重要支柱；财政学具有多学科属性，教学内容与国家制度和政策紧密相连。让学生认识到学科知识与自身的相关性与重要性，产生强烈的专业归属感，化被动学习为主动学习。

2. 强化学生对于宏观经济知识的把握能力，提升思维的高度和广度。学习财政知识要有家国情怀，了解国家和身边的财政现象能够使学生站在宏观的视角、带着财政的思维思考问题，强化学生宏观经济知识把握能力，增强大局观。

五、要点分析

本案例分析的核心在于生活中的财政知识，从身边的财政现象到政府工作报告中蕴含的财政知识，涉及财政学的基础问题，具有较强的理论和现实意义。

第一，该案例涉及财政学的研究范围、研究对象等内容。财政是随着国家的产生而形成的一种经济关系及特殊分配关系，财政学就是研究以国家（或政府）为主体的财政分配关系的科学。新中国建立以来，我国财政学界以马克思主义政治经济学为基础理论，借鉴西方国家财政理论的研究成果，总结中国财政运行的实践经验，对财政理论和制度进行创新，丰富了财政学的内容体系，逐步形成了具有中国特色的财政学。财政学作为研究财政分配关系的科学，其研究对象是财政分配活动及其规律性。研究财政学，就是要从纷繁复杂的社会经济运行及现象中梳理、归纳出财政分配活动，着重研究财政职能定位、财政分配的过程及其内容、财政分配与社会经济活动的相互关联等，揭示财政分配的规律性，进而为制定财政制度和财政政策提供科学的理论指导，以更好地引领财政实践，实现国家的既定目标。作为新时代的新财政模式，公共财政概论的研究对象可确定为：社会主义市场经济体制下的公共财政分配活动和分配关系及其规律性。

第二，生活中经常见到的财政现象包括了财政支出、财政收入、转移支付、预算、财政政策等基础知识。在这里简单介绍这些相关知识，财政收入是指政府为履行其职能、实施公共政策和提供公共物品与服务需要而筹集的一切资金的总和。财政收入表现为政府部门在一定时期内（一般为一个财政年度）所取得的货币收入，更是衡量一国政府财力的重要指标。政府在社会经济活动中提供公共物品和服务的范围和数量，在很大程度上取决于财政收入的充裕状况。而相对应的概念财政支出，是政府为履行其自身的职能，对其从私人部门集中起来的以货币形式表示的社会资源的支配和使用。但各级政府的财政收入与支出可能并不匹配，这就涉及财政转移支付的知识。财政转移支付是指为弥补财政实力薄弱地区的财力缺口，均衡地区间财力差距，实现地区间基本公共服务能力的均等化，中央财政安排给地方财政的补助支出，由地方统筹安排。但政府花钱需要列计划吗？答案是肯定的，政府的花钱计划叫做预算。预算是经法定程序审核批准的国家年度集中性财政收支计划。它规定国家财政收入的来源和数量、财政支出的各项用途和数量，反映着整个国家政策、政府活动的范围和方向。而我们在政府工作报告中看到的政府各项政策统称为财政政策，财政政策指为促进就业水平提高，减轻经济波动，防止通货膨胀，实现稳定增长而对政府财政支出、税收和借债水平所进行的选择，或对政府财政收入和支出水平所作的决策。

第三，在美国的政体中，议会与政府间的权力分立和制衡是基本要素之一，这使得二者之间在很多时候是一种博弈关系。美国新泽西州政府的关闭可谓州长与州议会之间预算案之争的最高潮，其中固然有负气成分，但也反映出财政预算对政府履行职能的决定性作用。在得不到预算支持的情况下，政府的公共服务哪怕再重要也无法实施。在新泽西州政府部门机构“停摆”的时候，恰逢美国部分地区突降暴雨，流经新泽西州的特拉华河水急涨，该州有 4 个县进入了紧急状态，大批居民需要转移。幸好部分警察依然在欠薪状态下继续工作，否则，如果救援的警察在这时候甩手不干，那可真要乱套了。但是，如果预算长时期得不到批准，被欠薪的警察恐怕不能无限期坚持下去。因此，及时充分的资金支持是政府运转的基本条件。

案例 2　公共财政与公共财政思想

一、背景简介

综观我国几千年留存下来的古籍，可以看到“国用”“国计”“度支”“理财”等一类用词，都是关于当今的财政即政府理财之道的记载，还有“治粟内史”“大农令”“大司农”一类用词，则是有关当今财政管理部财政部门的记载。如今“财政”一词的使用，虽已习以为常，但“财政”一词出现在中文词汇中至今却只有百年的历史。据考证，清朝光绪二十四年，即 1898 年，在戊戌变法“明定国是”诏书中有“改革财政，实行国家预算”的条文，这是在政府文献中最初启用“财政”一词。“财政”一词的使用，是当时维新派在引进西洋文化思想指导下，间接从日本“进口”的，而日本则是来自英文

"public finance"一词。孙中山先生在辛亥革命时期，宣传三民主义曾多次应用"财政"一词强调财政改革，民国政府成立时，主管国家收支的机构命名为财政部。美国政府相应机构的英文用词为"Department of Treasury"，本来的意思是金库或国库，在我国也译为财政部。

20世纪40年代中华书局出版的《辞海》对"财政"一词作如下解释：财政谓理财之政，即国家或公共团体以维持其生存发达之目的，而获得收入、支出经费之经济行为也。显然，这种解释也是从英文"public finance"译为中文引入的概念。因此，"财政"一词在中文词汇中的应用已经有100多年的历史，目前在中文词汇中的含义，虽然在学术研究上还有不同的理解，但在日常生活中，已经是一个没有什么疑义的十分确定的词语，例如，管理国家收支的工作之曰财政工作，管理机关名之曰财政部、财政厅、财政局等，已经约定俗成，为社会所公认。财政一词最早起源于西欧。13—15世纪，拉丁文"finis"是指结算支付期限的意思，后来演变为"finare"，则有支付款项、裁定款项或罚款支付的含义。到16世纪末，法国政治家波丹将法语"finances"作为财政一词使用，认为财政是"国家的神经"，随后逐步泛指国家及其他公共团体的理财。中国古代一般采用国用、国计、邦计、度支、理财等词语。日本自1868年明治维新以后，从西欧各国引用"finance"一词，吸收中国早已分开存在使用的"财"和"政"二字的含义，创造了财政一词，并于1903年传入中国，逐步取代以前的各种名称，确立了财政的概念。所以，公共财政对于中国虽然属于舶来品，但中国的公共财政思想的历史渊远流长。

二、案例概况

（一）我国古代财政思想

我国古代经济思想中，财政思想是较为丰富的，细究古代财政思想，我们可以看到很多可贵的公共支出思想。

1. 坚持国家经费与皇室费用相分离的原则

秦汉以前，国家公共经费与君主私人费用混为一体。甚至国家财政的许多职能，也往往以为君主个人服务的形式表现出来。秦朝时，首次在中央机构分设"治粟内式"与"少府"二职，前者"掌谷货"，专门掌理全国谷物、钱币之类的赋税收入及其开支，后者"掌山海池泽之税"，作为供养天子之需的主要来源。这样从收入来源和组织体系上将国家财政和皇室费用两者划分开来，形成两个不同的收支系统。汉初统治者进一步认识到把国家经费与天子封君的“私奉养”从收入来源上加以区别的必要性。规定国家财政以田租、算赋等征课为其来源，专门用于支付“吏禄”“宫用”一类的公家开支。而皇室费用则主要取自山川、园地、市肆的租税收入。并特别强调皇室经费分立的制度，第一次从思想原则上得到确认。此后，如何防止统治者个人开支侵占国家经费以保持公赋的独立，成为以后封建理财家们关注的问题。汉哀帝时，私以国库兵器赠送宠臣，毋将隆认为这是“以天下公用经其私门”，违背了国家与皇室财政分立的原则。他指出。大司农收人系专门支付“天下公用”，而皇室私人的供养与赐予，则全部由少府收入负担，两者一个是“本”，一是“末”。决不能以国家的财力和人力来供养皇室私人的浮费开支，这才是“别公私”的“正路”。毋将隆的这番议论，不只是重申了汉初关于“私奉养不领于天下之经费”的传统，更重要的是强调了必须保持国家公共收入的独立性。东汉末年，宦官日强，反对帝室“多蓄私藏”，他上疏说，天下之财，若归之陛下，那“岂有公私”？意为天下之财应属于天下所有。著名学者荀悦，反对皇室私藏的言论更为鲜明。唐朝著名理财家杨炎坚持划分公赋予天子私藏，恢复公赋收入系统的独立，再次肯定公赋独立的必要性。贯穿封建王朝始终的这些坚持公赋独立的议论，反映了他们的一个基本认识，即财政是为国家而不是为个人服务的，财政支出系为了公众利益，皇室不得为了私人目的而挪用国库收入。

2. 民利为先的思想

在中国古代财政思想中，很多学者都主张在财政支出中以民利为先，即财政支出要以与民有利为原则。西周时期，在财政支出上就有主张政府应优先考虑和赈济那些缺乏或丧失劳动能力的老弱、疾病、孤寡者。春秋时期。《左传》记载，邾文公曾说：“荀利于民，孤之利也，天生民而树之君。以利之也。民既利矣，孤必与焉”则体现了以民力为原则进行财政支出的原则。舌子在财政开支方面的观点则是以救济鳏寡孤独这四类“天下之穷民而无告者”为王政之先声。墨家代表墨翟更是一再强调国家的财政开支必须以利民为原则。在古代封建社会“普天之下，莫非王土，率土之滨，莫非王臣”，皇帝拥有天下的一切，因而也有强制征稽的思想存在，但我们仍可看出，财政支出须以利民为先决条件这一可贵思想。

3. 公共工程思想

政府利用兴建公共工程来刺激经济发展，扩大就业的做法，是现代财政发挥积极宏观调控作用的一种普遍方式。在中国古代经济思想中，已有公共工程思想的雏形，包含在荒政思想中。所谓荒政思想，即在荒年以何种方式救荒的思想。在中国古代农业社会，“靠天吃饭”是人民主要生存方式，救荒问题是历代统治者必须认真对待的问题因而也产生了诸多的救荒思想。“以工代赈”是其中的主要方式，即在荒年多兴办公共工程，解决失业问题，从而刺激生产，可谓现代公共工程思想的先驱。早在春秋时期孟子就反对“人人而济之”，反对通过救济方式使所有困难的人“每人而悦之”，可谓后世“以工代赈”思想的萌芽。《周礼》更提出了一整套荒政措施，其中大多数与国家财政有关。而《管子》则指出特定时期，即“岁凶旱水溢，民失其本”的社会生产不振场合，有必要由政府予以推动。南北朝时，周朗对于因饥馑而流散的农民如何安置的问题曾建议用政府“兴役”的以工代赈方式来代替直接的财政救济，并用赏爵的方式鼓励富民供应饥民之食。北宋时范仲淹及沈括更是将以工代赈思想具体化为一种救荒措施。至明朝时，林希元则在《荒政丛言疏》中，将“兴工役以助赈”正式列为必备的救荒措施之一。王夫之主张在荒年多办公共工程，要“留工作以待荒年”来聚集失业之人，这里的工作指在南方兴修水利，在北方整修边防公事，由此募工进行。所有这些“以工代赈”的救荒思想都是现代公共工程思想的先驱，也是公共财政思想的重要内容。

4. 政府采购思想

政府采购作为财政支出的重要一项，在西方已有一套完善的政府采购制度，政府采购理论也日趋完善。然而，在我国古代财政思想中，早有政府采购思想的萌芽。

早在《周礼》中就重视商品价格的管理，“使有恒价”即要求商品价格稳定在一个习惯的水平上，其理由之一即是出于政府部门在市场上采购所需商品或出售官府物资的需要，可见政府部门的采购活动已受到重视。唐朝时，和籴思想比较鲜明的具有政府采购思想的雏形，所谓和籴是政府对所需物品在市场上按照流行价格予以收购。和籴制度始于后魏，南齐时也曾用和籴方式收购米谷丝绵。唐初在市场上已有专门行政机构、官员来从事政府采购活动。虽然在采购活动中有许多贪污舞弊现象，但在财政思想中已向前迈进了一大步。陆贽也坚持和籴政策，他主张将国家所需的许多物资按照市场价格收购，连所需用劳动也采用雇佣劳动方式。并强调“交易往来，一依市利，勿令官吏催遣。”

举凡军事运输、收购草料、供应军粮、调节民食等措施，他主张斟酌市价，进行和籴。还提出不惜用“加倍之价”收购官府所需物资，借以刺激生产，这也可谓政府采购实施的一个目的。这些思想均可看出政府采购思想的痕迹。

5. 讲求效益

评价一个国家财政水平，不是看财政收入的多少，而是看财政支出的效益，即国家的钱应该花在哪些地方，怎样花才更有效。因此，讲求效益可谓是公共财政与国家分配论的一个区别点。在我国古代财政思想中，有些思想家已经注意到了财政要讲求效益。

墨家代表墨翟不仅强调国家的财政支出必须以利民为原则，而且强调财政支出方面“不加利者不为也”或“无不加用而为者”，意味着国家应以“加利”或“加用”与否，作为判断财政开支是否具有经济效益的重要标准，从而决定是否应予以支用，这乃是主张提高财政支出经济效益的观点。法家代表韩非也非常讲求支出的经济效益，认为凡事只有“计其人多，其出少者”，方可去做。如果“计其入不计其出”，不知道支出超出收入的危害，那就是“名得而实亡”。他批评当时国家纵容官吏滥用财政经费而不讲求经济效益的做法，如谓“今无费无罪而少得为功，则人臣出大费而成小功，小功成而主实有害”，这种批评做事不计成本，认为在不讲求支出效益的情况下，即使办成某种事业，对君主也是有害的观点，现代财政仍值得借鉴。《管子》也主张各项财政支出均应考虑其经济效益，而不是一味强调节用，这些都是强调讲求财政经济效益的观点。

（二）毛泽东对财政工作的指导

毛泽东作为伟大的无产阶级革命家、战略家和理论家，为中华人民共和国的缔造和我国社会主义事业的发展，建立了开创性的、不可磨灭的功勋。在其长期治党治国理政生涯中，毛泽东历来重视财政工作，并就财政问题提出了不少理论观点和政策方略，形成了较为丰富的财政思想，有力指导和推进了中国的革命与建设。

1. 加强党对财政工作的领导

在毛泽东的视野里，财政首先是一个政治范畴，具有鲜明的政治性，事关治国安邦、强国富民。他多次强调财政工作要算政治账、大局账，要顾长远，不能陷入收收支支的小圈子。他指出，“政治工作是一切经济工作的生命线”，“国家的预算是一个重大的问题，里面反映着整个国家的政策，因为它规定政府活动的范围和方向。”

毛泽东把财政工作看作是治国理政的重要手段。针对1940年陕甘宁边区因被国民党停发军饷、实行经济封锁和受灾而遇到的突出财政困难，毛泽东提出经济建设乃是各项工作的中心，并把解决财政经济问题看作是“学习治国”。1951—1952年，他亲自部署了以反贪污、反浪费、反偷税漏税等为主要内容的“三反”“五反”运动，强调“这是共产党人统治国家的一次很好的学习，对全党和全国人民都具有很大的意义”。针对1952年新税制改革，毛泽东专门要求要在中共中央政治局会议上讨论研究，在全国财经工作会议上作结论。强调财政工作的政治性，就必须要加强党对财政工作的领导。早在1941年，中共中央就专门成立了中央财政经济委员会，统一对财政经济工作的领导。在抗日战争时期，中央政治局或书记处会议几乎每次都要谈到财政经济问题。新中国建立初期，中央明确规定：一个县里配干部，除县委书记和县长外，还要配备一个能力强的人当税务局长，以便把税收工作抓起来。1950年5月毛泽东致电要求，“各中央局主要负责同志必须亲自抓紧财政金融经济工作，各中央局会议必须经常讨论财经工作，不得以为只是财经业务机关的工作而稍有放松，各分局、大市委、省委、区党委亦是如此。”1952年12月，毛泽东还亲自拟定了党中央及各级党委对政府、对财经工作的领导责任并发布执行。

当时，财政经济工作也成了中央和中央局会议的主要议程。为了解决政府工作中存在的分散主义，新中国成立初期还探索建立加强党对财经工作领导的机制。1953年，中共中央专门印发了关于加强中央人民政府系统各部门向中央请示报告制度及加强中央对于政府工作领导的决定、关于加强中央人民政府财政经济部门工作领导的决定。这些决定指出，为了避免政府工作使脱离党中央领导的危险，今后一切主要的和重要的方针、政策、计划和重大事项，必须经过党中央的讨论和决定或批准。同时要求今后政府各部门的党组工作应直接接受中央的领导，并为此撤销了政务院党组干事会即总党组。

2. 经济决定财政的理财思想

“发展经济，保障供给”是毛泽东对财经工作实践的高度理论概括，阐明了经济与财政之间的辩证关系，并成为我们党从事财政工作始终遵循的重要原则。一是强调经济对财政的决定作用。早在1934年1月，毛泽东在江西瑞金召开的第二次全国工农兵代表大会上就指出：“从发展国民经济来增加我们财政的收入，是我们财政政策的基本方针。”1942年12月，毛泽东在陕甘宁边区高级干部会议上作出《抗日时期的经济问题和财政问题》的报告，是对经济决定财政关系的系统论述。他在报告中明确提出："发展经济，保障供给，是我们的经济工作和财政工作的总方针。"他认为决定财政的是经济，"未有经济无基础而可以解决财政困难的，未有经济不发展而可以使财政充裕的。""财政困难，只有从切切实实的有效的经济发展上才能解决。"

这种积极理财思想，强调各级政府在财政经济问题上，要把重点放在大力发展生产、更好地开辟财源方面，"应以百分之九十的精力帮助农民增加生产，然后以百分之十的精力从农民取得税收。"为了解决边区财政困难问题，他及时发出了"自己动手，丰衣足食"的号召，积极开展以农业为中心的大生产运动，取得了积极效果。1956 年，毛泽东在听取财政部工作汇报时指出，财政部门挖掘财政收入潜力，还是要靠经济、生产部门。毛泽东在强调经济决定财政的同时，曾经指出，要把经济工作看作是"一个广大的运动，一个广大的战线"，而不能看作是"一个用以补救财政不足的临时手段"。二是反对单纯财政的观点。在中国革命的历程中，毛泽东对那些"片面地看重了财政，不懂得整个经济的重要性"的同志提出了严厉批评，认为"他们的脑子终日只在单纯的财政收支问题上打圈子，打来打去，还是不能解决问题。这是一种陈旧的保守的观点在这些同志的头脑中作怪的缘故。"针对边区大生产运动中存在的一些问题，他明确指出，"只片面地在开支问题上打算盘的保守的单纯的财政观点""只片面地注意少数政府人员忙于收粮收税弄钱弄饭的观点""不知用全力帮助群众发展生产只知向群众要粮要款的观点"和"只是片面地提倡艰苦奋斗的观点"都是错误的。三是一要吃饭二要建设的方针。在革命战争年代，毛泽东非常关注部队的吃饭生存和生产建设问题。新中国成立前夕，他更加重视处理吃饭和建设的关系。1949 年 3 月，他在同苏联米高扬会谈时指出："当前摆在我们面前的迫切任务是解决人民的衣食住问题和安排生产建设问题。"这是毛泽东对即将成立的新中国提出的财政经济政策方针，具有很强的针对性。应该说，"一要吃饭，二要建设"的用财思想，与他发展经济保障供给的思想是一脉相承的，彼此有着紧密的思想逻辑联系。

3. "量力而行、量入为出"的预算方针

毛泽东一向重视财政收支平衡，强调财政要留有余地，量力而行，不要收过头税，"有多少钱办多少事"。一是树立人民观点，减降税收负担。毛泽东多次强调，政府要据实征税，不收"过头税"，"有多少本钱做多少生意，赚多少钱收多少税"，"税收一定要按率计征"，"要注意赋税的限度，使负担虽重而民不伤”，防止“竭泽而渔，诛求无已”。1958 年 11 月，他在郑州会议上指出：“提倡实事求是，不要谎报，不要把别人的猪报成自己的，不要把三百斤麦子报成四百斤。人民是骗不了的。过去的战报，谎报战绩只能欺骗人民，欺骗不了敌人，敌人看了好笑。”1965 年 6 月，他在听取“三五”计划和三线建设汇报时指出：“向老百姓征税征粮，多了会闹翻，不行的。这是个原则问题。要根据客观可能办事，绝不能超过客观可能。按客观可能还要留有余地。留有余地要大，不要太小。要留有余地在老百姓那里，对老百姓不能搞得太紧。总而言之，第一是老百姓，不能丧失民心……脱离老百姓毫无出路，搞那么多就会脱离老百姓。”据统计，1950—1961 年全国农业税收入年均 186 亿公斤细粮，而 1961—1975 年，尽管粮食产量增加了，但全国农业税收入年均仅 125 亿公斤细粮，出现较大幅度下降。二是适当控制支出，坚持收支平衡。毛泽东多次强调，要立足于我们国情和实际。1956 年在听取财政部工作汇报时，针对有关部门不顾客观实际盲目提出财政资金需求的现象，提出了严厉批评：“哪里要得了这么多，这是漫天要价，除非有几个金鸡生蛋才行。”1964 年，针对经济形势好转后出现的上项目势头过大问题，毛泽东提出了“有多少钱办多少事”的要求，强调“不要以我们这些人的寿命来考虑事情，要以客观规律办事。建设也是客观规律，搞多了，不行。”“财政收入不要打得太满了，打满了危险！过去我们吃过亏，把财政收入打得满满的，把基本建设战线拉得长长的。”总体上看，新中国成立之后的二十多年基本实现了全国财政年度收支平衡。三是号召厉行节约、反对浪费。毛泽东一生都把厉行节约、反对浪费作为一项治国之道。早在 1934 年 1 月，他就指出：“节省每一个铜板为着战争和革命事业，为着我们的经济建设，是我们的会计制度的原则。”“财政的支出，应该根据节省的方针。应该使一切政府工作人员明白，贪污和浪费是极大的犯罪。”新中国成立后他又强调，“我们的国家现在还是一个很穷的国家，并且不可能在短时间内根本改变这种状态”“要提倡勤俭建国”“执行厉行节约、反对浪费这样一个勤俭建国的方针”“这不但在经济上有重大意义，在政治上也有重大意义”。1955 年，针对一些合作社存在的不注意节约的不良风气，毛泽东郑重指出：“勤俭办工厂，勤俭办商店，勤俭办一切国营事业和合作事业，勤俭办一切其他事业，什么事情都应当执行勤俭的原则。节约是社会主义经济的基本原则之一。”

4. “集中财力办大事”的资源配置方针

新中国成立之后，面对我国一穷二白、财政经济困难的情况，毛泽东始终强调要发挥制度优势，集中财力办大事，“就是有了钱还是要打歼灭战”。为此，1950 年党中央即作出《关于统一国家财政经济工作的决定》，明确提出统一全国财政收支、物资调度和现金管理，逐步建立起中央财力高度集中的财政体制。全国财经工作的统一，为集中全国有限财力“办大事”提供了制度保障。

一是采取保证重点支出、压缩一般性开支的办法，应对抗美援朝的巨大开支。1952 年底，中央在讨论《五年计划轮廓草案》时就明确指示：一是执行“边打、边稳、边建”的方针，既要保证抗美援朝战争取得胜利，又要进一步稳定社会秩序和经济秩序，使大规模的经济建设工作、有条不紊地展开。1953 年毛泽东在中央人民政府委员会第 24 次会议上强调，要把重点放在抗美援朝、建设重工业等为了人民长远利益的“大仁政”上，同时又要兼顾人民生活改善的当前利益的“小仁政”，“照顾小仁政，妨碍大仁政，这是施仁政的偏向”。据统计，新中国成立后第一个五年军事费用支出占国家预算支出高达 24%。二是突出重点，把有限的资金用于增强国家工业基础的建设上。从“一五”计划时期开始，国家以苏联援建的 156 项重点工程、694 个大中型建设项目为中心，进行了大规模投资，逐步建成了一批门类比较齐全的基础工业项目，为国民经济的进一步发展打下了坚实的基础。中国不仅已经能够自行设计和批量生产汽车、飞机、拖拉机等，而且成功地爆炸了原子弹、氢弹，试制并成功发射了中远程导弹和人造卫星。“两弹一星”标志着新中国在科技领域和国防建设方面取得的突破性成就，这不仅为中国的国防安全提供了重要的保障，而且有效地支撑了世界大国地位。三是财政积极为政治外交服务。改革开放前，我国在自身财力十分紧张的状况下，还向第三世界国家特别是非洲国家等提供经济援助几百亿元。通过这些对外援助，支持了第三世界发展，为我国创造了和平国际环境，赢得了道义和声誉，团结了一切可以团结的力量，1971 年中国在联合国合法席位恢复和成为联大常任理事国之一。截至 1976 年，中国已与 126 个国家建交，初步奠定了中国作为有影响力大国的地位。毛泽东在领导中国革命和社会主义建设中，以政治家、战略家的视野，指导财经工作实践，形成了意蕴深邃的财政思想，成为毛泽东经济建设思想的重要组成部分。

（三）习近平经济思想与我国财税改革

习近平新时代中国特色社会主义思想内涵丰富，博大深邃，是马克思主义中国化进程中的最新理论成果与重大理论飞跃。2017 年中央经济工作会议首次提出的习近平经济思想是习近平新时代中国特色社会主义思想的有机组成部分，开辟了马克思主义政治经济学的新征程，拓宽了中国特色社会主义政治经济学的广度与深度。当前，我国经济已由高速增长阶段转向高质量发展阶段，我们必须长期坚持、不断丰富发展习近平经济思想。同样，现代财政制度的构建也迫切需要习近平经济思想的指导与引领，在财政政策的制定上应积极贯彻习近平经济思想，将其作为出发点与落脚点。

构建现代财政制度是一个系统、复杂的庞大工程，需要处理好政府与市场、政府与社会、中央与地方等主体的财政关系，需要研究收支平管等各个部分的现代化。因此，特别需要习近平经济思想的指导与引领，找出现况与目标的差距及其原因，逐一解决，逐步向现代财政制度迈进。对照习近平经济思想的“七个坚持”，结合我国现行财政制度的弊端，认为应从前提、目标、背景、定位、原则、导向、思路七个方面完善现行财政制度，构建现代财政制度，促进经济高质量发展与民生福祉的持续提升。

1. 前提：坚持加强党对财政工作的集中统一领导，实现财政收支法定

党的十八大以来，在党中央关于深化财税体制改革的重大部署下，财税领域改革不断向纵深推进：新《预算法》颁布实施，营改增试点全面推进，环境保护税法制定出台，中期财政规划管理开始实施，出台推进中央与地方财政事权和支出责任划分改革的指导意见等。在经济发展进入新时代的更高起点上，欲构建现代财政制度，必须恪守加强党对财政工作的集中统一领导这一基本前提，巩固和拓展已取得的财税改革成果。宪法是党和人民意志的集中体现，应依据宪法制定财政基本法，在此基础上，出台相应的财政收入法、财政支出法、财政监管法，实现财政收支法定。

在财政收入上，十八届三中全会已经明确提出税收法定，但实践中很多税种尚无法的依据，应加快推进增值税、消费税、房产税、资源税等税种的立法工作，将现行由国务院行政法规规范的税种上升为由法律规范，切实实现税收法定。非税收入也属于财政收入的范畴，作为公共资金，理应有法的支撑，在税收法定的基础上，也要循序推进非税收入的法定，减少乃至避免地方政府设置“小金库”的可能性。公债具有似税非税的特征，为了规制政府的发债行为，应适时出台《公债法》，明晰公债发行、流通、偿还过程中所涉及的问题。相对于财政收入的法定性，财政支出的法律规定显然是更少的。应在财政投资、转移支付等方面出台相应立法，并完善政府采购法，以提升财政支出的效率，减少越位、缺位、错位的情形。完整的财政收支法令如图 1-2 所示。

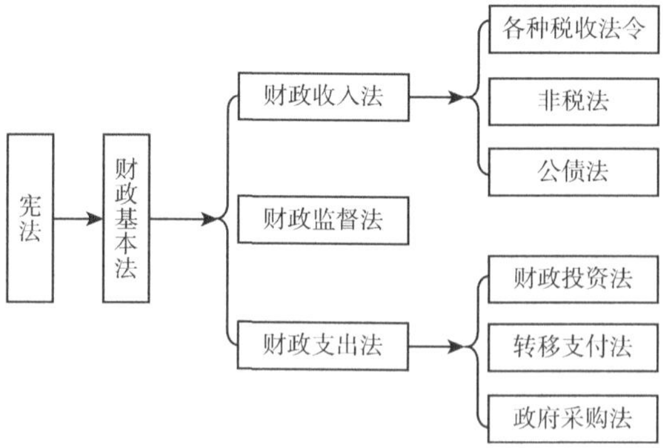

图 1－2 完整的财政收支法令图

此外，在实现财政收支法定的过程中，也要培养一批专业化的财税队伍，特别是提升财税人员对财税相关法律的认识，增强执法水平。

2. 目标：坚持以人民为中心，构建效率与公平协同的财政收支模式

财政收支唯有以人民利益为中心，在不损害利益既得者利益的同时，增进了部分人的利益，才能实现帕累托改进，向现代财政制度迈进。在财政收入上，扩大中等收入群体的范围，建立橄榄形的收入分配结构。

在财政支出上，财政的购买性支出应能够发挥四两拨千斤的作用，引导市场效率的提升；转移性支出根据地区财力差异情况有的放矢地增加一般性转移支付，减少专项转移支付，减少地方政府对专项转移支付的配套，更多地发挥造血的功能；购买性支出与转移性支出应着力解决人民群众最关心、最直接、最现实的基本公共产品与服务的提供问题，逐步实现基本公共服务均等化。

3. 背景：把握引领经济发展新常态，进行结构性增减税

在经济发展新常态的背景下，“三期叠加”使得国内财政税收收入有一定程度的下滑，财政面临着税源减少、支出加大的问题。倘若未采取一定的增减税政策，会使财政收支失去平衡，甚至导致赤字率超过国际警戒线，这无疑将影响到现代财政制度的构建。

增税，不是提高税率，而是视经济发展、产业结构调整的需要，适时开征新的税种，如遗产税、保有环节的房产税等。减税，从短期来看，会由于税率的降低而使税收减少，但从中长期来看，税率的降低有助于刺激投资消费，涵养税源，增加税收收入。此外，税率的降低还有助于减少纳税主体的避税行为。当然，要注意的是，由于经济制度的差异、刚性的财政支出需要，我国的减税不同于，也不应是西方国家的大规模减税。具体来说，应为营改增的企业积极创造抵扣项目，增加抵扣链条，完善凭票抵扣制度，使企业实现真正的减税降负；个人所得税改革，不单纯是提高免征额的问题，应对目前个人所得税的11个征收项目进行综合与分类，简化税目，在此基础上，逐步探索以家庭为单位的征收方式，扣除项目中考虑养老成本、教育成本等；对小型微利企业、符合国家战略发展要求的企业实施一定的税收优惠。

4. 定位：发挥财政在市场失灵领域的作用，保质保量提供公共产品

政府与市场是配置资源的两种方式，市场在其中发挥决定性作用，然而，市场也会失灵，需要政府的干预。那么，政府与市场的边界在哪里？哪些事情应该由市场去做，哪些事情应该由政府去做，政府之于市场的度在哪里？政府与市场的边界很难清晰地划分清楚，但可以肯定的是，市场能做的会做的越来越多，政府主要通过创设性的制度（负面清单、简政放权、降低市场准入等）为市场提供公平、公正、公开的环境。

而财政要做的主要是市场不愿意做、无能力做但却是民生所需的事情，如公共产品与公共服务的提供，不仅保量，更要保质；通过减税、财政补贴等补助提供正外部性产品的企业，通过增税、财政罚没等惩罚提供负外部性产品的企业；通过税率结构的调整、转移性支出等财政手段促进收入分配公平；通过财政支出、发行公债等来调整经济的波动与失衡。

5. 原则：助力供给侧结构性改革，优化中央与地方财政关系

推进供给侧结构性改革，除了前文所述的结构性减税，为企业降成本提供空间外，更重要的是理顺并优化中央与地方财政关系，明确央地间的事权与支出责任，提升财政政策的精准度，发挥财政在国家治理中的基础和重要支柱作用，这也是构建现代财政制度的内在要求。按照体现公共产品（服务）的复杂程度与受益范围、政府行政效率、激励地方政府积极性等原则，合理划分中央与地方、省级以下各级政府的财政事权和支出责任。包括中央在内的更高层次的政府要起到监督作用，确保各级政府利用财政政策做好供给侧结构性改革中的职工安置、住房补给、创新引导等工作。在此基础上，要形成中央与地方合理的财力格局，为事权和支出责任的落实提供财力保障。以营改增为契机，科学确定中央税、地方税、央地共享税，特别是结合地方的事权和支出责任来划分共享税中央和地方的分享比例，形成以共享税为主，分享比例合理、专享税为辅，税种划分科学的中央和地方财政收入体系。当然，省级政府也要统筹省级以下政府间的财事权关系，避免形成“上面千条线，下面一根针”的财政困境。

6. 导向：依据问题制定财政政策，提升预算的准确性与执行的硬约束

内容完整、编制科学、执行规范、监督有力、讲求绩效和公开透明是现代预算制度的基本要素。而现行的财政制度存在与上述基本要素相悖的问题。应进一步推进全口径政府预算管理，全面反映政府收支总量、结构和管理活动。跳出“基数加增长”的传统思维，引入现代化的编制方法，实行可增可减、视需要而相应增减的预算模式，强化每一本预算编制的科学性与准确性。

在预算审批环节，要充分发挥财经委的专业性与积极性，强化人大审批预算的权力，并坚持以公开为常态、不公开为例外，不断拓展预算公开的内容，全面提高预算透明度。在预算执行上，严格依法征收财政收入，克服预算软约束情结，严格执行人大批准的预算，严控预算调整和调剂事项，切实硬化预算约束。此外，强化地方政府债务预算管理和限额管理，控制地方政府的债务风险。在决算上，应严格分析预算数、执行数、决算数的差异，找出问题与原因，为下一年的预算提供经验与教训。

在预算编制、审批、执行、决算的全过程中，实施绩效的闭环管理，注重成本效益分析，关注财政资金的使用效率，特别是注重评价财政资金的使用是否提升了公共服务质量和水平，是否提升了民生福祉。

7. 思路：循序推进财税体制改革，实现财政“收支平管”的现代化

财税体制改革是一项庞大的系统工程，涉及政府与市场、政府与社会、中央与地方的关系，涉及经济、政治、文化、社会、生态等方面的内容，涉及财政收入、财政支出、财政平衡、财政管理等范畴。因此，现代财政制度的构建并非一蹴而就，不能“眉毛胡子一把抓”，需要根据轻重缓急循序推进。

应按照财政管理、财政收入、财政支出、财政平衡的次序渐进地推进现代财政制度的构建。财政管理上，首先要优化财政体制，建立权责清晰、财力协调、区域均衡的中央和地方财政关系；其次要进行预算改革，提高预算的精准性与执行的硬约束；最后要完善绩效评价与财政监督，提升财政管理的水平。财政收入上，按照“立法先行、充分授权、分步推进”的原则，逐步完成税收、非税、公债的立法。财政支出上，加大对民生领域的财政投入，切实协助解决住房、就医、教育、就业等与民众息息相关的问题。另外，需要指出的是，现代财政与公共财政在本质上是一致的，都是立足于民生福祉的提升。公共财政的立足点在于财政支出，现代财政关注包括财政支出在内的“收支平管”的现代化。分别做好财政的收和支的工作后，实现财政平衡似乎是水到渠成的事情。但经济情况远比理论复杂，必须统筹动态地看待财政收支问题，才能更好地实现收支平衡。跨年度预算收支平衡的周期应与国民经济和社会发展五年计划保持一致，因为财政收入来源于国民经济中的部分社会产品，财政支出也是为了满足国民经济和社会发展的需要。这种平衡并非静态平衡，而是滚动的跨年度平衡。

（四）河南财政政策中蕴含的财政思想

2022 年河南省政府工作报告明确了主要发展目标，经济增长 7%，一般公共预算收入增长预期目标为 5%。研发经费投入强度 1.96% 以上，居民收入与经济增长同步，规模以上工业增加值增长 7% 以上，固定资产投资增长 10%，社会消费品零售总额增长 8%。

河南财经政法大学副校长刘荣增表示，河南省今年经济增长目标稳中求进，积极财政政策、金融政策和社会政策，则为这一目标的实现提供了坚实的保障。

他认为，在财政政策保稳的同时，河南省还需要采取更加灵活的金融政策，增加资金流动性，确保中小企业资金充裕等。从微观经济政策来考虑，要进一步激发企业主体的活力，让企业重振信心。

夯实稳的基础和强化进的态势，已成为河南实现稳中求进的关键。而加大科研投入力度，成为强化“进”的重要手段。

“强大的科研力量，及其带来的科技创新成果，将对河南经济的持续高质量发展带来坚实保障。”刘荣增表示，没有科技创新，经济发展也会没有后劲。

在科学协调区域发展方面，刘荣增表示，要做好稳中求进，河南需要在区域协调发展方面发力，大力实施乡村振兴战略，并通过城乡高质量融合来拉动河南经济发展。

“河南还需要向改革要活力，通过更加有针对性的改革，激发经济本身的活力，让河南区域经济整个盘子活起来。”刘荣增表示，改革还可以“删除”或“弱化”阻碍经济发展的不利要素，确保河南经济平稳运行，实现或超过 7% 这个发展目标。

2022 年，河南省主要将财政政策投向重点支持建设国家创新高地、现代产业体系，保障重点民生等。具体体现在以下几点：

一是支持建设国家创新高地。省级共安排资金 87.2 亿元，支持做强创新平台、壮大创新主体、集聚创新人才。

二是加快建设现代产业体系。以制造业高质量发展为主攻方向，共安排资金 68.3 亿元，推动先进制造业和现代服务业、数字经济和实体经济深度融合。

三是推进新型城镇化建设。推动中心城市“起高峰”、县域经济“成高原”，省级共安排资金 69 亿元，推动新型城镇化规模和质量双提升。

四是支持加快建设农业农村现代化。毫不放松抓好粮食生产，省级共安排资金 184.4 亿元，以产业链、价值链、供应链“三链同构”提升农业效益和竞争力，促进农民增收。

五是支持制度型开放迈出更大步伐。强化开放制度供给、内外联动，共安排资金 12.3 亿元，持续增强高质量发展动力活力。

六是加快建设生态强省。安排资金 54.7 亿元，推动减污降碳协同增效，持续加强生态文明建设。

七是更大力度保障改善民生。省级安排资金 1 125.8 亿元，聚焦“一老一小一青壮”，解决好群众“急难愁盼”问题。安排资金 304.3 亿元，推进教育现代化，建设教育强省。安排资金 629.8 亿元，全面落实就业优先战略和积极的支持就业财政政策。

（五）西方财政思想

当代西方财政学作为一门学科，一般认为起源于斯密的《国富论》，斯密专门辟出一章来阐述他的“公共财政”思想。恩格斯指出，“他在 1776 年发表了自己关于国民财富的本质和成因的著作，从而创立了财政学”。可以说，斯密使经济学成为了一门独立的科学，甚至被称为所有社会科学的“皇后”，同时也将财政纳入经济学范畴，使之称为经济学的一个分支。斯密所建构的“公共财政”理论框架，后经几代经济学家的努力，不断丰富和完善，形成了西方财政学的主流。虽然主流财政学在构架我们教科书的同时，也不同程度地吸收了非主流的财政学思想，但更多非主流财政思想，特别是斯密之前的财政思想逐渐被淡忘。作为依附主流经济学的主流财政学由于缺乏实践的检验，只是一种共同认可的理论结构。在今天，越来越多的财政学者认识到主流财政学理论已经不能符合财政实践发展的需要，特别是经济学的单一视角局限了财政作为国家治理基础的作用。重构财政学理论体系成了财政学界共同的呼声，这就要求我们努力去发掘人类财政文明长河中人们从不同视角对财政问题思考的智慧火花，厚植新财政学的根基。

1. 古典财政学的起源

人类财政活动可以追溯到远古时代。人类在各种险恶的自然环境和野兽环伺之下，结成团伙，共同劳动，共同食用，逐渐有了财富的相对集中和绝对积累，有了相应的分配机制。从原始遗存、神话传说、民间诗歌中，我们能了解到人类最初的财政思想。如苏美尔泥板文书中，讲到当时很多公共行为，无论征收什一税，还是修建各种灌溉工程，都被认为是对神的献礼。原始的公平分配理念和公开透明机制，也都通过神话传说和宗教教义对国家的财政行为进行规范和约束。在前现代社会，天理为财政公平提供了最强劲的解释力。虽然皇帝、国王和贵族也自称“受命于天”“君权神授”来建立分配的等级秩序，但是一旦超出了某种限度，人民也会以诉诸天理的口号，揭竿而起。这些原始的财政思想通过各种方式保存着，即使在现代社会也有着巨大的生命力。而人类对财政的理性的学理思考，也在国家形成初期就开始了。希腊被认为是西方学术的源头，西方财政学也最早诞生于希腊。

现在一般认为西方最早的经济学专著是古希腊色诺芬所著的《经济论》。这里的经济是指家庭经济而言，是色诺芬退役后，回归田园，在自己的领地经营农庄，整理了苏格拉底这方面的思想以及自己在实践中的体验，用与苏格拉底对话的体裁编写而成。另外，色诺芬在晚年的时候还写了本书，大概写于前 355 年，这应该是对西方财政学史具有特别意义的一部作品，就是《雅典的收入》。该书主要探讨了雅典不依赖加重盟邦负担而自谋增加财政收入的方法，可以说是“国计学”。在该书中已经明显分别公私，例如他谈道：“像私人因拥有奴隶而获得经常收入一样，国家也应该拥有公共奴隶，其数目应该三倍于雅典公民。”可以说，在色诺芬那里，已经开始把经济学和财政学分开。

从目前掌握的资料看，古罗马对财政学贡献不多，没有专门的论述，只能从其财政运行中去寻找他们理财智慧的积累。例如，在《荷马史诗》《伯罗奔尼撒战争史》这些古老的著作里，也已经包含了公共社会、公共利益、公共事务、公民、公平、分配正义等概念。在柏拉图、亚里士多德的政治思想著作中，我们已经能看到一个朦朦胧胧的公共财政的分析框架。在亚里士多德那里，已经有了最初的“分配正义”的概念。另外，罗马人尊重财产、重视契约，这些对财政学同样重要，他们还把希腊人的相关著作翻译、保存和传播，这同样是很重要的贡献。

西方古典财政学除了区别公私外，还有一个特点就是分别内外，也就是说财政是有国家边界的——无论希腊还是罗马，本邦免税并享受各种福利，外邦纳税很少享受福利，奴隶被完全剥削。在分配正义的理念之下，却有着这样严重的内外不公平，于是很多学者要通过一种论证，来区别内外，以弥补这个不足。

最开始是用天理，如古希腊诗歌里吟唱："野蛮人归希腊人统治是天经地义"。西奥德克蒂剧本里的海伦说："我父我母，俱出于神裔"。亚里士多德在《政治学》里，提出"公民"理论，明确强调"惟有希腊人适于当公民"。但城邦显然需要工匠、劳工、农民、士兵、一个有闲阶层、教士及法官，所以在希腊人做了战士、统治者、教士、有闲人之外，还需要外邦人从事各种劳作。而亚里士多德认为城邦公民是一种身份，是应该拥有美德的，以双手直接从事生产者不能拥有公民身份，因为他们没有余暇时间来修炼自己的美德。亚里士多德还试图用自然秩序来阐述自己的理论，所有的秩序都是依照自然的意旨形成的。希腊人热爱民主和自由，却靠剥削奴隶生存。柏拉图、亚里士多德这些大哲都用了很大精力来论证，奴隶是一件财产，一个工具，奴隶是有生命的工具，而劳动工具是无生气的奴隶。实际上他们也清楚知道这种不公平将意味着什么，柏拉图就警告过："奴隶都不可避免憎恨他们的主人，只有不间断地加以监督，才能保证我们不会被他们统统杀害。"在《伯罗奔尼撒战争史》中，雅典人嘲笑米洛斯人追求"公平和正义处理的原则"的天理思维，雄辩地论证了强国通过武力向弱国征收贡赋的理论，"弱者只能接受他们必须接受的一切"。罗马思想家也继承了希腊的这种思想，并有所发挥，他认为劳动是"下人的行当"，"做穷人是一项不可饶恕的罪行"。他自己从事放高利贷，认为这是高贵行业。色诺芬用了很大篇幅来说明外邦人其实对雅典财政作出了很大贡献，他反对让外邦人纳税，而雅典公民享受各种财政补贴。他希望雅典能放弃通过对各盟邦的剥削来维持现行财政体制，应该努力寻找新的财源，以自己本身的财力来维持本国财政和人民福利，他认为只有这样"维持生活才是最公正的"。但他的平等同样有限，也将奴隶排除在外，他甚至认为训练野兽的办法也适用于对付奴隶，是训练奴隶使之驯顺的有效的方法，他建议由国家购买奴隶，并把它们出租以增加国家的收入。

2. 近代财政学的探索

工业革命为国家财政带来了爆炸式的增长，增速超过了古代的任何时期。但是，它也使社会财富的两极分化空前扩大。被迫变成工人阶层的雇佣劳动者们，丧失了他们做农民时曾有的基本生活保障，成为城市一无所有的赤贫阶层。当时很多写实风格的小说，为我们展示了由于贫富两极分化造成的诸多社会问题，如《雾都孤儿》里的救济院、童工以及帮派吸收青少年参与犯罪等。

著名启蒙思想家卢梭的《忏悔录》，很生动也很残酷地揭示了自己在这样的社会中，在种种屈辱和无奈中艰难行进的跌宕起伏。在长期的颠沛流离中，他萌发了“对于不幸的人民遭受痛苦的同情和对压迫他们的人所抱的不可遏制的痛恨”。卢梭也是第一位把改造世界的激情置于理论起点的思想家，旗帜鲜明地提出“人生而自由”。他在1755年发表了《论人类不平等的起源与基础》，提出财产是人类不平等的起源——财产产生罪恶，破坏人的权利，解决不平等问题的办法是订立社会契约。孟德斯鸠进一步提出自由要从政府的分权中得出，提出将权力分为立法权、行政权和司法权的主张。伏尔泰主张自由和正义，提出“没有正义，社会就不能存在”。他们的思想对新财税体制的构建提供了理论基础，在社会产生了广泛的影响。

1576年，法国政治思想家布丹的《共和国六讲》出版，其中第六讲着重讨论国家财政问题，包括了人口核查、国家收入、不同政体的比较、分配、交换与和谐正义等章节。虽然布丹还是按照传统将财政作为政治学的一个部分来讨论，但已经对新兴资产阶级的政治要求和刚刚兴起的重商主义进行了回应。布丹试图在君主绝对专制和保护私有财产之间寻求平衡，其最重要的理论是主权论，虽然把最高主权赋予了君主，但是他认为主权者是受上帝的法律和自然法约束的，私有财产的权利是根植于自然法的完全的自然权利，因此，私有财产权是神圣的，不经占有者同意，主权者是不能触及的。在布丹的主权理论框架里，财政权是国家主权的重要组成部分，他认为国家有灵魂和躯体，财政是国家的神经，财政分配状况足以影响到政府权力的渊源，财政分配高度不平等会产生很大的危险性。但是作为国家主权一部分的财政权也必然受制于自然法的约束，税收必须取得代表占有者的等级会议的同意。布丹在著作中强调了发展对外贸易对增加国家财富的重要作用，指出价格革命的最重要原因是金银供应量不断增加，在分析财政问题时也运用了一些经济学的方法。布丹的财政学理论明显反映了从传统向近代过渡的性质，其《共和国六讲》曾被译为英文，长期作为剑桥大学的教科书，对英法两国财政学的发展有很大影响。斯密的财政思想也在一定程度上受到他的影响，如对课税原则的一些论述。牛津大学的解剖学教授配第将医学研究的一些科学方法带入财政学研究中，坚持唯物论的研究方法，试图用数学和计量的方法来研究财政学，开辟了全新的财政学研究范式。他认识到科学的计量管理对财政管理的重要性，认为正是由于君主对人口数目、产业及财富状况缺乏清楚了解，所以无法知道人民究竟能负担多少赋税，无法判断什么时候适合向人民征税，无法制定出合乎产业发展实际的税法，就容易造成赋税的不公，引起人民不满。他还认识到财政的再分配作用，认为财政再分配会使每个人都有可能变得更富或更穷。他也认为即使君主常把从人民那里征课来的钱财给予他所宠爱的人，但这些给予宠臣的金钱也会经过流动回到人民手中。他认为君主过度收税储存于金库之中是一种损失，应该让更多的钱留在臣民手中，通过贸易流动，能获得更大收益。在他的《赋税论》中很多数学的计算，让人耳目一新，虽然他的著作还不很成系统，但是马克思还是给予很高的评价，是“十分圆满的、浑然一体的著作”。

另一个法国医生魁奈从自然秩序出发，认为土地是财富的唯一源泉，只有农业能够增加财富，并依此把国民分为生产、土地所有和不生产三个阶级，探究社会财富再生产过程，进而建立有确实基础的健全税制。由于其鲜明的重农主张，被认为原始和狭隘，使其很多主张被忽视，很是遗憾。马克思高度评价了魁奈和他的《经济表》，认为他是把政治经济学建立成为一门科学的人。魁奈所创立的分析社会再生产过程的政治经济学研究路径被马克思汲取，并成为马克思主义财政学的理论支柱之一。他的经济自由和自由贸易思想也对亚当·斯密产生了影响。

1776 年，英国人斯密出版了他的《国富论》开启了财政学新的研究轨迹。经济学本来只是财政运用中的一种分析工具，但此后财政学成为了经济学的一个分支，本来的政治学、社会学的研究路径反倒渐渐成为冷门。

3. 与斯密对话的德国官房财政学

德国官房财政学的源头实际早于斯密，但主要经典著作却多在斯密之后，存在一个长期的对话问题。事实上，也是处在不同发展阶段的国家对财政学有着不同的要求。

当时英国由于率先实现工业革命，在各方面遥遥领先，所以开始鼓吹自由市场经济，希望以此打进各国市场。而德意志诸邦还相当落后，需要给予本国落后的产业以保护，并通过国家集权推动现代化进程。也就是在这样背景下，德国官房财政学兴起。官房，是指当时管理财政的机关，官房学就是研究国家财政管理及社会经济秩序等的学科。其研究的出发点是帮助国家管理、为国理财，所以它的研究范围十分广阔，包括了法学、经济学、公共管理学、政治学、社会学以及历史学、政策学等很多的学科。德国财政学的传统是把财政作为一个高度综合的复杂学科，这和斯密开创的以经济学框架建构的英美财政学的“盎格鲁—撒克逊”传统是不同的。官房财政学反映了当时后起国家奋起发展的需要，斯密的财政学反映了当时先发国家建立世界自由市场的需要。

德国官房学的很多主张，无疑也受到早期日耳曼民族原生的国家生成及财政生成学说的影响，比英美财政学更强调民生福利。他们是从政府治理的理念出发来考察财政问题，认为国家天然就是对每个人的就业和生计，对生产方法和组织的改进，对原料和食品的充足供应，对城市的规划、火灾保险、教育、卫生等各项事务都负有责任。对于各项社会生产，无论早期的农业，还是后来的制造业、商业、货币、银行业，都从这样的逻辑出发来考察和理解。德意志诸邦人民当时饱受战争之苦，国家要强国自保，也必须先解决人民的苦难，组织人民生产，才能取得发展的最基本的条件，理论和现实在这里交叉，也为德国财政学开启了福利财政学的源头。

官房学的先驱可以追溯到 16 世纪中叶，如勃尼茨、伯松德、奥萨、奥布雷希特、塞肯道夫等。早期的德国官房学家，各从不同学科背景对财政学的研究有所推进。在斯密《国富论》发表的 10 年前，尤斯蒂出版了《财政学》。其书开宗明义："国家是由占据着地球的一个相当部分的人们组成的社会团体，他们彼此联合在一起，目的是在于求得共同福利。"正是出于这样的目的，才有了国家和统治者，为了他们能履行职能才给予他们俸禄，为了保卫国家和公民的共同利益才需要很多经费来维护。他强调国家财政"如果在生活和福利的方面不从事大量花费，就不可能生存下去"。他提出国家捐税的首要原则是"必须让人民有能力缴纳捐税。只是当他们纳税时不至于影响到必需品的享用，不至于损及他们的资本时，才能说他们是有能力纳税的。超过这个限度，就不配使用捐税这个名称，只能说是对人民财产的残酷勒索和凶暴的劫掠"；第二个基本原则是"应该完全按公平合理的比例向人民征收"；第三个基本原则是"在募集捐税时所使用的方式方法，不得损及国家和人民的福利，不得损及公民自由权"；第四个基本原则是"应按照国家的性质和政府的体制来组织税务制度"；第五个基本原则是"一切捐税必须建立在明确的和光明正大的基础上"；第六个基本原则是"捐税应当用最简便的方式进行征收"。尤斯蒂的上述六原则与斯密后来提出的税收四原则，虽有许多相似之处，但其基本精神却有很大差别。

桑尼菲尔斯继承和发展了尤斯蒂的财政思想，1765 年出版了《政策、管理与财政概论》。桑尼菲尔斯较为突出的部分是提出最大限度增加人口的主张，并以人口增减趋势作为衡量公民社会一般福利的尺度，这也和当时德意志诸邦在战争中人口损耗巨大的现实相关。他写道："人口包含了共同福利所要求的全部含义。主政机构通常都应致力于维持和增加人口数量……使之达到尽可能的最高水平。”对于农村人口涌入城市而引起的各种问题，桑尼菲尔斯主张分散管理，在城镇设立高级培训机构，将工业配置到全国，严格学徒制和假期培训，提高乡村生活水平。他写道：“人口越多，需求越多，则国内有利可图的职业越多样化。人手多，农工业产品及对外交换的货物就越多”“人口多，纳税人就越多，每人的税负就越少。”

斯密《国富论》出版后，很快就传到德国，当年就有了德文译本面世。迪策耳最早试图将官房财政学和古典经济学相结合，并对斯密给予了很高评价，认为他的研究奠定了财政学的科学基础，但是他也批评古典经济学将财政学视为经济学的一个应用分支是不对的，认为应该将财政学确立为一门有别于经济学的独立学科。迪策耳还批评古典经济学将财政独立于国民经济之外，从而限制了政府消费，认为财政与国民经济是在相互促进中发展的。另外，迪策耳还认为要由军队保卫国家，由法官、官员等保护社会秩序，国家举债用于公共交通设施、公里、运河、铁路等建设以及教育与宗教，这些都可以提高生产的稳定状态，因而都具有生产性。迪策耳坚守官房财政学的立场，比斯密更加正面来肯定政府职能的必要性，认为政府对于国民来说是“无形资产”。迪策耳在对古典经济学进行批评的同时，也在力图吸收其营养，进一步完善官房财政学。迪策耳的主张被瓦格纳、埃厄贝格等吸收和发展。创立于迪策耳，由瓦格纳所继承，在19世纪后半期再由施泰因、舍夫勒完善的财政学，在财政学史上被称为德国正统财政学，他们的不少理论已经被吸纳进今天的财政学教科书，但他们致力于摆脱经济学，将财政学发展成一门综合性的独立学科的理想还任重道远。

中国近代由传统财政向现代财政转轨过程中，曾广泛引进和翻译西方各种财政思想，特别是对德国财政学相当重视。童蒙正将瓦格纳十卷本的《财政学》的主要内容提纲挈领地编辑成上下两册本的《瓦格涅财政学提要》，曾留学德国的傅英伟翻译出版了埃厄贝格的《财政学》。

三、思考题

1. 谈谈中西财政思想有哪些异同？
2. 结合案例，思考我国古代财政思想与现代财政思想中有哪些相同点？
3. 以习近平经济思想为指导的财税改革中蕴含哪些财政思想？
4. 讨论河南省的财政政策中蕴含哪些财政思想？

案例说明书

一、课前准备

本案例要求学生提前阅读案例正文，并大致了解我国的财政思想、国家的财政政策等新闻，认真思考案例后的思考题。

二、课堂安排

公共政策研究是公共管理中实践性很强的教学内容。案例教学是沟通理论与实践的桥梁，能够把认知性和感受性学习方式很好地融合起来，培养学习者的相关技能及其运用能力。本案例课堂安排如下：

1. 学生熟悉案例背景：结合课前预习的相关理论知识，总结提炼案例的基本要点和关键问题，并结合案例后面的思考题进行讨论。此项安排时间大约 20 分钟。

2. 教师组织进行讨论：大致按照“是什么（what）”—“为什么（why）”—“怎么样（how）”的线索展开。要求每组学生完成以下工作；首先，针对每个案例中涉及的财政思想进行描述，对基本知识背景与财政思想进行简要介绍与总结；其次，进行判断，对各个时期的财政思想加以总结与对比；最后，讨论者尝试借助学习到的各时期的财政思想分析河南省当前的财政思想，并借助新闻分析其他财政现象中存在的财政思想。此项安排时间大约 45 分钟。

3. 教师进行政策评价（policy appraisal），对成功或失败的公共政策进行总结，汲取经验教训，归纳各方意见并在选择中达成共识。此项安排时间大约 20 分钟。

三、教学目标

1. 通过学习古今中外的财政思想，了解我国财政理论与思想的发展脉络。

2. 学习古代财政思想、毛泽东对财政工作的指导、习近平经济思想，试分析其中的异同。

3. 思考河南省的财政政策中蕴含哪些财政思想。

四、思政元素

1. 加强历史教育，树立学生正确的历史观。财政学专业人才需要充分了解国家发展历史，通观源流，厘清脉络，明理见道，以史为鉴，从而能够客观认识世界，理性改造世界，有效治国理政。学习中国古代财政思想、毛泽东、习近平财政思想和西方财政思想，使学生更加理解历史，尊重历史。历史是最好的老师。“欲知大道，必先为史”，重视历史、研究历史、借鉴历史是中华民族五千多年文明史的优良传统。通过加强财政思想史教育，引导学生客观认识评价国家历史，尊重国家历史，树立“四个自信”，进而引导学生更深刻地理解掌握马克思主义历史唯物主义观点，掌握发展的而不是横断面的观点、联系的而不是割裂的观点、比较的而不是孤立的观点，避免脱离国情的制度比较。

2. 通过学习毛泽东思想中蕴含的财政思考，讲述“坚持党的集中统一领导”“坚持全国一盘棋，调动各方面积极性，集中力量办大事”“坚持全面依法治国”“坚持以人民为中心的发展思想”等我国国家制度和国家治理体系显著优势的深刻内涵和运行机理，以彻底的思想理论说服学生，用真理的强大力量引导学生，真正做到以理服人，引导他们矢志不渝听党话跟党走，争做社会主义合格建设者和可靠接班人。

3. 学习习近平经济思想对中国财税改革的指导，使同学们了解到现代财政制度是有助于解决社会主要矛盾、优化国家治理体系、实现高质量增长的财政制度，是由规范、透明、科学的财政收入制度，效率与公平并重的财政支出制度，注重全流程绩效的财政管理制度，在赤字率警戒线以内跨年度的财政平衡制度构成的有助于实现帕累托改进的财政制度。应深入贯彻习近平经济思想，对照“七个坚持”，从前提、目标、背景、定位、原则、导向、思路等方面完善现行财政制度，构建现代财政制度，促进经济高质量发展与民生福祉的持续提升。

五、要点分析

本案例分析的核心在于财政思想，案例的研究涉及财政学发展的历史问题，以史为鉴可以知兴替，因而具有较强的理论与现实意义。

第一，学习财政思想史是继往开来的需要。人们创造历史，但是不能随心所欲地创造，不是在他们选定的条件下创造，而是在直接碰到的、既定的、从过去继承下来的条件下创造。财政历史的特点，决定着财政发展道路的特点。我们要建设有中国特色的社会主义财政，必须从中国的国情出发，认识历史的发展变化，才能制定出符合本国国情的政策方针。西方国家的发展道路和马克思主义创始人设想的发展道路与我国的历史实际不同，我们只能借鉴，不能照搬。历史的教训告诉我们，全面研究国情，把握历史发展的趋向，是做出正确决策的先决条件。

第二，了解与学习财政思想是财政理论发展的需要。财政的历史是财政现实的教科书，理论的创新来源于实践，但人的一生是短暂的，不可能事事都去实践，这就必须不断总结借鉴他人的实践。也就是总结历史的实践，从邓小平同志说“没有前人或今人，中国人或外国人的实践经验，怎么能概括、提出新的理论”到建设有中国特色的社会主义及其财政，就是总结长期历史经验得出的基本结论。只有总结财政历史，才能认识财政规律，这是不管你是否承认的事实。马克思说对人类生活形式的思索，从而对它的科学分析，总是采取同实际相反的路线，这种思索是从事后开始的。只有在财政发展过程完结之后进行总结，揭示其发展规律才能上升为财政理论。也就是说，财政历史是财政理论发展的源泉。

第三，学习中西方财政思想是面向世界的需要。只有研究财政思想发展的历史过程、特点，才能把握财政历史发展的规律和趋向，确立前进的目标。只通过中外财政历史的对比研究，知此知彼，才能在国际竞争与合作中扬长补短，坚持民族特色，开拓民富国强的道路。

第四，学习中西方财政思想，能够帮助我们更好地学习财政与税收政策。通过简短回顾我们可以学习到，西方财政思想的发展经历了三个阶段：古典主义注重资源配置有效性阶段；社会政策学派把所得分配公平性与资源配置有效性等量齐观的阶段；凯恩斯主义从总量分析入手，注重资源配置有效性、所得分配公平性和经济总量稳定性的财政思想新发展阶段。

第五，在河南省当前的财政政策中，体现了河南省贯彻稳中求进的财政理念，也体现了河南省重视民生、加强创新、集中力量办大事的财政思想。

案例3　公共财政职能

一、背景简介

公共财政是国家为了满足社会公共需要，凭借自己的特有权力，对社会产品价值进行分配、再分配所形成的分配活动和分配关系。公共财政是国家存在的经济基础，没有财政支持的政府根本不可能存在，更谈不上履行自己的职能。在市场经济中，财政的职能体现在实现充分就业、稳定物价水平、平衡国际收支是财政的经济稳定职能的三个方面。要保证社会经济的正常运转，保持经济稳定发展，就必须采取相应抉择政策，即根据经济形势的变化，即时变动财政收入政策。如积极的财政政策、消极的财政政策、稳健的财政政策以及扩张的财政政策。同时采用自动稳定器机制，以不变应万变，减缓经济的波动。在政府税收方面，主要体现在累进的所得税上。当经济处于高峰期时，可抑制需求；当经济处于低谷时，刺激需求，促使经济复苏。在政府支出方面，主要体现在社会保障支出上，用以控制在不同经济发展时期失业人口的数量。同时还有政府的农产品价格支持制度。这些都是促进经济发展，实现经济稳定发展的重要措施和手段。

二、案例概况

（一）我国“再就业工程”中反映的政府职能

1. 严峻的形势

自20世纪90年代以来，随着国有企业改革的深入，中国城镇的就业面临着前所未有的压力：

第一，农村剩余劳动力。中国近80%的人口在农村，可是耕地有限，今后几年，中国农村将有1.3亿剩余劳动力；

第二，社会登记失业人口。国民经济产业结构调整导致失业人数增加，生产过剩导致减员；

第三，新成长的劳动力。受20世纪70年代人口生育高峰的影响，20世纪

90 年代步入劳动年龄的人口激增；

第四，下岗职工。在进行产业结构和企业组织结构调整的过程中，企业下岗职工逐年增多。

其中前三个方面是长期性因素，最后一个方面是短中期因素。由于存在较多的显性失业和隐性失业人口，中国的劳动力供过于求的矛盾将是一个长期存在的现象。

1994 年登记失业职工达到 180 万人，相当于前 7 年失业职工人数的总和，平均失业周期由前几年的 4 个月增加到 6 个月，企业富余职工也大量增加，其中约有 300 万人待岗放长假。这是企业在深化改革中遇到的一大难题，如果处理不好将会影响改革、发展和稳定。

1993—1996 年，城镇失业职工人数年平均以 48.7% 的速度增加。1995 年中国失业人员平均失业期为 8 个月，比 1992 年延长一倍。1996 年中国国有企业富余人员达 2 200 万。

截至 1997 年底，全国国有企业下岗职 11 787 万人，他们主要分布在东北三省重工业区、中西部军工区、沿海和中心城市纺织业密集区。在下岗职工中，有相当数量的人以不同形式从事有收入的劳动，还有 480 万人需要再就业。

1998 年，国家加快推进国有企业改革，“实行鼓励兼并、规范破产、下岗分流，减员增效和再就业工程。”下岗职工、失业人员也随之有较大幅度增长，再就业任务更加艰巨。

1998 年 9 月底，国有企业下岗职工人数为 716 万人，占国有企业职工总数的 6.8%。

1999 年上半年，中国国有企业下岗职工总数为 742 万人，其中 202 万人实现了再就业，仍未再就业的下岗职工有 540 万人，占下岗职工总数的 73%。暂未再就业职工中有 95% 进入了再就业中心，94% 领到了基本生活费，全国平均每人每月可领 170 元，但这显然是最低水平生活线。全国还有相当数量的工厂开工不足，很多职工不能正常上班，领不到全额工资，存在一定程度的隐性失业。

20 世纪 90 年代，中国出现前所未有的高经济增长和高投资增长，但没有带动相应的、较高的就业增长，就业增长弹性系数达到历史最低。反过来，经济高增长，主要依赖资本投入，劳动投入的增长贡献越来越小。1997 年，尽管中国的国民生产总值年增长率较上年有所下降，仍达 8.8%，从业人员增加了

1.1%。1998年GDP增长率达到7.8%，但是全国新增就业岗位仅有357万人，是改革以来最低的新增就业规模人数，全国就业增长率仅为0.5%，是新中国成立50年以来最低的增长率。GDP每增长1个百分点，仅新增46万个工作岗位。

由于中国是一个发展中国家，失业压力还将在一定范围内长期存在。不管是下岗职工，还是无法找到工作的新生劳动力大军，大规模失业洪水会造成社会不稳定。治理失业、解决就业问题是重大的宏观经济问题和社会问题，关系到国民经济能否持续、快速、健康地发展。

2. 举世瞩目的再就业工程

（1）再就业工程的出台及实施

再就业工程，是劳动部推出的转变就业机制，运用失业保险金的经济杠杆激励、调节，促使下岗、失业人员再就业的工程。该工程于1993年起在全国30个城市进行试点后，1994年初见成效。1995年国务院办公厅转发了劳动部关于实施再就业工程的意见，再就业工程开始在全国推开，并逐步形成中国市场就业中扶持就业困难群体的常年性制度。

再就业工程的实施对象是失业6个月以上并有求职要求的失业职工和6个月以上无基本生活收入的企业富余职工。1995年初，劳动部发布了《关于全面实施再就业工程的通知》，提出了促进失业职工再就业和企业富余职工分流安置的具体政策、措施：

第一，鼓励、扶持企业和社会对失业职工进行开发性安置。凡兴办第三产业安置失业职工和富余职工达到一定比例的，可享受与劳服企业同样的优惠政策；确需扶持的，经劳动部门核准可借给一定数量的失业保险金，作为启动资金或流动资金，必要时可运用适量失业保险金作为企业向银行贷款的贴息。

第二，鼓励用人单位招用失业职工和富余职工。凡招用失业职工并签订1年以上劳动合同的，可将其应享受的失业救济金作为工资性补贴，一次性付给用人单位。凡招用富余职工并签订1年以上劳动合同的，可由富余职工的原单位按规定支付给用人单位安置费。支持企业组织富余职工到乡镇企业电他联营企业从事生产经营和劳务工作。

第三，大力支持失业职工和富余职工组织起来就业和自谋职业。对所需的场地、设施、能源等，应与有关部门协调统筹规划，做好安排。对组织起来就业和自谋职业的失业职工，可将失业救济金一次付给本人，作为开办资金；对自谋职业的富余职工，由企业按规定支付安置费，并解除劳动关系。

第四，支持企业主管部门对富余职工进行行业、企业间的调剂工作，协助办理有关手续，并提供相应的就业指导、信息和咨询等服务。用人单位招用富余职工可先进行试工，试用期一般为 3 至 6 个月，试工期内原单位保留其劳动关系。试用合格者，重新签订劳动合同，不合格者可以退回原单位。

第五，大力兴办劳服企业和生产自救基地，对劳服企业及自办，联办多种形式的生产自救基地，安置富余职工达到一定比例的享受国家有关优惠政策，创办和发展生产自救基地所需资金，采取多方筹集和劳动积累相结合，必要时可用失业保险金中的生产自救费适当补助。

再就业工程的实施分为三个阶段：1995 年为准备阶段，推广试点经验；1996 年至 1998 年为全面实施阶段；1999 年为总结完善阶段。通过这几个阶段的工作，组织 800 万失业职工和企业富余职工参加再就业工程，提高他们再就业的能力，创造新的就业机会，并帮助其中 500 万人实现再就业。同时，在城镇，实现新增就业 4 000 万人，力争将城镇失业率控制在 4% 左右，并根据改革进程，积极稳妥地分流企业富余人员；在农村，就地就近开发就业门路向非农生产转移 4 000 万农业劳动力。

（2）再就业工程的深化

劳动部提出再就业工程的概念后，国务院迅速把它提高到全局性的政策措施来加以实施，提出了“再就业工程”“农村劳动力流动有序化工程”和“农村劳动力开发就业工程”三个就业计划项目。

1997 年国务院把实施再就业工程同经济结构调整和深化国有企业改革密切联系起来，把再就业工程作为推进经济体制改革和发展的一项根本性措施。

1997 年 3 月，国务院下发了《关于在若干城市试行国有企业兼并破产和职工再就业有关问题的补充通知》，通知明确国家经贸委负责全国国有企业兼并破产和职工再就业的组织协调工作，并决定成立全国企业兼并破产和职工再就业工作领导小组。通知强调各试点城市人民政府要积极推广上海市实施再就业工程的经验，从上到下建立再就业服务中心。

1998 年 2 月，劳动部制定的“三年千万”再就业培训计划开始实施。总体目标是在三年之内，为 1 900 万下岗职工提供职业指导和职业培训服务（对 1 000 万下岗职工普遍进行职业指导，对其中 600 万人进行职业技能和创业能力培训）。通过努力，使下岗职工树立新的就业观念，转业转岗人员掌握实用技能，自谋职业者增强创业能力。具体任务是：1998 年 300 万人；1999 年 350 万人；2000 年万人。

1998 年 6 月 9 日，国务院在《关于切实做好国有企业下岗职工基本生活保障和再就业工作的通知》中提出，必须切实做好国有企业下岗职工基本生活保障和再就业工作，把保障他们的基本生活作为首要任务，力争每年实现新就业的人数大于当年新增下岗职工人数，1998 年使已下岗职工和当年新增下岗职工的 50% 以上实现再就业。争取用 5 年左右的时间，初步建立起适应社会主义市场经济体制要求的社会保障体系和就业机制。

1998 年 6 月 23 日，国家工商行政管理局发文，就认真贯彻落实国务院的通知精神作出了具体布置。

1998 年下半年以来，各级政府部门把确保国企下岗职工基本生活、确保离退休人员养老金发放（即“两个确保”）作为头等大事来抓。

1999 年 3 月 15 日，国家税务总局下发《关于下岗职工从事社区居民服务业享受有关税收优惠政策问题的通知》就下岗职工从事社区居民服务业享受有关税收优惠政策作了具体规定。

1999 年 7 月，国家作出了提高城镇中低收入居民收入的重大决策，到 10 月 1 日，全国 600 万下岗职工、80 多万失业人员和 2 700 多万企业离退休人员的待遇水平得到相应调整。国有企业下岗职工基本生活保障标准月人均增加 86 元，失业保险金月人均增加 44 元，企业离休人员月人均增加 145 元，退休人员月人均增加 60 元。11 月 1 日开征利息税，收入用于提高三条保障线。

（3）就业的宏观调控

经济增长与新业增加呈正相关的关系，据有关部门统计，GDP 增长一个百分点，可增加就业机会 130 万个左右而经济增长体现在消费、投资和净出口的增长上。政府解决失业和增加就业的根本措施是大力发展生产力，积极促进经济增长，创造就业机会，同时，加快劳动力市场体系建设和功能完善步伐，加快推进社会保障体系建设等配套改革的进程。在投资方面，1998 年中国实行了积极的财政政策，增发国债，扩大财政支出，大量增加对基础设施和重点领域投资的力度，扩大内需，带动社会投资，进而拉动经济增长，同时大力调整产业结构，积极发展第三产业这些都促进了就业规模的扩大。

（4）不断完善就业制度

在向市场经济体制转变的过程中，中国的就业制度和就业机制发生了重大变化，国家改变了计划经济体制下统包统配的就业制度，逐步过渡为市场经济条件下的市场就业，形成国家促进就业、市场调节就业和劳动者自主择业的市场就业新机制。

第一，就业服务体系。中国的就业服务体系包含职业介绍、就业训练、失业保险和劳动就业服务等四项主要内容。其中，失业保险的主要任务是：失业救济、失业医疗补助、失业职工管理以及对失业职工的再就业给予帮助。劳动就业服务的主要任务是：在国家资金、税收和就业政策支持和主办单位扶持下，举办各类生产经营网点，直接安置失业人员。

第二，不同群体的就业政策。对于城镇新增劳动力，主要为其提供职业介绍、就业训练等项服务，引导其通过市场实现就业。

凡是有下岗职工的国有企业，都要建立再就业服务中心，负责把下岗职工组织起来保障他们的基本生活，抓紧进行培训，指导和帮助他们实现再就业。资金采取“三三制”，即：财政预算安排1/3，企业负担1/3，社会筹集1/3，保证专款专用。

对农村剩余劳动力，一是发展乡镇企业和农村第三产业，就地就近向非农产业转移；二是发展小城镇，吸纳农村剩余劳动力；三是引导一部分农村劳动力按需有序地就业，以满足城市经济发展的需要。

对妇女、残疾人等特殊就业群体，采取不同的促进就业措施。残疾人就业实行集中与分散相结合、鼓励自谋职业的方针。福利企业是集中安置残疾人就业的重要形式，政府给予税收减免等优惠政策，鼓励发展福利企业，以吸纳更多的残疾人就业。

（5）建立失业保险、再就业培训和职业介绍“三位一体”、统一的再就业工程和失业社会保障体系。

凡国有企业下岗职工必须到企业再就业服务中心签订基本生活保障和再就业协议，再就业后要解除其与原企业的劳务关系。下岗职工在再就业服务中心满三年仍然没有就业的，亦应该解除其与原企业的劳务关系，转由失业保险机构统一管理领取失业保险金。失业保险机构在一定的时限内（暂定期限为两年）有责任和义务向失业者提供失业保险、再就业培训和介绍再就业岗位。失业者领取失业保险金应与接受培训和接受新的职业挂钩，以便失业保险能够起到促进失业职工再就业的作用。

如果失业者享受失业保险两年后仍然没有就业的，失业保险机构将不再为其提供失业保障，而转由民政部门将其纳入城市居民最低生活保障范畴。

通过国有企业下岗职工基本生活保障、失业保险和城市居民最低生活保障制度“三条保障线”，牢固地筑起了统一的再就业工程和失业社会保障体系。

（6）实施下岗职工再就业优惠政策

经过几年实践，中国基本形成一系列下岗职工再就业优惠政策：

第一，对下岗职工从事社区属民服务业的，简化工商登记手续，三年内可免征增值税，个人所得税以及行政性收费。

第二，对中小企业、劳动就业服务企业等就业实体吸纳国有企业下岗职工，只要符合国家产业政策、产品适销对路符合贷款条件，有关商业银行和信用社要积极给予贷款支持。

第三，下岗职工从事社区居民服务业取得的营业收入，个人自其持下岗证明在当地主管税务备案之日起，个体工商户或者下岗职工人数占企业总人数60%以上的企业自其领取税务登记之日起，3年免征增值税。

第四，下岗职工从事社会居民服务业，对其取得的经营所得和劳务报酬所得，从事个体经营的自其领取税务登记证之日起，从事独立劳务服务的自其持下岗证明在当地主管税务机关备案之日起，3年内免征个人所得税。

第五，新办的劳动就业服务企业，当年安置城镇待业人员达到规定比例的，可在3年内减征或免征所得税。劳动就业服务企业免税期满后，当年新安置待业人员占企业原从业人员总数30%以上的，经主管税务机关审核批准，可减半征收所得税2年。

第六，对下岗职工申请从事个体工商经营、家庭手工业或开办私营企业的，工商、城建等部门要及时办理有关手续开业一年内减免工商管理等行政收费。

3. 影响及效果

再就业工程实施以来，在各个阶段的成效显著。

（1）全面实施阶段

1995年，全国通过实施再就业工程，帮助140万长期失业者和企业富余职工实现了再就业。1996年就有300万下岗、失业职工再就业。1997年1—9月又有400万职工重新就业。

截至1997年底，全国国有企业分流及下岗职工人数总计1 274万人，其中640万人实现分流，占50.2%，其中已实现再就业的433.5万人，占分流职工的67.8%。

在未得到分流的634万下岗职工中，434.8万人得到要妥善安置，或者进入再就业服务中心，或者已领取基本生活费，占下岗职工总数的51.2%。全国建立的职工再就业服务中心已增加到1 333个，进入中心的人数达76万人，全国有245万人重新就业。

1998年，在610万下岗职工中，进入再就业服务中心的占99%；在进入再就业服务中心的下岗职工中，有 93.2% 的人的基本生活得到了保障。有 80.5% 的人签订了基本生活保障和再就业协议。通过多种途径，当年共有 609.9 万国企下岗职工实现再就业，再就业率达 50%。

（2）总结完善阶段

1999 年上半年，中国国有企业下岗职工总数为 742 万人，其中 202 万人实现了再就业，仍未再就业的下岗职工有 540 万人，占下岗职工总数的 73%。暂未再就业职工中有 95% 进入了再就业中心，94% 领到基本生活费，全国平均每人每月可领 170 元，这基本上是最低水平生活线，到 1999 年底，“两个确保”基本实现。各级财政给予资金上的充分支持，其中中央财政直接投入 255 亿元，比 1998 年增加了近 100 亿元。全年共有国有企业下岗职工 1 190 多万人，约 540 万国有企业下岗职工出中心，其中实现再就业的有 450 多万人，到 1999 年底还有下岗职工约 650 万，90% 以上的人领到了基本生活费。

就业形势在 1999 年基本稳定。按照完善市场就业机制的要求，全国启动了 100 个城市劳动力市场“三化建设试点”，有 45 个城市初步实现市内劳动力市场计算机联网。各级劳动保障部门积极落实“三年千万”的再就业培训计划。为 390 万下岗职工提供了职业指导和培训。

失业保险制度取得重大进展。1999 年国务院发布了《失业保险条例》，为完善失业保险制度指明了发展方向、提供了法律依据。1999 年底，全国参加失业保险的职工人数已达 9 800 多万人，比上一年增加了 1 800 万人，是历年来覆盖范围最大的，全年失业保险基金收入 110 多亿元，基金的承受能力明显增强，12 月有超过 100 万的失业人员领取失业保险金，比年初增加 40%。

（二）郑东新区建设中的财政职能研究

1. 建设背景

2001 年，借助原郑州军民合用机场搬迁的契机，河南省政府和郑州市政府经过综合考虑，做出了建设郑东新区的战略决策。这一决策直接决定了未来数十年郑州市的发展方向和建设重点，也进一步拉大了郑州市的城市发展框架。此外，受到京广铁路和陇海铁路的影响，郑州市城市发展空间受限，为进一步扩大人口规模、巩固河南省省会城市的地位，实现建设全国区域性中心城市的发展目标，须寻求新的发展空间。这是规划建设郑东新区的另一背景，也在一定程度上加速了郑东新区的诞生。

2. 郑东新区建设发展情况

规划建设中的郑东新区，西起中州大道，东至万三公路，北至黄河，南至陇海铁路，总面积260平方公里，由中央商务区、龙湖区域、白沙园区、综合交通枢纽区、龙子湖高校园区、炎黄都市观光区6个功能组团构成。同时对连霍高速以北、中州大道以东区域实施规划管理，规划控制面积达到370平方公里。截至2016年底，郑东新区入住人口137万人，建成区面积突破130平方公里，固定资产投资完成708亿元，财政收入地区生产总值完成326亿元，增速居全市第一；财政收入完成77.02亿元，规模居全市第一。经过数年建设，郑东新区已成为国内外具有较强影响力的一座新城，凭借优美的环境、繁荣的经济、稳定的社会和完善的功能，成为展示郑州市城市新形象的“窗口”和“名片”。

3. 郑东新区建设带来的影响

郑东新区的规划建设，对郑州市的经济增长作出了重大贡献，成为郑州市提升经济总量的重要支撑和主要平台，为郑州市成功领跑河南提供了坚强的后盾。与此同时，郑东新区的建设对郑州市空间重构、社会进步和改善城市环境等方面也产生了积极影响。

（1）对城市空间的影响

从用地结构上看，2005年底，郑东新区入住人口只有8万人；到2008年底，入住人口达到21万人；2011年底，郑东新区入住人口再上新台阶，突破50万人，达到55万人；2013年底，入住人口突破200万人；2015年底，入住人口达115万人，建成区面积突破115平方公里；截至2016年底，入住人口达到137万人，建成区面积达到130平方公里，占郑州市建成区面积的29.3%。郑东新区的建设使城市建设用地规模迅速增加，保证了郑州市未来的发展空间，并使城市空间逐步向东扩展。

从空间结构上看，郑东新区建设以前，郑州市的城市空间结构演变经历了新中国成立以前的点状结构到新中国成立初期的单中心结构，再到社会主义建设时期的单中心轴向结构，改革开放至2000年期间一直保持单中心放射状结构。而郑东新区的建设彻底改变了郑州市多年来的单中心放射状圈层式发展模式，实现了城市重心的转移和城市功能的疏解以及城市空间的跨越式发展。原有“一核多中心的结构”逐步向“双核多中心”结构过渡。随着郑东新区大规模高标准的公共设施和基础设施建设，各种经济要素纷纷在此集聚，使郑东新区逐步发展成为郑州市的城市副中心。

（2）对城市经济的影响

从经济总量看，郑东新区自建设以来，各项经济指标都保持着稳定增长的良好势头，对郑州市的经济发展作出了一定贡献。从近几年的数据来看，郑东新区的地区生产总值从2010年的74.8亿元增加到了2016年的350.8亿元，年均增长率为29.4%，占郑州市的比重年均处在3%左右（见图1－3）；财政收入从2010年的22.09亿元增加到了2016年的77.02亿元，年均增长为23.14%，占郑州市的比重年均保持在7%左右（见图1－4）。由此可见，郑东新区的各项经济指标占据郑州市一定比重，郑东新区建设对郑州市地区生产总值和财政收入的增加贡献了一定力量。

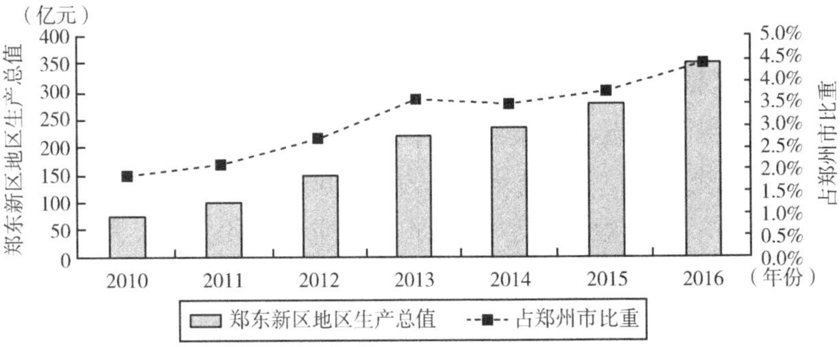

图1－3　郑东新区地区生产总值及其占郑州市的比重

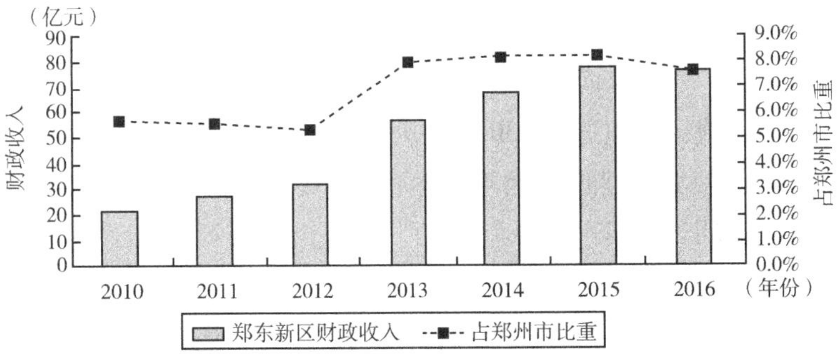

图1－4　郑东新区财政收入及其占郑州市的比重

郑东新区通过招商引资重点引进规模大、竞争力强、产业关联度高的龙头型、旗舰型项目。截至2015年底，郑东新区实际使用外资4.21亿美元，企业数量不断增加。入驻苹果、惠普、马士基等世界500强企业49家、国内500强68家、上市企业69家，大大增加了财政收入，对郑州市的经济增长产生了积极作用。

从产业发展看，郑东新区以发展金融业、高端商贸为主导，以总部经济、会展、教育科研为配套的现代服务产业体系已经形成，第三产业的发展使郑东新区成为郑州市投资和居民聚集速度最快的区域。在科技创新方面，郑东新区集聚了一批大学、国家级企业研发中心，两院院士、国家千人计划团队相继入驻。诺基亚西门子研发中心、日产研发中心等项目陆续落户，生物技术、医药研发等4个社会投资的创新创业综合体正在建设中，截至2015年底，累计落地国家级研发中心10家，院士工作站21个，创新团队21个。

（3）对城市社会的影响

从人口规模和结构看，经济的发展，必然需要大量就业人口。较高的劳动报酬和对人才的强烈需求，使郑东新区在吸纳周边劳动人口的同时，也对流动人口产生了强大的吸引力。2017年的统计年鉴数据显示，截至2016年底，郑东新区从业人员共有41万人，与2010年末的从业人口数量相比，增加了36.7万人，年平均增长率约为45.5%。与此同时，郑东新区从业人员在郑州市所占的比重也处于整体上升趋势，2010年所占比重仅为1.6%，2015年上升到了9.1%，2016年有所下降，所占比重为8.8%（见图1-5）。大规模的人口快速集聚于郑东新区，对郑州市人口空间结构产生了一定影响。

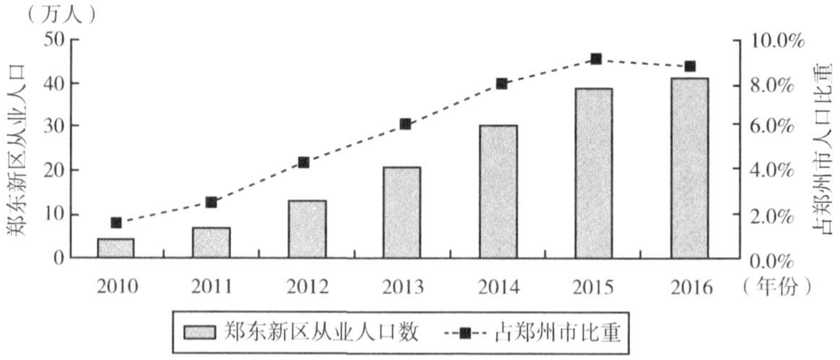

图1-5　郑东新区从业人口数及其占郑州市的比重

（4）对城市环境的影响

从生态环境看，数据显示，郑东新区建设绿地面积累计达到2 750万平方米，水面1 300万平方米，已建成40余个城市公园，绿化率达49.1%，中央商务区绿化率超过60%，人均绿地面积达33平方米。特别是根据龙的传说和湖的形态而命名的龙湖，水域面积约5.6平方公里，与金水河、熊儿河、东风渠等形成了完整的城市生态水系，成为郑州市不可多得的景观资源。在调节改善小气候的同时，还起到了灌溉和调蓄的作用。大面积的水域和绿化对郑州市的环境和生态产生了良好的影响。

从生活环境看，郑东新区的建设，也推动了郑州市社会事业的全面进步。教育设施方面，郑东新区已建成郑州市第八中学郑东新区学校、八十六中、四十七中和省实验学校、北大附小、海文幼儿园等20余所学校和幼儿园，初步形成了从学前教育到高等教育、从义务教育到职业教育、类型齐全的现代教育体系。医疗设施方面，建成了郑州人民医院颐和医院、河南省直第三人民医院等17家医院，综合医院、社区卫生服务中心、社区卫生服务站三级医疗服务网络已初步形成。各种风格和档次的酒店、饭店、体育馆、展览中心、艺术中心、酒吧、俱乐部等更是一应俱全，对郑州市社会环境的改善起到了相当大的作用。

（三）郑州地铁建设中反映的财政职能

截至2022年2月，郑州地铁运营线路共7条。分别为：郑州地铁1号线、郑州地铁2号线、郑州地铁3号线（一期）、郑州地铁4号线、郑州地铁5号线、郑州地铁城郊线（9号线一期）和郑州地铁14号线（一期），均采用地铁系统；共设车站153座，运营线路总长206.3公里。

截至2021年12月，郑州地铁在建线路有：郑州地铁3号线（二期）、郑州地铁6号线（一期）、郑州地铁7号线（一期）、郑州地铁8号线（一期）、郑州地铁城郊线（二期）、郑州地铁10号线（一期）、郑州地铁12号线（一期）、郑州市域铁路（郑州地铁17号线）。

1. 郑州地铁建设背景

1974年，郑州市曾勘探式地开挖过地铁，当时称之为“7401工程”，主要考虑的是防空功能。最终只是在碧沙岗公园沿线修建了部分具有人防功能的隧道。

20世纪90年代初以来，郑州市发展迅速，道路交通面临的巨大压力，已经影响到了城市发展，由于京广铁路、陇海铁路对中心城区的分割，严重影响了城市各功能区之间的联系。同时在城市主干道的重要公交走廊上，公交车辆满载率均已超过100%。单靠城市公交调整，已经无法满足市民出行需求，建设地铁分流车流及人流已势在必行。

2000年9月，郑州市开始编制城市轨道交通线网规划。

2006年初，郑州将原计划“轻轨线”调整为“地铁线”，规划了郑州轨道交通一期的“三横两纵一环”的框架性方案。

2006—2008年，《郑州市城市快速轨道交通建设规划（2008—2015年）》通过了国家发改委、国家文物局、国家环保部等部委的审批。

2008年12月31日，郑州轨道交通规划经国家发改委、住房和城乡建设部联合会审后，呈报至国务院。

2009年2月6日，国家发改委印发《郑州市城市快速轨道交通近期建设规划（2008—2015）》，郑州轨道交通第一批建设规划获批。郑州市成为中国内地第16个获准建设轨道交通的城市。

2009年4月，《郑州地铁1号线一期工程可行性研究报告的评估报告》完成。

2014年4月20日，国家发改委批复同意《郑州市城市轨道交通近期建设规划（2014—2020年）》。

2016年3月8日，郑州市城乡规划局公示了《郑州市城市轨道交通线网规划修编（2015—2050）》，规划方案显示，到2050年，郑州将有地铁线路21条，总里程达970.9千米，车站523座。

2017年8月21日，郑东新区管委会发布的《郑东新区龙湖地区控制性详细规划部分地块修改必要性论证报告》显示，规划新增郑州地铁22号线，至此郑州地铁规划总里程达1 050千米，车站560座。

2019年3月29日，国家发改委批复同意《郑州市城市轨道交通第三期建设规划（2019—2024年）》。4月1日，国家发改委以发改基础〔2019〕599号《国家发展改革委关于郑州市城市轨道交通第三期建设规划（2019—2024年）的批复》批准了第三期建设的郑州地铁3号线（二期）、郑州地铁6号线（一期）、郑州地铁7号线（一期）、郑州地铁8号线（一期）、郑州地铁10号线（一期）、郑州地铁12号线（一期）、郑州地铁14号线（一期）等7个项目。

2. 地铁给郑州带来的影响

地铁的修建将给郑州带来一系列的影响，如缓解交通压力、拉动经济增长、带动商圈腾飞，等等。相信在不远的将来，地铁“能盘活一座城”。

（1）缓解交通压力

毫无疑问，修建地铁，最大受益者是城市交通。郑州的地面交通虽经不同方式的治理，但仍呈现减速之势。公交车和出租车等公共交通工具，虽然方便了市民出行，但也占去了大量的路面。随着地铁项目的评估和开建，我们对主干线上开通地铁之后，占据城市交通主要地位的公交车、私家车、非机动车和路面行人，均会因为地铁开通后相应减少。这样一来，绿城交通堵塞将会真正地得到缓解。专家评估，1 号线、2 号线初期行车间隔时间为 5 分钟，每列车定员 1 440 人，按目前公交车每辆满员 80 人计算，一列地铁的运力就相当于 18 辆公交车。等地铁最慢 5 分钟就来一趟车轨道交通 1、2 号线初期、近期、远期采用 6 辆固定编组，四动二拖列车编组形式，定员为每列车 1 440 人。这样算来，1 号线可以使郑州市东西主干线上每小时少开 180 辆公交车，2 号线则可以使每小时少开 360 辆公交车，对减缓路面交通压力的作用是显而易见的。

（2）拉动经济增长

首先就是强化郑州的龙头地位。郑州目前的格局是“老城区 + 新区”，而新区有郑东新区、经济技术开发区、高新技术产业开发区，现在又有了郑汴新区。郑州市的基础设施建设必须满足这 4 个新区和老城区的衔接，而建地铁就实现了这一要求。

此外，拓展轨道交通、打造立体交通格局，不仅是郑州发展的需要，也是全省构建现代城镇体系、实施中心城市带动战略的关键所在。郑州的地铁和将来的城际轨道交通的无缝衔接，将使河南的中心城市带动作用更加明显。

其次是带动郑州全面均衡发展。从某种意义上说，郑州的发展是不太均衡的，比如西、南片区的发展就不如东、北片区的发展。1、2 号线是“黄金十字架”，指向东西南北四个方向，对四个方向的发展都有极大的促进作用。交通方便了，就不会觉得远了。比如惠济区到南郊，坐公交车得两个小时左右，但坐地铁半个小时左右就到了。

地铁修建后，郑州四周的每个方向今后都会有更好的发展，特别是短途到达点。西边和南边的发展将加速。

再次是强化老商圈催生新商圈。实际上，郑州人引以为豪的商圈无非是二七商圈、碧沙岗商圈、火车站商圈、花园路商圈等，这些商圈大都分布在城市主干道上。这些商圈的一个大的问题在于没有形成带状格局，显得分散，且各自为战。但是郑州地铁的修建，将把这些商圈连起来，像一条项链一样，而大大小小的商圈，将成为这条项链上的一颗颗珍珠。地铁投用后，传统商圈会是最大的受益者，地铁的便捷性会使远距离购物更方便。

比如处于 1、2 号线交叉口的紫荆山商圈，其价值将更加凸显。与此同时，地铁的修建将带来组团式商业流通集聚点的形成，城市的多个副中心格局，将有望成形。商圈以道路为茎，吸收人流与资金的养分，却又在交通的滞胀中形成恶性循环。一方面，在城市边际扩张中，交通的方便程度决定了消费者的购物习性，趋中心度，是一种必然选择。另一方面，过度的人流聚集，让商圈的承受已经达到极限，亟待新的商圈兴起。郑泰森认为，地铁的开通，将带动大量周边客流的进出。市中心的商业网点不再以本区域居民为主。在中转站点或大型地铁出入口，二、三级商圈也将因地铁而形成新的商业中心。

（3）带动中原城市群的发展

根据规划，郑州市的轨道交通还会和城际轨道、市域轨道交通对接，从而大大优化以郑州为龙头的中原城市群之间的交通来往。城际轨道线深入中心城区（郑州）内部，与轨道交通连接。如去洛阳、开封，可乘坐地铁到达连接处，然后直接换乘城际轨道线。规划提出的郑州市轨道交通与城际轨道交通衔接点有：郑州火车站，通过1号线连接郑州—开封、郑州—洛阳城际线；新郑州站，通过1号线、5号线连接郑州—开封城际线；郑州东城际站，通过4号线连接郑州—开封城际线：中心广场站，通过5号线连接郑州—机场城际线；郑州西城际站，通过5号线连接郑州—洛阳城际线；郑州北城际站，通过6号线连接郑州—新乡城际线；铁炉城际站，通过1号线连接郑州—洛阳城际线。

在城际铁路的基础上规划两条市域轨道交通线路，分别为中心城区—中牟，中心城区—上街荥阳。中心城区—中牟市域轨道线，在中心城区边缘与4号线、5号线衔接，满足郑州中心城区与白沙、中牟之间的轨道交通联系，同时也满足相邻片区或组团之间的轨道交通联系。中心城区—上街荥阳市域轨道交通，在中心城区边缘与3号线衔接，满足郑州中心城区与荥阳、上街的轨道交通联系，同时也满足相邻片区或组团之间的轨道交通联系。

（4）带来大量就业机会

地铁的开通主要能提供三大类就业机会，一类是参与建设、维护和后勤人员；地铁建成开通后的运管、管理人员；另一类是因地铁的开通而衍生的服务业人员；此外，地铁开批后会特动房产，广告、地铁艺术等行业，也需要大量的从业人员。

地铁人才的构成就像一颗“橄榄”，两头尖，中间大，位于“橄榄”尖端的，是工程管理（现场）工程师和机电设备工程师两个岗位；同样属于这个尖端的还有上建、桥梁、通信、机电自动化、应用电子技术、计算机软硬件等十余个专业的人才。

不过，这些人才虽然稀缺，但总体需求量相对并不大。真正大需求量的地铁人才是在地铁进入运营状态后每个站点都需配各的机车司机、车辆控制人员、车辆维修维护人员、机道维修人员、车站维护人员、技术协调管理人员，车站值班员、调度人页、运营管理人员。乘务员、传票员等客运服务类人才和设备维护保养类人才。而这两类人才，又将根据工种细分成 10 多类，甚至几十类，以上海地铁为例—上海地铁现有的 5 条地铁线：75 个站点，每个站点平均正备客运服务人员 36 名，其中，仅就地铁车辆控制序列也就是常见的地下站台“玻璃房”里的“站务员”这个职位而言，就有行车值班员、助理值班员、行车宜班站长之分，学历要求自高中至大学本科不等。

（5）带来“马太效应”

根据规划，郑州地铁将与未来的城际快速轨道交通和高速铁路相连，这个快速交通格局将是河南各个城市经济社会联系的枢纽。因此，郑州建地铁具有带动河南现代城镇体系建设的战略意义。

地铁开进现实，“黄金十字架”极有可能打通郑州内部联系的“任督二脉”，使各个城市板块之间的交流会更密动，最终走向大融合。形成地铁修到哪儿，城市就旺到哪儿，哪个地方就是发展热点和受益点的城市格局。

地铁的修建会给商业带来前所未有的发展机遇。目前，郑州的商业格局布局基本合理。地铁的便捷性会使远距离购物更方便，二七商圈会得到强化，地位会因交通改善而保持。甚于这种观点，很多人认为地铁会使郑州商业产生“马太效应”、强者愈强。甚至有人建议将人民路，二七路、太康路等变成步行街，构成大的二七商圈。

地铁会带来让区商业的遍地开花无可争议。而另一个争议是，区域商业中心的机会到底有多少。“马太效应”可能的结果是，不大不小的商场将逐渐死亡。

建造地铁是城市经济发达的一个体现，北京、上海、纽约、巴黎、温哥华等这些国际化大都市，无不以地铁的时速前进，地铁的修建是郑州城市化一个新的机遇，将全面改变郑州的城市生活，在将来，大多数市民出行的首选必将是地铁，没有地铁的支撑，城市不可能做到框架的进一步拉大。

（四）郑州市房地产市场调控中的政府职能

2021 年上半年，房地产市场延续去年底热度，部分热点城市甚至出现升温过快迹象，对此，中央方面多次强调“房住不炒”，从市场参与的各大主体入手调控，房企端、银行端、土地端三大主体联合发力，多措并举，进一步落实稳地价、稳房价、稳预期的目标。各地以“房住不炒”为原则，结合实际情况，出台了加强限购、限售、限价、推行公正摇号、加强预售资金监管、二手房成交参考价机制等政策。郑州方面，2021上半年，“房住不炒”的主基调依旧明确，且围绕“三稳”目标出台了一系列指导性政策，包括土地、金融监管、公积金住房贷款等方面。

1. 土地政策变革

2021年2月18日，郑州市人民政府办公厅发布关于印发郑州市土地出让管理工作实施细则（试行）的通知。细则明确，基准地价更新工作每三年组织一次；全市年度住宅用地价格变化幅度控制在5%以内。

细则涉及，市住房保障部门应在土地评估前出具住宅用地的土地出让前置条件，明确合理销售参考房价（毛坯房价格和装修价格），可按周边实际销售价格的10%浮动确定；地价评估时采用剩余法的合理利润值原则上应控制为10%。

销售参考房价随土地出让公告一并公示，土地出让成交后在《国有建设用地使用权出让合同》中进行约定。2021年在郑东新区、郑州经开区、郑州高新区，以及市内五区非城改项目储备用地先行试用。

该政策的出台，为郑州带来了新的土拍模式：限地价+限房价+摇号+竞自持，同时优化供应结构，从供给端发力调节市场供需平衡，确保全年地价浮动控制在5%以内，房价浮动控制在10%，有助于实现“稳地价、稳房价、稳预期”的政策目标。

2. 供地“两集中”新政

2021年2月26日，自然资源部宣布，将对全国22个重点城市住宅用地供应实行“两集中”新政，一是集中发布出让公告，且今年发布住宅用地公告不能超过3次；二是集中组织出让活动。重点22城包括北上广深4个一线城市和郑州、南京、杭州等18个二线城市。

同月，郑州发布紧急通知，收回航空港区、郑东新区、经开区、高新区、上街区的住宅用地公告发布权，由市局统一组织发布实施。

6月3日，首场集中土拍结果已揭晓，49宗地，收金414亿，整体溢价率约11%，在22城处于中等水平。根据供应计划安排，本年度住宅用地第二次、第三次集中出让时间预计为7月、10月。

3. 公积金贷款政策收紧

郑州或延长申请公积金贷款缴存时限。2021年3月8日，郑州住房公积金管理中心发布《郑州住房公积金管理中心关于征求住房公积金个人住房贷款政策调整意见和建议的通知》。

除适当延长申请公积金贷款的缴存时限以外，调整内容还包括，结合郑州不同区域的住房价格，按市区（含市内五区、郑东新区、高新技术开发区、经济技术开发区）和非市区分别设定最高公积金贷款限额。

通知还提出，按照缴存和购房情况设定最高贷款比例（贷款金额占房产总价比例）。首次使用公积金贷款购买家庭首套住房的，最高贷款比例设定为70%；异地贷款及其他情况最高贷款比例设定为40%。同时，限制个人征信严重不良的申请人办理公积金贷款。

同时，郑州市加强住房公积金缴存和贷款管理。4 月 12 日，郑州住房公积金管理中心发布关于进一步加强住房公积金缴存和贷款管理有关事项的通知，要求严格规范住房公积金缴存管理、严格审核住房公积金贷款申请、严厉惩处住房公积金违规行为。

通知要求，住房公积金缴存单位应当按照法规政策规定，逐月、按时、连续、足额为本单位在职职工缴存住房公积金，不得为无劳务关系或合法代理关系的职工代开、虚开住房公积金账户，不得采取提供虚假材料、欺骗等手段修改职工账户信息，不得采取弄虚作假等手段代办住房公积金业务。

4. 加强金融监管

郑州市严防各类资金变相或绕道流入房地产市场。2021 年 4 月 13 日，河南银保监局发布关于推动辖内股份制银行高质量发展实施意见的通知。通知要求银行业金融机构严格落实房地产金融监管政策，控制房地产贷款增速，确保房地产贷款集中度保持合理水平。加强全口径管理，将通过同业投资、理财投资、委托贷款等渠道流入房地产领域的资金统一纳入监测范围，防止监管套利。加大监督检查力度，严厉打击“零首付”“首付贷”等行为，严防各类资金变相或绕道流入房地产市场。

5. 放宽落户条件

郑州市进一步放宽郑州市中心城区落户条件。2021 年 5 月，中共河南省委、河南省人民政府联合出台《关于构建更加完善的要素市场化配置体制机制的实施意见》，从推进土地要素市场化配置、引导劳动力要素合理畅通有序流动等方面作出部署。其中提到，要深化户籍制度改革，进一步放宽郑州市中心城区落户条件，全面放开除郑州市中心城区之外的其他县（市、区）和省辖市、济源示范区落户限制，试行以经常居住地登记户口制度。全面实施居住证制度，健全以居住证为载体的城镇基本公共服务提供机制，常住人口享有与户籍人口同等的城镇教育、就业创业、社会保险、医疗卫生、住房保障等基本公共服务。

6. 推动绿色建筑发展

郑州市要求，今年新建建筑中装配式建筑要占3成以上。2021年6月2日，郑州市城乡建设局发布2021年郑州市建筑节能与装配式建筑发展工作要点。通知明确，2021年继续全面执行绿色建筑标准，全市新建居住建筑执行“75%”节能设计标准，公共建筑执行“65%”节能设计标准，建筑节能实现节约标准煤26.3万吨；推进绿色建材认证推广应用，积极引导企业通过绿色建材认证，新型墙材生产量达到18亿块折标砖；积极推广建筑保温与结构一体化技术，满足人们更高层次的居住需求；推进清洁取暖试点城市中超低能耗建筑示范项目实施，新建超低能耗建筑项目面积不少于15万平方米；培育装配式建筑产业基地1个，全市装配式建筑面积占新建建筑面积比例不低于30%。

三、思考题

1. 思考下岗职工再就业工程给中国经济带来的影响，体现了哪些财政职能？

2. 你怎么看待郑东新区建设和郑州地铁建设给郑州带来的影响？

3. 通过分析郑州市财政在郑东新区建设郑州地铁建设中发挥的职能作用，试分析其他城市新区建设时财政的职能起到的作用。

4. 根据案例和所学知识，讨论收入分配调节可以采取哪些财政与税收手段？为什么？

5. 买房与每一个人都息息相关，政府在房地产市场中的调控政策体现了什么职能？

案例说明书

一、课前准备

本案例要求学生提前阅读案例正文，并通过课本了解财政职能相关知识，通过网络了解我国再就业工程、郑东新区建设、郑州地铁建设、郑州房地产市场调控等新闻，认真思考案例后的思考题。

二、课堂安排

财政职能是公共管理中实践性很强的教学内容。案例教学是沟通理论与实践的桥梁，能够把认知性和感受性学习方式很好地融合起来，培养学习者的相关技能及其运用能力。本案例课堂安排如下：

1. 学生熟悉案例背景：结合课前预习的财政职能相关理论知识和我国再就业工程、郑东新区建设、郑州地铁建设、郑州房地产市场调控等新闻，总结提炼案例的基本要点和关键问题，并结合案例后面的思考题进行讨论。此项安排时间大约20分钟。

2. 教师组织进行讨论：大致按照“是什么（what）”—“为什么（why）”—“怎么样（how）”的线索展开。要求每组学生完成以下工作：首先，针对我国再就业工程、郑东新区建设、郑州地铁建设、郑州房地产市场调控等案例中涉及的财政职能进行描述，对基本知识背景与财政职能进行简要介绍与总结；其次，进行判断，对不同案例中体现的财政职能加以提炼和总结；最后，进行新的政策设计和完善，试讨论财政职能在当前的经济形势下能够通过哪些职能发展作用，促进经济的发展与社会的稳定。此项安排时间大约45分钟。

3. 教师进行政策评价（policy appraisal），对各案例进行分析，总结各案例蕴含的专业知识，组织学生讨论后归纳各方意见并在选择中达成共识。此项安排时间大约20分钟。

三、教学目标

1. 通过学习下岗职工再就业工程案例，了解财政的收入分配职能。

2. 学习郑东新区建设和郑州地铁建设案例，了解财政的资源配置与经济建设职能。

3. 阅读郑州市房地产调控政策，加深对财政资源配置与经济建设职能的理解。

四、思政元素

1. 培养学生的公共意识，通过学习财政宏观调控职能对郑州城市公共物品提供带来的影响、收入分配职能对国家收入公平带来的影响、经济发展职能对国家和地区发展带来的影响，使学生认识到财政的重要性和职能的重要作用，强化学生家国意识，增强学生的公共责任和爱国情怀。

2. 加强国情教育，引导学生关注现实，一切从实际出发。财政学是经济学的分支，是社会科学的组成部分，其研究对象是财政分配活动及其规律性，培养目标是向具有公共属性的社会组织或其他组织具有公共性质的岗位输送人才。这就要求教育引导学生关注现实，深入社会，了解国情，理解中国，通过国家和地区的财政职能相关案例加强现实国情教育，着力培养学生牢固树立“实事求是、一切从实际出发”的思想方法，塑造涵养“千里之行、始于足下”的踏实作风，增进学生对国家制度和改革发展成就的理性认同，激发学生强烈的热爱国家、经国济世的社会责任感和担当意识，培养知行合一的社会主义事业建设者。

3. 了解中国制度优势，增强国家自信。向同学们分析财政在资源配置、收入分配、经济发展方面发挥的巨大作用，了解财政对国家、个人的重要性，增强“四个自信”，使同学们充分理解我国“坚持以人民为中心的发展思想，不断保障和改善民生、增进人民福祉，走共同富裕道路的显著优势”。制度优势是中国建国以来取得举世瞩目发展和成就的主要原因，也必将引领整个民族的繁荣富强。在坚持以人民为中心，保障和改善民生，增进人民福祉，走向共同富裕的思路下，国家财政加大了对各项公共产品的投入，整合城乡，缩小地区差距，保障了最广大的人民群众的利益。使同学们明白身在校园，也应心怀天下，用自己的知识和能力为祖国建设作出贡献。

五、要点分析

本案例分析的核心在于财政职能，案例既涉及财政基础理论知识，又涉及财政政策运行的相关原理，还包括具体的财政运作模式，具有较强的理论与实践意义。

第一，财政职能是指财政作为国家政府分配社会产品、调节经济活动的重要手段所具有的职责和功能，是由财政本质所决定的财政所固有的，它是不以人的意志为转移的。一般认为，财政具有资源配置、收入分配、经济稳定与发展职能。资源配置职能，是指将一部分社会资源集中起来，形成财政收入，然后通过财政支出活动，由政府提供公共物品或服务，引导社会资金流向，弥补市场缺陷，从而优化全社会的资源配置。收入分配职能，是指政府财政收支活动对各个社会成员收入在社会财富中所占份额施加影响，以公平收入分配。在政府对收入分配不加干预的情况下，一般会根据个人财产多少和对生产所作贡献大小等因素，将社会财富在社会各成员之间进行初次分配。经济稳定与发展职能是指通过实施特定的财政政策，促进较高的就业水平、物价稳定和经济增长等目标的实现。政府根据宏观经济运行的不同状况，相机抉择采取相应的财政政策措施。

第二，下岗职工再就业工程体现了财政的收入分配职能。就业压力大，国企改革进入体制转轨的阵痛期，再就业已成为一项长期、复杂而艰巨的工程。除了逐步建立社会主义保障体制，为下岗人员提供基本的生活保障外，深化收入分配体制改革已经迫在眉睫，再就业工程则承担起这一重任，为实现企业减员增效、下岗分流和再就业走向市场，建立国家政策指导下的劳动者自主择业、市场调节就业、政府促进就业的新机制奠定基础。

第三，郑东新区的建设体现了财政的多项职能。首先是经济发展职能。郑州东区的发展，不单停留在建起许多高楼、路桥和绿地的层面，更多体现为迅速集聚了一大批产业巨擘，形成了以高端服务为主的城市新业态。定位于中原现代服务业核心集聚区，东区荟萃了金融服务、企业总部、现代物流、会展旅游等八大产业。3 000 多家中外企业竞相涌入，25 家世界 500 强企业纷至沓来，47 家国内 500 强企业抢滩登陆，使得这里的发展张力空前释放，东区因此成为郑州都市区建设乃至中原崛起的新引擎，将带动其他区域的经济发展。其次是资源配置职能，政府将财政收入投入新区建设中，因而引导社会资金流向，实现全社会资源的更优配置。郑东新区的高速扩张，摒弃了以牺牲中心城区发展为代价的惯常模式，为老城区改造提供了条件和空间。与郑东新区规划同步，郑州中心城区保护改造规划随之制定，中心城区背街小巷改造、景观街整治、城市路网改造、街区游园建设等工程相继启动，中心城区由十年前的 133 平方公里扩张为 251 平方公里，人居环境、发展环境日臻完善，有效实现了与新区的功能对接、产业融合和资源共享，呈现出古老与时尚互动、传统与现代共荣的统筹格局，带动了郑州乃至河南其他地区的发展。

第四，郑州地铁的建设首先体现了财政的经济发展职能，地铁拉动了郑州经济增长，增加了郑州的就业岗位，发挥了郑州国家中心城市对于中原经济区的辐射带动作用，地铁不仅改变了人居生活环境，也促进了地铁周边商业的繁荣发展。其次体现了宏观调控职能，郑州地铁的建设将缓解城市交通堵塞问题，减缓路面交通压力，进而强化城市各项资源的调控能力。

第五，政府对房地产市场进行调控是必要的，既是因为市场机制的缺陷也是因为政府具有收入分配、资源配置职能。市场机制不是万能的。市场中存在着信息不充分，尤其表现在交易双方信息不对称，如像该案例所指出的我国的房地产市场根本不具有开放性，城市房地产开发的规划和城市发展的格局都未经过充分论证，房地产开发中暗箱操作的现象很多。财政具有资源配置职能，正因为房地产市场存在着缺陷，使得资源无法达到高效配置，而市场又无法进行自身调节，所以需要政府加以干预，采用一些税收手段，改变其成本从而抑制或鼓励其发展，引导资源达到合理配置。

第二章　财政收入

案例1　“十三五”期间河南省财政收入分析

一、背景简介

“十三五”时期（2016—2020年）是全面建成小康社会的决胜阶段，2020年是“十三五”规划收官之年。回顾过去的五年，河南省综合实力实现重大跨越。全省生产总值先后迈上4万亿元、5万亿元两个大台阶，人均生产总值突破8 000美元。财政总收入超过6 200亿元，一般公共预算支出突破1万亿元。财政方面的成效体现在以下五个方面：

财政实力显著增强。在实施大规模减税降费政策情况下，五年财政收入总量达到1.8万亿元，比“十二五”期间增长55%，五年财政支出总量达到4.5万亿元，比上一个五年增长64.2%。财政总收入突破6 000亿元，一般公共预算收支分别突破4 000亿元、1万亿元，为全省经济社会持续健康发展提供了坚实财力支撑。

民生支出高位增长。把民生支出作为财政保障的重点，五年来，民生支出总量累计超过3.5万亿元，年均增长8.6%，比上一个五年增长71.6%，民生支出占一般公共预算支出比重稳定在76%以上，改革发展的成果更多更公平惠及人民群众。

重大战略保障有力。先后出台支持稳增长、转型发展、民营经济、百城建设提质等25个文件，制定政策400余条，统筹整合财力，加大重点投入，为省委省政府重大战略部署的顺利推进提供了坚强保障。

杠杆作用有效发挥。注重发挥财政资金乘数效应，PPP模式走在全国第一方阵，18支政府投资基金加速落地，小额信贷模式在全国推广，农业保险保费规模居全国第二，有效调动了社会资本，为提升财政保障能力探索了新路、积累了经验。

财税改革纵深推进。预算绩效管理改革全面实施，预算标准体系建设深入推进。省以下财政分配格局逐步完善，政府采购领域改革成效显著，国有资产报告制度改革基本成型，零基预算改革破冰实施，现代财政制度框架基本确立。

二、案例概况

（一）“十三五”期间河南省财政收入规模

1. 绝对规模

受经济下行压力、新冠疫情冲击、大规模减税降费等因素影响，财政收入出现增速放缓，甚至负增长。经济发展与财政收入相互影响，财政收入的规模和结构影响着社会再生产与居民幸福指数，也影响着国民经济发展与社会稳定。以经济“新常态”为界限，“新常态”前河南省财政收入增速较快，“新常态”后，财政收入增速放缓。特别是2019年来，河南省财政收入增幅下滑严重。

财政收入绝对规模，即一般预算收入规模，“十二五”至“十三五”期间，河南省一般预算收入总量逐年增长。一般预算收入增速分为三个阶段，第一阶段是2016年之前，增速从24.65%逐年下降至4.56%；第二阶段是2016—2018年，增速从4.56%逐年上升至10.53%，第三阶段是2018—2020年，增速从10.53%逐年下降至3.14%。总体来看，“十二五”期间河南省一般公共预算收入总量呈上升趋势，增速呈下降趋势；“十三五”期间河南省一般公共预算收入总量呈上升趋势，增速呈波动趋势（见图2-1）。

2. 相对规模

一般预算收入占GDP比重（以下简称“一般预算收入占比”），被称为财政收入相对规模，一定程度上可以反映财政收入规模的适度性。

“十二五”至“十三五”期间，河南省地区生产总值从2011年的26 318.7亿元增长到2021年的58 887.4亿元，增长123.75%。一般公共预算收入占比从2011年的6.54%上升到2020年的7.68%，占比略有增加，低于全国平均（18.05%）10.37个百分点，说明河南省财政收入相对规模较小，政府可支配财力过小，财政运行压力大，政府对宏观经济运行和资源优化配置的调控能力不足（见图2-2）。

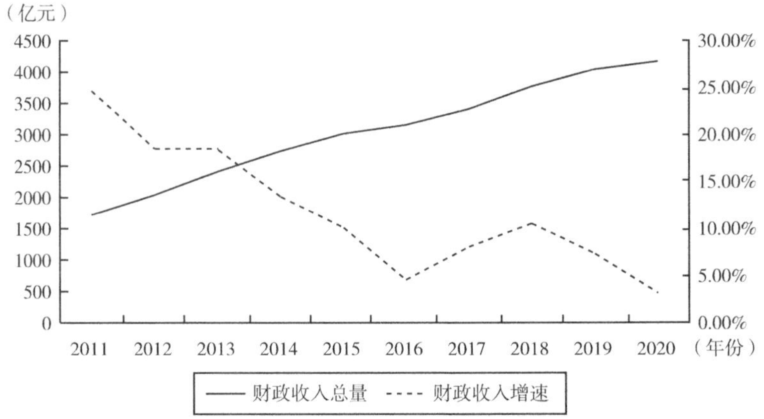

图 2-1 "十二五"至"十三五"期间一般公共预算收入情况

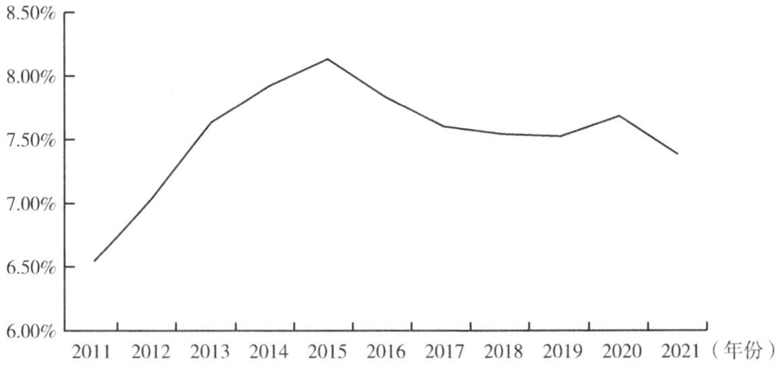

图 2-2 "十二五"至"十三五"期间一般公共预算收入占 GDP 比重

虽然河南省财政收入规模较大，财政收入实力较低。从人均一般预算收入来看，2016 年河南省人均一般预算收入 0.32 万元，相当于全国平均水平（1.15 万元）的 27.83%，位列第 29；2020 年河南省人均一般预算收入 0.42 万元，同比增速 31.25%，虽然增速高于全国平均水平（13.04%）18.21 个百分点，但人均一般预算收入相当于全国平均水平（1.30 万元）的 32.31%，全国排名比较靠后，位列第 28。横向比较来看，根据中部及河南周边各省份地方数据可以看出，2016—2020 年人均一般预算收入同比增速从高到低为山西 48.51%、河北 32.67%、河南 31.25%、陕西 20.56%、安徽 18.91%、江西 15.96%、湖南 11.18%、山东 9.83%、湖北 -17.06%。虽然河南省人均一般预算收入增速较快，但规模始终位于中部及河南周边各省份最后一位。2020

年，河南省人均一般预算收入是山西的 63.64%、安徽的 79.24%、山东的 64.62%。且在 2020 年中国县域经济百强研究报告中，河南省仅有 7 个县入围，远低于浙江的 18 个、江苏的 25 个、山东的 15 个（见表 2-1）。

表 2-1　"十二五"期间河南省及中部地区、河南省周边各省、全国人均财政收入情况　（单位：万元）

年份	全国	河南	山西	安徽	江西	山东	湖北	湖南	河北	陕西
2016	1.15	0.32	0.44	0.44	0.48	0.59	0.53	0.41	0.39	0.47
2017	1.23	0.35	0.53	0.46	0.50	0.61	0.55	0.42	0.44	0.51
2018	1.30	0.38	0.65	0.50	0.53	0.64	0.56	0.43	0.47	0.57
2019	1.35	0.41	0.67	0.52	0.55	0.65	0.57	0.45	0.50	0.58
2020	1.30	0.42	0.66	0.53	0.55	0.65	0.44	0.45	0.51	0.57

数据来源：国家统计局网站。

（二）"十三五"期间河南省财政收入结构

1. 税收收入规模分析

"十二五"至"十三五"期间，河南省税收收入持续增长，直至 2020 年受疫情、税收优惠政策等多因素影响，税收收入首次出现负增长，税收收入呈现出增收乏力趋势，占比也呈现出下降趋势。如表 7.2 所示，税收收入从 2011 年的 1 263.1 亿元，增长至 2019 年的 2 841.34 亿元，增长 124.95%，2020 年税收收入减收 76.61 亿元。"十三五"期间，税收收入增速、占一般预算收入比重总体来看小于"十二五"，税收收入对一般预算收入增长的支撑作用呈减弱趋势（见表 2-2）。

表 2-2　税收收入对比分析表　（单位：亿元、%）

年份	河南省税收收入			全国税收收入		
	税收收入	增长率	占一般预算收入比重	税收收入	增长率	占一般预算收入比重
2011	1 263.1	24.25	73.36	89 738.39	22.58	86.39
2012	1 469.57	16.35	72.03	100 614.28	12.12	85.81
2013	1 764.71	20.08	73.06	110 530.7	9.86	85.54
2014	1 951.46	10.58	71.24	119 175.31	7.82	84.90

续表

年份	河南省税收收入			全国税收收入		
	税收收入	增长率	占一般预算收入比重	税收收入	增长率	占一般预算收入比重
2015	2 101.17	7.67	69.67	124 922.2	4.82	82.04
2016	2 158.44	2.73	68.45	130 360.73	4.35	81.68
2017	2 329.31	7.92	68.36	144 369.87	10.75	83.65
2018	2 656.65	14.05	70.54	156 402.86	8.33	85.30
2019	2 841.34	6.95	70.30	158 000.46	1.02	82.99
2020	2 764.73	-2.70	66.32	154 312.29	-2.33	84.36

数据来源：国家统计局网站 . https：//data. stats. gov. cn/。

河南省税收收入占一般预算收入比重落后于全国水平。“十二五”期间，河南省占比落后于全国平均约 13 个百分点，“十三五”期间，河南省占比落后于全国平均约 15 个百分点，税占比下降显著，税收对财政收入贡献持续减弱。2020 年受新冠疫情影响，经济发展深层次矛盾和问题更加突出，经济下行压力短期内无明显缓解，税占比下降到 66.32%，低于全国（84.36%）18 个百分点。

税收收入增幅呈下降趋势。“十二五”期间，河南省税收收入增幅平均为 15.79%，全国税收收入增幅平均为 11.44%。“十三五”期间，河南省税收收入增幅平均为 5.79%，五年时间下降 10% 个百分点；全国税收收入增幅平均为 4.42%，五年时间下降 7.02% 个百分点。“十二五”至“十三五”期间，河南省税收收入增长率基本上大于全国税收收入增长率。直至 2020 年受疫情、税收优惠政策等多因素影响，税收收入首次出现负增长，税收收入呈现出增收乏力趋势。

2. 主体税种结构分析

主体税种是一个地区财政收入的主要税种，在税收收入中占较大比例，最具有规范性和稳定性特点。从多年来税收收入情况看，河南省主体税种为增值税、营业税（营改增前，营业税也为主体税）、企业所得税、个人所得税、城市维护建设税。

如图 2-3 所示，“十二五”至“十三五”期间，主税种收入规模从 2011 年的 899.46 亿元，增加至 2020 年的 1 582.33 亿元，增长 75.92%。这期间，河南省主体税种占税收收入的比重也呈降低趋势，从 2011 年的 71.21% 下降到

2020 年的 57.23%。“十二五”期间，河南省主体税种占比平均为 67.76%，“十三五”期间，河南省主体税种占比平均为 60.83%，降低 6.93% 百分点。

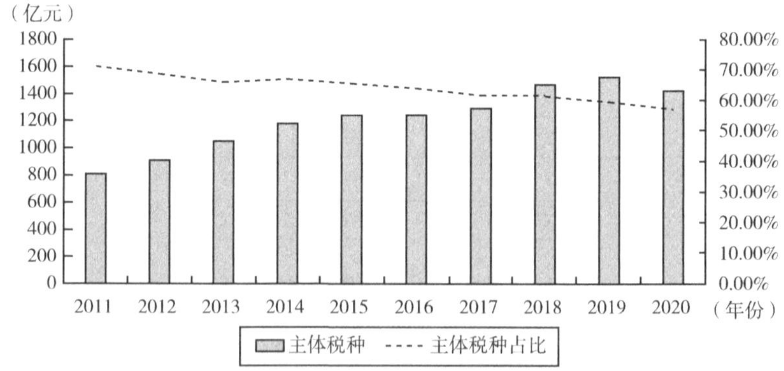

图 2－3　主体税种情况

增值税在主体税种中占主要地位，是以商品或劳务在流转中所产生的增值额为征税对象的流转税，2016 年 5 月之前，增值税按照中央、地方 1∶3 分成，2016 年 5 月开始，“营改增”全面推行，营业税取消，增值税分成比例变为中央、地方 5∶5 分成。就河南省而言，营改增之前，营业税收入大于增值税收入，营改增后，增值税增加额未完全弥补因推行“营改增”而带来的减收额。加之增值税带来了上下游企业间更多的进项抵扣，短期内形成了地方税收的结构性减收。

如图 2－4 所示，增值税从 2011 年的 181.38 亿元增长到 2020 年的 980.69 亿元，增长 440.68%。增值税占税收收入比重从 2011 年的 14.36% 增长到 2019 年的 37.87%，2020 年受新冠疫情和减税降费等因素影响，增值税减收 2.4%。总体来看，以 2016 年“营改增”为界限，“十三五”期间，增值税及增值税占税收收入比重呈现先增后减的趋势。“营改增”避免了对应纳税人的重复征税，提高了应纳税人的经济收入来源，提升了经营者的积极性，从而更多为市场经济的发展贡献力量。有利于市场对外扩大投资力度，引进企业投资，增强企业之间的竞争力，从而达到优化市场资源、加强企业经营能力和优化营商环境的效果。有利于维持税收的持续发展，更具活力的营商环境，在完善转型升级、促进经济发展、供给侧结构性改革等多方面发挥着重要作用。

所得税包含企业所得税和个人所得税，按照税制分成体制两种税目都实行中央、地方 6∶4 分成。“十二五”至“十三五”期间，“十二五”期间，河南

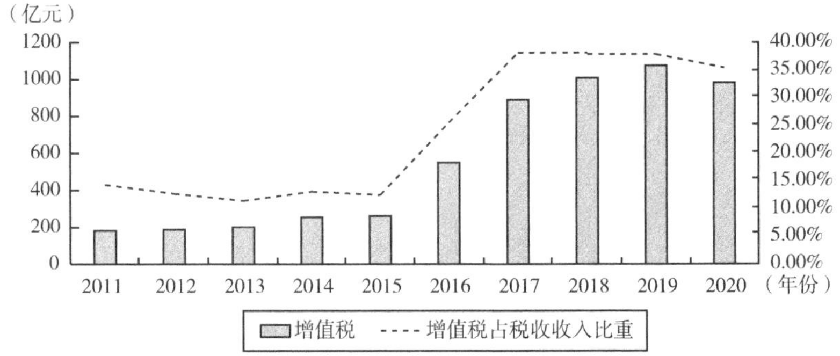

图 2－4 增值税情况

省所得税平均值为 285.92 亿元，“十三五”期间，河南省所得税平均值为 432.92 亿元。从图 2－5 可以看出，所得税收入从“十二五”至“十三五”期间呈上升趋势，所得税收入占比从“十二五”至“十三五”期间呈波动下降趋势。所得税收入 2011 年为 233.59 亿元，2020 年为 444.95 亿元，增长 90.48%，但所得税收入占税收比重从 2011 年的 18.49% 下降到 2020 年的 16.09%，下降 2.4 个百分点。

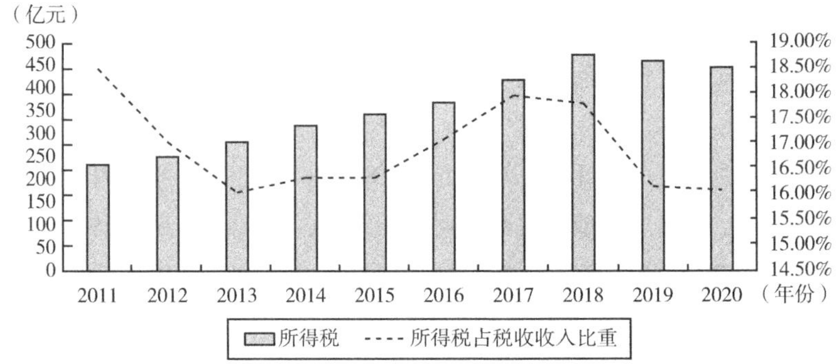

图 2－5 所得税情况

城市维护建设税（以下简称“城建税”），也是河南省的主体税种之一。城建税所征税款要求专款专用，用于城市的公用事业和公共设施的维护和建设。就目前河南省城建税规模看，城建税收入远不能满足河南省城市建设维护的资金需求。如图 2－6 所示，“十二五”至“十三五”期间，城建税近乎翻了一番，从 2011 年的 80.22 亿元，增长到 2020 年的 156.69 元，但收入规模占税收收入和占主体税种比重呈减少趋势。

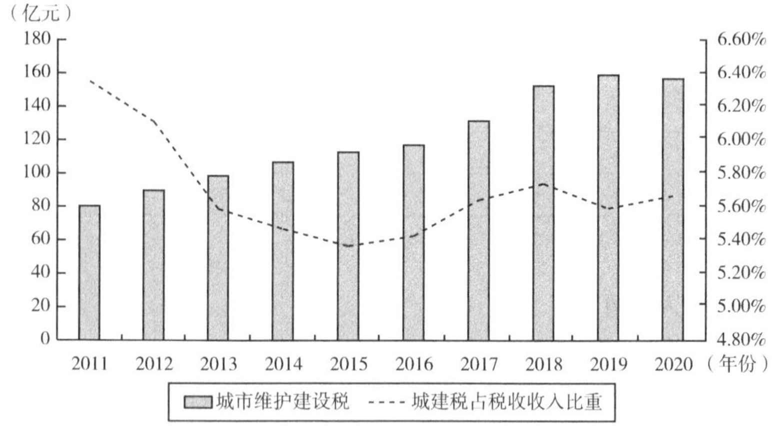

图 2－6　城市建设维护税情况

3. 非税收入规模

非税收入是税收收入的补充，是可形成地方财力的收入形式，作为财政收入不可缺少的一部分，经济新常态下，非税收入对于经济发展的需求是不可或缺的。如表 2－3 所示，河南省非税收入从 2011 年的 458.65 亿元，增长至 2020 年的 1 404.11 亿元，增长 206.14%。非税收入占一般公共预算收入比重呈上升趋势，从 2011 年的 26.64%，上升至 2020 年的 33.68%，高于全国 18.04% 个百分点，非税收入增收拉动财政收入增收明显，河南省财政收入越来越依赖非税收入。

表 2－3　　非税收入对比分析表　　（单位：亿元、%）

年份	河南省非税收入			全国非税收入		
	非税收入	增值率	占一般预算收入比重	非税收入	增值率	占一般预算收入比重
2011	458.65	25.74	26.64	14 136.04	42.92	13.61
2012	570.77	24.45	27.97	16 639.24	17.71	14.19
2013	650.74	14.01	26.94	18 678.94	12.26	14.46
2014	787.80	21.06	28.76	21 194.72	13.47	15.10
2015	914.88	16.13	30.33	27 347.03	29.03	17.96
2016	995.03	8.76	31.55	29 244.24	6.94	18.32
2017	1 077.91	8.33	31.64	28 222.90	－3.49	16.35
2018	1 109.36	2.92	29.46	26 956.98	－4.49	14.70

续表

年份	河南省非税收入			全国非税收入		
	非税收入	增值率	占一般预算收入比重	非税收入	增值率	占一般预算收入比重
2019	1 200.54	8.22	29.70	32 389.62	20.15	17.01
2020	1 404.11	16.96	33.68	28 601.59	-11.70	15.64

数据来源：国家统计局网站 https：//data. stats. gov. cn/。

4. 非税收入结构

非税收入中占比比较高的主要有专项收入、行政事业性收费收入、罚没收入、国有资本经营收入、国有资源（资产）有偿使用收入和其他非税收入。

近年来专项收入增速较快，从 2011 年的 90.6 亿元增长到 2020 年的 409.89 亿元，增长 352.42%。且占非税收入比重较高，从 2011 年的 19.75% 上升到 2020 年的 29.19%，成为非税收入的重要组成部分之一。尤其在“十三五”期间，专项收入高速增长，土地出让收入占专项收入的比重在 2020 年达到 60%，印证了非税收入对土地收入的依赖程度高（见表 2-4）。

表 2-4　　非税收入分析表　　（单位：亿元）

年份	专项收入	行政事业性收费收入	罚没收入	国有资本经营收入	国有资源（资产）有偿使用收入	其他非税收入
2011	90.60	161.33	59.03	71.97	46.00	29.72
2012	87.89	199.92	75.32	88.48	78.01	41.14
2013	90.25	224.78	79.18	90.17	105.53	60.83
2014	101.42	263.89	82.20	108.25	156.27	75.76
2015	201.29	238.34	89.11	103.28	195.26	87.60
2016	241.07	238.63	90.56	92.53	219.17	76.11
2017	283.27	250.60	115.76	77.55	240.51	110.23
2018	350.07	224.06	140.57	45.27	235.28	114.12
2019	373.49	225.41	159.50	66.91	247.63	127.60
2020	409.89	216.18	167.69	77.52	359.90	172.93

数据来源：国家统计局网站 https：//data. stats. gov. cn/。

“十二五”期间，行政事业性收费在非税收入中占比较高，2015 年中央发布了“降费令”，随后一系列降费政策相继出台，旨在清理规范不必要的行政事业性收费，减轻企业负担，自降费政策实施以来，河南省行政事业性收费收入下降明显。

河南省行政事业性收费从2015年的238.34亿元，减少至2020年的216.18亿元，下降22.16亿元。但是行政事业性收费占比从2011年的35.17%下降到15.40%。虽然行政事业性收费下降较少但是占比下降幅度很大，说明降费政策实施前，行政事业性收费收入曾占非税收入主体地位，但降费政策实施后，行政事业性收费收入已明显不是非税收入的核心了。

罚没收入是指具有执法资格的行政单位根据法律、法规和规章，对公民、法人或其他组织实施处罚所取得的罚款或没收非法财物后的变价收入。罚没收入增长较快，从2011年的59.03亿元，增长至2020年的167.69亿元，增长2.84倍。罚没收入占非税收入比重在“十二五”至“十三五”期间比重较为平稳，“十二五”期间平均为11.68%，“十三五”期间平均为11.55%。

国有资本经营收入是指国家出资获得的资本收益，其中包含应交利益等多种收益与企业清算的其他利益。“十二五”至“十三五”期间，河南省国有资本经营收入基本保持稳定，但占非税收入比重呈降低趋势。从2011年的15.69%降低到2020年的5.52%。

国有资源（资产）有偿使用收入是指行政事业单位，代行行政职能的社会组织根据规定，有偿出让国家所有资源，如土地、矿产、森林、无线电频率以及有形、无形资源的开发权、使用权等所取得的收入和对国有资产的租赁、处置等形成的收入。河南省国有资源（资产）有偿使用收入在“十二五”至“十三五”期间增长较快，从2011年的46亿元增长到359.9亿元，增长7.82倍，占非税收入比重从2011年的10.03%到2020年的25.63%，到2020年成为非税收入的第二大来源。

除以上非税收入类别外，非税收入还包括政府住房基金收入、捐赠收入、其他收入，但这些收入整体占非税收入比重较小。从上述分析可看出，目前专项收入、国有资源（资产）有偿使用收入已成为河南省非税收入的主要来源；降费政策实施以来，行政事业性收入下降明显，非税收入增速趋缓；但为保证地方财政收入的可持续性，非税收入中的一次性收入明显增高了，所以非税收入占一般公共预算比重仍然较高。

（三）当前河南省财政收入体系存在的主要问题

第一，一般预算收入占GDP比重偏低，影响政府提供公共服务的能力。“十二五”到“十三五”期间，河南省一般公共预算收入占GDP比重分别为

6.54%、7.04%、7.64%、7.92%、8.13%、7.83%、7.60%、7.54%、7.52%、7.68%、7.38%，比重虽略有增加，但低于全国平均（18.05%）10.37个百分点，财政收入满足不了社会的经济发展和政府支出需要。政府对教育、医疗、社会保障的支持力度不足，2020年河南省这三项支出占GDP的总比重仅为8.37%左右，远低于中等收入国家12%的平均水平；政府对公共投资的支出越来越求助于地方投融资平台，由此积聚着地方财政风险等。对于这些问题的解决，尤其是增加民生领域的支出，对于避免陷入“中等收入陷阱”具有重要的意义。上述问题的背后，实际上是我国政府统筹安排的可支配财力不足。

第二，税收收入增速慢，对财政收入拉动作用趋弱。2011—2019年，河南省税收收入虽不断增加，2020年更受新冠疫情影响，税收收入呈负增长（－2.7%），同时税占比呈下降趋势，2020年达到66.32%，低于全国平均水平（84.36%）。税收收入天然具有稳定性、可持续等特点，更适用于作为财政收入的主要来源，健康的财政收入，良好的财政收入结构应是税收占比逐步提高的，但河南省财政收入结构恰恰相反，税收收入对财政收入贡献越来越低。

第三，非税收入增长较快，对财政收入贡献率增高。河南省非税收入的快速增长带动了全市财政收入的增长和社会发展，从2011年的458.65亿元，增长至2020年的1 404.11亿元，非税收入增长率超过了同期GDP增长率、财政收入和税收收入增长率，河南省财政收入越来越依赖非税收入。过高的非税收入一方面对税源造成侵蚀，影响公共分配秩序。在税收收入增长过慢但政府刚性支出大幅增加的收支矛盾下，为保证财政收支平衡，政府会过多以非税收入方式参与收入分配，既影响了财政收入的稳定性，又过多地干预了市场经济，影响了经济效益的提高。另一方面过高的非税收入弱化了税收的调节能力。税收是政府稳定经济的重要手段，非税收入占比过高会降低财政收入质量，弱化税收调节作用，不利于财政政策的落实。非税收入的增长虽促使地方财力的增长，但非税收入大多由执收单位使用弥补征收成本，虚增了政府财力，地方政府财力不足状况并未得到有真正缓解。

三、思考题

1. 为什么税收会成为河南省财政收入最主要的形式？
2. 为什么非税收入在河南省财政收入中所占的比重逐年上升？

案例说明书

一、课前准备

1. 教师课前准备

明确案例教学目标，确定教学的重点和难点，设计课堂活动实施过程。本案例属于公共财政范畴，教师课前必须掌握相关理论，弄清楚每个概念原理及知识间的内在联系，形成明晰的知识结构体系。选择案例教学方式，准备好在课堂实施过程中的相关资料，如图片、视频。

2. 组织和动员学生

案例教学中教师是主导，但案例教学的目的不是传授知识而是引导学生思考，学生的参与度是案例取得相应效果的关键。提前提醒学生通读案例，找出案例中与公共财政理论相关的问题和知识点，了解河南省“十二五”期间财政收入的规模和结构，并鼓励学生查阅相关资料做补充，将教学的方式告知学生，为师生的良性互动打好基础。

二、课堂安排

1. 教师陈述

教师将财政收入理论向同学做一个概述，让学生对财政收入理论有一个系统的回顾，使学生有一个大的分析方向。

2. 分组准备

让学生们再次温读案例，由老师将学生依据人数和案例分为若干小组，在本案例中可划分为财政收入规模组合财政收入结构组，并分别选出组长作为最后陈述人。在公共财政理论的框架下，明确每组成员的分析角度、分析任务，每个成员需要从案例中找到“十二五”至“十三五”期间河南省财政收入规模和结构的变化，分析出现变化的原因，适当地将分析方法扩展延伸，如拉长时间或选取其他省份进行分析。

3. 分组讨论

该部分分为三个阶段，第一阶段，分析各组负责部分的变化；第二阶段，分析存在变化的原因；第三阶段，从案例中找到《公共财政概论》中的理论支撑部分，加深学生理解和重点知识掌握。

三、教学目标

财政收入是政府从事一切活动的物质前提，财政收入的状况如何，直接影响政府各项职能的发挥和政府各项政策目标的实现。同时，财政收入又是政府凭借其公共权力从社会获取的，并由财政部门掌握和支配的收入，它会对私人资本的获利水平和居民的收入水平产生重要影响，从总量上改变社会总需求和总供给的均衡状况，从结构上影响产业结构和经济结构的变动方向。目前，地方经济受下行压力、新冠疫情冲击、大规模减税降费等因素影响，财政收入出现增速放缓，甚至负增长。经济发展与财政收入相互影响，财政收入的规模和结构影响着社会再生产与居民幸福指数，也影响着国民经济发展与社会稳定。围绕“十三五”期间河南省财政收入分析，教师的讲授有以下几个教学目标：

1. 知识目标：帮助学生了解财政收入的规模和结构，以及当前河南省财政收入体系存在的主要问题。

2. 能力目标：带领学生查找数据和分析数据，通过本案例培养学生查找数据、分析数据的能力，运用公共财政知识解决实际问题的能力。

3. 情感目标：通过形式多样、内容丰富的教学方式，调动学生学习的兴趣，并在教学中培养学生养成实事求是的科学态度。

四、思政元素

财政学课程本身与思政密切相关，具体体现在财政与国家之间的本质联系、财政起源于法制化、财政与国计民生和国家的大政方针、财政的地位和作用、财政与公共产品提供等许多方面。政府必须有财政收入，才能保证其正常履行职能，并且为公众提供充足的产公共产品和公共服务。学习财政收入规模理论，有利于学生了解“十三五”改革的发展，了解中国经济运行的发展，客观认识世界。学习财政收入结构理论，有助于学生了解财政收入结构，认识税收对财政收入的重要作用，依法纳税，提高学生纳税遵从度，理性改造世界。

在理想信念上，要奉献真知灼见，持续探索国家富强、百业祥和、人民安居乐业的前进征途；在品行操守上，要依靠科学的财政来促进国家经济的健康发展；在学识才华上，要运用学科领域建设的丰富成果不断指引国家经济健康可持续发展。要让学生深刻意识到，优质可靠、充满希望的经济会让世界更文明、更现代、更和平稳定。

五、要点分析

1. 财政收入的概念

财政收入，亦称政府收入或公共收入，是指政府为履行职能而筹集的一切资金的总和。财政收入是政府从事一切活动的物质前提，财政收入的状况如何，直接影响政府各项职能的发挥和政府各项政策目标的实现。同时，财政收入又是政府凭借其公共权力从社会获取的，并由财政部门掌握和支配的收入，它会对私人资本的获利水平和居民的收入水平产生重要影响，从总量上改变社会总需求和总供给的均衡状况，从结构上影响产业结构和经济结构的变动方向。

从根本上说，财政收入产生于社会公共利益的需要，是为了满足社会共同需要而由政府筹集的收入。在现代社会，社会共同需要主要由公共产品的提供来满足，伴随着公共产品内涵与种类的不断扩大，财政支出也基本上涵盖了日益多样化的公共产品和社会共同需要的各个方面。然而，公共产品的供给是有成本的，需要占有和使用一部分社会资源，为了筹集提供公共产品所需的资金，作为公共产品主要提供者的政府就需要相应地获得一部分国民收入或社会产品，这就是财政收入存在的主要依据和基本理由。另外，从经济活动的外部性来看，由政府出面来弥补市场机制的不足是纠正外部性的一个有效手段，由此需要取得一定数量的财政资金也是财政收入产生的一个重要原因。而从市场失灵的角度来看，除了公共产品和外部性外，收入分配的不公平、经济的周期性波动、公共秩序紊乱及社会动荡、市场垄断的效率损失等都是市场失灵的表现，对这些市场失灵的矫正也都大大拓展了政府的职能范围。与政府职能的不断扩展相对应，要求日益增多的财政收入来满足其实现职能的需要即社会共同需要。由此可见，为了满足社会共同需要，提供公共产品、矫正经济活动的外部性和市场失灵，财政收入必须存在，并且它的规模随着经济社会的发展而相应地扩大，内容更加丰富，形式也日益多样化。

地方财政收入是按财政体制的规定，由各级地方政府组织、支配或使用的财政资金①，它是各级地方政府履行职能的财力保障。地方财政收入是地方政府维持城市运行、实施公共政策、社会治理的基础和重要支柱，具有实现政府管理职能、促进资源合理配置和调节收入分配、促进国民经济平稳运行的作用。

2. 影响财政收入的因素

一个国家财政收入规模受各种因素的影响和制约，其中最主要的因素有以下五个方面：

（1）经济发展水平

经济发展水平是影响一个国家公共收入规模的决定性因素。经济发展水平一般用人均 GDP 来反映，它表明了一国生产技术水平的高低和经济实力的强弱，是一个国家社会产品丰裕程度和经济效益高低的概括说明。一国的人均 GDP 较高，表明该国的经济发展水平相对较高。经济发展水平高，人均 GDP 大，则为增加财政收入规模奠定了基础。财政收入最终要来自社会总产品，经济发展水平提高了，社会产品丰裕了，可供财政支配的部分也就会相应增加。

（2）政府职能范围

政府取得公共收入是为了履行其职能，满足社会公共需要，政府的职能范围越大，政府需要筹集的公共收入规模也就越大，所以，政府的职能范围是决定一切公共收入规模的直接因素，这一点可以从西方国家公共收入规模的发展变化中得到反映。在资本主义发展的早期，政府的职能范围十分有限，政府的职责主要是国防以及维护国内法律秩序，因而有“守夜者”之称。在这种“越小的政府是越好的政府的观念下，自然是“花钱越少的政府是越好的政府”。当时，西方国家的公共收入一般都不到 GDP 的 10%。但随着工业化和城市化的发展，社会要求政府提供社会福利和社会保障的呼声日益高涨。到 19 世纪的后期，西方国家政府担负的社会福利职能越来越大，相应地，各国政府的公共收支规模地不断地攀升。目前，西方国家的财政收入占 GDP 的比重一般都在 30% 以上，有的甚至高达 50%，其中公共收入的 40%—50% 是用于社会福利和社会保障方面的开支。

（3）分配制度和分配政策

社会产品生产出来以后要在政府、企业和居民个人之间进行一系列的分配和再分配。在我国，国家制定的国民收入分配制度和分配政策决定了政府、企

① 如不作说明，地方财政收入仅指地方财政本级一般预算收入，不包括补助性收入和债务收入。

业和个人在国民收入分配中所占的份额。在我国改革开放的过程中，分配体制和分配政策对财政收入占 GDP 比重的影响更为明显。改革开放初期，财政收入占 GDP 的比重出现逐年下滑的趋势，直接原因是经济体制转型过程中 GDP 分配格局的急剧变化。当市场经济体制的改革逐步到位时，财政收入占 GDP 的比重才开始回升并相对稳定下来。

（4）价格变动

财政收入是政府取得的货币形态的社会产品，它是按照当年的现行价格水平计算出来的。这样，在其他条件一定的情况下，某个财政年度的价格水平上升，该年度的名义财政收入就会增加，但这种财政收入的增加完全是由于价格水平上升造成的，并不代表财政收入的真正增长。也就是说，这时名义财政收入虽然增加了，但实际财政收入并不一定增加。所谓的名义财政收入是指当年在财政账面上实现的财政收入；实际财政收入则是指财政收入所真正代表的商品物资（劳务）的数量，在价值上它可以用按不变价格计算的财政收入的量来表示。

价格水平对财政收入的影响有三种情况：一是价格水平的增长率超过名义财政收入的增长率，则实际财政收入水平下降；二是价格水平的增长率低于名义财政收入的增长率，则实际财政收入水平提高；三是价格水平的增长率与名义财政收入的增长率相同，则实际财政收入水平不变。

（5）税收管理水平和税收政策

由于税收收入是公共收入的主要来源，因此影响税收收入的因素也就成为影响公共收入规模的重要因素。在税源既定的条件下，税收管理水平和税收政策决定了税收收入的规模。税收管理水平包括税务管理的质量、国家对税务管理组织力量的安排、纳税人的守法程度、税务官员的廉洁程度、对征纳双方违法行为处罚的轻重、公共服务部门的服务质量与税收效率等。税收政策则包括税种的选择、税种的数目与结构、税率的高低与税收优惠的实施情况等。

除上述因素外，一个国家的政治经济制度和经济管理体制，一定时期的经济结构如所有制结构、产业结构，宏观经济政策，以及经济的景气周期等都是影响一国财政收入规模大小的因素。

3. 财政收入规模和结构的理论

财政收入规模指财政收入的总体水平，是衡量一国政府财力的重要指标，它体现政府在国民收入分配中所占的份额，以及政府与企业、居民个人之间占有和支配社会资源的关系，也反映政府在社会经济生活中职能范围大小、广度和深度，以及政府在经济社会生活中的地位和作用。衡量财政收入规模通常用绝对指标和相对指标来表示。绝对指标是财政收入总额或财政总收入，能够反映一定时期一个国家财政收入的数量、构成、形式和来源。衡量财政收入规模的相对指标反映政府对一定时期内新创造的社会产品价值总量的集中程度，又称为财政集中率。

对财政收入结构进行分析，主要是对财政收入的形式结构、部门结构和所有制结构进行分析，本案例主要是对河南省“十三五”期间财政收入的形式结构进行分析。

财政收入的形式结构，是按财政收入的形式分析财政收入的结构及其变化趋势。在各种收入形式中，税收是最重要的财政收入来源，发达国家占90%以上，发展中国家占80%左右。另外，财政收入形式和一国的政治经济体制密不可分。一般而言，国有化程度较高的国家，财政收入中国有资产收入和国有企业收入较多。

财政收入的部门结构，在于说明各生产、流通部门在提供财政收入中的贡献及其贡献程度，便于根据各产业的发展趋势和特点，合理组织财政收入，开辟新的财源。部门结构及包括传统意义上的国民经济结构分类，如工业、农业、建筑业、交通运输业及服务业等，又包括现代意义上的产业结构分类及第一产业、第二产业和第三产业。

财政收入的所有制结构，指来自不同经济成分的财政收入所占的比重。这种结构分析的意义，在于说明国民经济所有制构成对财政收入规模和结构的影响程度及其变化趋势，从而采取相应的增加财政收入的措施。我国实行社会主义市场经济体制，国民经济中的所有制结构与其他国家有较大差别，财政收入的所有制结构分析具有更为重要的意义。在传统计划经济体制下，国有经济居主导地位，财政收入自然以国有经济为主体。中华人民共和国成立初期，国有经济约占财政总收入的半数，并逐年增加。进入改革开放时期以来，国家在继续支持国有和公有制经济发展的同时，鼓励非国有经济及多种经济成分共同发展，财政收入来源于非国有经济单位和居民个人的收入逐渐提高，来源于国有经济单位和企业的收入有所下降，但后者仍然保持了主导地位，仍是财政收入的主要创造者和提供者。由于改革开放以来经济结构发生了重大变化，目前我国已不再按照所有制结构对财政收入进行分类。

参考文献

[1] 安体富，梁朋．公共财政学［M］．北京：首都经济贸易大学出版社，2012.

[2] 陈共．财政学［M］．北京：人民大学出版社，2019.

[3] 樊丽明，杨志勇．公共财政概论［M］．北京：高等教育出版社，2021.

[4] 何晞，时文彦．优化河南财政收入结构的探索［J］．财政研究，2008(07)：67－70.

[5] 马斐斐，常盛华．河南省财政收入高质量增长对策研究［J］．中国市场，2020（35）：23－24.

[6] 马海涛，温来成．财政学［M］．北京：首都经济贸易大学出版社，2012.

[7] 杨奇凡．许昌市财政收入结构分析与优化研究［D］．郑州：郑州大学，2021.

案例2 驻马店市税收负担与税收结构分析

一、背景简介

驻马店市是河南省下辖地级市，位于河南省中南部，地处淮河上游的丘陵平原地区，因历史上设皇家驿站而得名，素有“豫州之腹地”“天下之最中”的美称。驻马店市辖9县1区，分别为确山县、泌阳县、遂平县、西平县、上蔡县、汝南县、平舆县、正阳县、新蔡县、驿城区。2021年常住人口692万人，面积1.5万平方公里，城镇化率为45.17%。城镇化率虽然逐年增加但仍低于河南省平均水平11.28个百分点，人口外流较为严重。

2021年驻马店GDP总量突破3 000亿，达到3 082.82亿元，与2016年相比，在全省排名由第11位上升为第8位，超过了平顶山、安阳、焦作和信阳。2016年以来，驻马店GDP增速均略高于河南省GDP增速，2020年GDP增速为3.6%，增长速度排名第1，2021年增速为7.2%，位于全省第5，高出河南0.9个百分点。人均GDP增速较河南省相对平稳，近两年高于河南省人均GDP增速，2021年人均GDP增速8.5%，位于全省第6（见图2－7）。目前，驻马店已经形成了食品加工、能源煤化工、医药、装备制造等为主的工业体系，第一产业占比仍相对较高。

驻马店一般公共预算收入总量和占全省的比重均呈逐年增加趋势，2021 年一般公共预算收入 181.6 亿元，位于全省第 9；占全省比重由 2008 年的 3.18% 上升为 2021 年的 4.18%，其中税收收入 122 亿元。财政自给率仅为 30.1%，低于全省 11.6 个百分点，对上级政府补助的依赖度较高。在全省除去 2020 年超过南阳，位于第 15 以外，其余年份仅高于周口和信阳位于第 16。

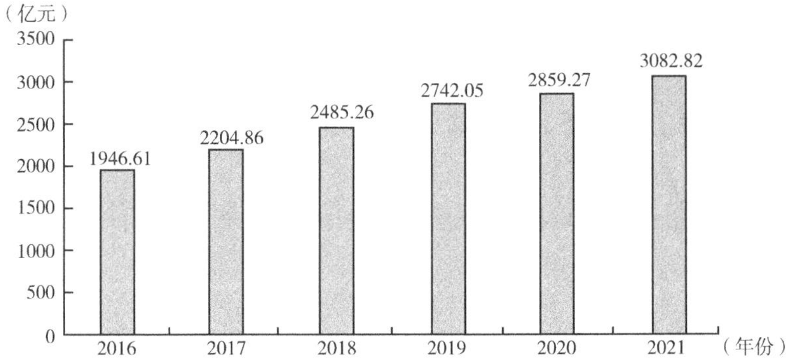

图 2-7　2016—2021 年驻马店市 GDP

二、案例概况

（一）宏观税负发展情况

1. 减税降费实施，宏观税负略有下降

宏观税负是指在一定时期内一个国家和地区实现的税收收入占 GDP 的比重。它是衡量税收经济产出效率的重要指标，亦反映了社会税收负担程度。宏观税负的波动是经济发展水平、经济运行质量和制度性改革等多种因素共同作用的结果。2016 年，供给侧结构性改革全面推进，营业税全面改征增值税。国务院批复同意《促进中部地区崛起“十三五”规划》，河南省经济社会发展迎来战略新机遇，2017 年与 2018 年全省宏观税负保持平稳较快发展，驻马店市也不例外，从 2016 年的 7.25% 上升到 2018 年的 7.88%。2019 年，新一轮更大规模减税降费实施，普惠性减税全面推进，居民和企业税负进一步下降。2020 年，全球暴发新冠疫情，国家出台了一系列支持疫情防控和经济社会发展的税费优惠政策，宏观税负继续下降，由 2018 年的 7.88% 下滑至 2020 年的 7.67%（见图 2-8）。

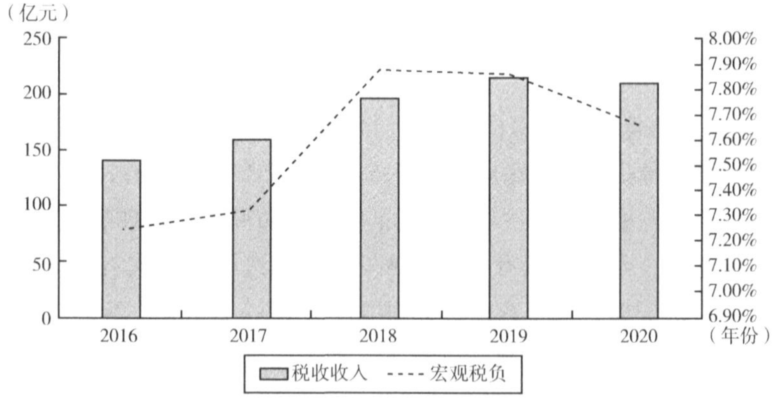

图 2-8 2016—2021 年驻马店市税收收入和宏观税负

2. 结构性减税深入推进，主要税费负担有效下降

“十三五”期间，我国税制改革全面深化，税收优惠力度不断加码。增值税、企业所得税、社会保险费等主要税费负担有效下降，市场主体负担进一步减轻。“十三五”期末与“十二五”期末相比：随着 2016 年 5 月 1 日起，全国全面推开“营改增”工作，增值税税率“四档并三档”、增值税税率下调和起征点提高等政策相继实施，增值税负由 4.0% 下降至 3.6%；企业社保费减免政策阶段性有序推进，2016 年驻马店市社会保险基金收入 115.8 亿元，社会保险基金收入占 GDP 为 5.89%，2020 年因为疫情和从 2020 年 10 月起企业职工基本养老保险基金实行省级统筹的原因，社会保险基金收入 14.77 亿元，但河南省的社会保险基金收入占 GDP 的比重为 3.6%，企业缴费负担进一步减轻；随着普惠性所得税减免和研发费用加计扣除系列优惠政策出台，企业所得税负担由 2016 年 1.8% 降为 1.6%；契税优惠政策稳步推行，商品房交易市场活跃，契税保持较快速度增长，占税收收入的比重有所提高。

（二）税收结构分析

1. 税收规模变化

驻马店市税收收入分为中央级和地方级，地方级又具体划分为省级、市级和县级。从总体规模上看，驻马店市税收总量是逐年大幅增加的。从表 2-5 中可以看到，2016—2020 年，驻马店市共入库税收 934.43 亿元，由 2016 年的 142.45 亿元上升到 2020 年的 219.23 亿元，年均增加 19.20 亿元，年均增长率为11.38%。但就各个级次的税收来看差异比较显著。中央级收入共计为435.86亿元，占全部税收收入的46.46%。2016—2020年的中央级税收收入分别为65.9亿元，78.49亿元，93.86亿元，98.66亿元，98.44亿元，年均增长率为10.69%，略低于总体增长率，但与总体增速基本一致。跟其他级次税收收入相比，省级税收收入占比最小，2016年至2020年的平均占比仅为1.89%。省级收入由于税源稳定，体量较小，受征管因素和税收优惠政策的影响，总体呈平缓下移走势，年均增长率为-1.09%。市本级税收收入占比为11.92%，年均增长率为3.63%，低于总税收平均增速7.75个百分点。2020年河南省出台了调整省与市县收入划分改革推进方案以后，省级收入占比还会进一步下滑，同时市县级税收收入占比将会上升。地方税收收入中占比最多的是县级税收收入，2016年至2020年累计税收收入369.46亿元，占全部税收收入的39.54%，而且占比还将在稳步提升。县级收入增长也是最明显的，由2016年的53.36亿元增长至2020年的94.24亿元，年均增长15.28%，对总税收的贡献率为53.23%，拉动总税收增长近29个百分点，对地方级的贡献率为93.45%，拉动地方级税收增长近53个百分点。

表2-5　　驻马店市“十三五”期间总税收情况　　（单位：亿元）

	2016年	2017年	2018年	2019年	2020年	合计	各级政府占比	年均增长率
总税收	142.45	161.43	195.87	215.4	219.23	934.37	100%	11.38%
中央级	65.9	78.49	93.86	98.66	98.94	435.86	46.46%	10.69%
地方级	76.54	82.94	102.01	116.74	120.28	498.51	53.54%	11.96%
省级	3.49	3.35	3.96	3.52	3.34	17.65	1.89%	-1.09%
市级	19.7	20.58	23.41	24.99	22.71	111.40	11.92%	3.63%
县级	53.36	59.01	74.63	88.22	94.24	369.46	39.54%	15.28%

2. 税收产业结构变化

2017年，驻马店第三产业产值首次超过第二产业，产业结构由“二三一”转变为“三二一”，2019年三次产业结构调整为17.1∶40.2∶42.7，2021年为18.1∶38.9∶43。“三二一”的发展格局有效形成，但是第一产业占比仍然相对较高，保持在10%以上。第二产业已经形成了食品加工、能源煤化工、医药、装备制造等为主的工业体系，第三产业呈现出持续上升的趋势，产业结构有了一定程度的优化，但有待进一步升级。

从分产业完成税收情况看，“十三五”期间第一产业税收稳中有增，但增长不明显，占比为0.96%。第二产业累计入库税收400.1亿元，占比42.82%；第三产业累计入库税收530.82亿元，占比56.81%。从税收贡献率看，2020年第三产业传统服务中批发和零售业占比为17.56%、交通运输仓储及邮政业税收仅为3.84%。现代服务业中房地产业、金融业、租赁和商务服务业税收贡献率较高，文化创意、研发、物流、会展、服务外包、商务咨询等较低。

3. 税收行业结构变化

从细分行业来看，以制造业、房地产业为首的五大支柱行业贡献较大。2016—2020年，制造业、房地产业、建筑业、批发零售业、金融业税收分别入库244.29亿元、211.18亿元、121.97亿元、100.91亿元和79.87亿元，五大支柱行业合计纳税额达758.22亿元，占总税收比重高达81.48%。上述五大行业年均增长率为9.98%，其中建筑业和金融业增长较快，年均增长率分别是19.19%和10.7%，制造业、房地产业和批发零售业增长较慢，分别为9.45%、7.09%和5.22%（见表2-6）。

表2-6　驻马店市“十三五”期间重点行业税收情况　（单位：亿元）

行业类别	2016年	2017年	2018年	2019年	2020年	合计
制造业	386 114	432 876	515 737	554 082	554 118	2 442 927
房地产业	322 959	424 160	447 223	492 785	424 700	2 111 827
建筑业	168 437	175 414	241 892	293 968	339 983	1 219 694
批发和零售业	172 928	190 628	211 176	222 354	211 966	1 009 052
金融业	124 708	135 906	173 232	177 587	187 295	798 728
公共管理、社会保障和社会组织	48 679	11 900	70 353	105 027	116 501	352 460
电力、热力、燃气及水的生产和供应业	57 147	41 935	38 168	40 958	46 941	225 149
交通运输、仓储和邮政业	31 182	37 676	44 419	40 015	46 397	199 689
居民服务、修理和其他服务业	19 127	18 282	30 632	32 740	43 130	143 911
租赁和商务服务业	29 905	12 340	21 573	26 744	44 627	135 189
采矿业	14 941	24 837	23 476	26 929	23 093	113 276
科学研究和技术服务业	3 455	14 726	15 418	9 200	8 843	51 642
水利、环境和公共设施管理业	689	3 726	8 896	11 513	13 817	38 641
信息传输、软件和信息技术服务业	12 529	6 732	4 180	3 354	11 390	38 185
农、林、牧、渔业	1 266	902	5 126	6 120	21 101	34 515

续表

行业类别	2016 年	2017 年	2018 年	2019 年	2020 年	合计
住宿和餐饮业	6 777	6 631	6 850	5 882	2 321	28 461
教育	2 490	2 156	3 708	5 150	4 635	18 139
卫生和社会工作	1 273	2 049	5 802	4 161	4 274	17 559
文化、体育和娱乐业	633	824	910	1 090	879	4 336
合计	1 405 239	1 543 700	1 868 771	2 059 659	2 106 011	8 983 380

4. 税收所有制结构变化

“十三五”期间，驻马店市国有经济实现税收保持平稳增长态势。国有企业和集体企业累计入库税收 196.79 亿元，占税收收入的 21.06%，其中国有企业入库 190.33 亿元，占比 20.37%；有限责任公司累计入库税收 434 亿元，占税收收入的 46.45%，已经成为驻马店的主要经济成分；个体经营累计入库税收 93.41 亿元，占税收收入的 10%；港、澳、台商投资企业累计入库税收 11.9 亿元，占税收收入的 1.27%；外商投资企业累计入库税收 13.38 亿元，占税收收入的 1.43%。由此可见，驻马店市是一个内陆城市，经济的发展主要靠国内投资需求拉动为主，涉外经济发展较为缓慢。在内资企业中，有限责任公司、国有企业是驻马店市重点税源，占比达 66.82%。

在此期间，驻马店市的民营经济①得到了快速发展。民营经济实现税收收入共计 772.91 亿元，税收贡献高达 76.24%。民营经济发展迅速，已成为驻马店市经济发展的重要一极。

5. 主体税种结构变化

按照现行税制，驻马店税务部门征收的税种共有 16 个（营业税已退出历史舞台）。2016—2020 年除城镇土地使用税、烟叶税年均增长率为负值外，其余税种均呈上升趋势。增值税（占比 35.32%）、企业所得税（占比 14.95%）、消费税（占比 12.49%），合计占比 62.76%，构成了驻马店市税收的主要来源。增值税、企业所得税、消费税年均增长率分别为 15.08%、12.02%、10.77%，分别高出全省水平 1.63、5.95、0.56 个百分点，增长态势良好。驻马店的市级主体税种为增值税、企业所得税、个人所得税、城市维护建设税。2018 市级主体税种共完成 185 938 万元，占市级税收收入比重为 64.7%；2019

① 本文的民营经济主要是指民营企业 = 全部企业 − 国有控股企业 −（港澳台商控股企业 + 外商控股企业）

年完成 179 764 万元，占比为 58.8%；2020 年完成 143 651 万元，占比为 53.9%。

按照税负是否易于转嫁的标准分类，可分为直接税和间接税。驻马店市直接税收入占比从 2016 年的 47.5% 增至 2020 年的 48.9%，直接税比重虽然仍小于间接税，但呈现上升趋势。

6. 税收收入区域结构变化

驻马店市下辖 9 县 1 区，从总量上看，市中心城区“十三五”期间累计入库税收为 480.19 亿元，占比 51.39%，9 县加起来占比 48.61%。其中西平县、泌阳县、确山县、遂平县分别占比为 6.3%、6.26%、6.05%、6.03%，合计占比 24.64%，是驻马店市重点税收县。但从纵向来看，驻马店市中心城区的税收占比由 2016 年的 57% 下降至 2020 年的 48%，下降了 9 个百分点，而县域单位的税收占比呈上升趋势；从县域单位内部比较，遂平县、正阳县税收占比变化不大，西平县、泌阳县、确山县、汝南县等县税收占比均呈不同程度的上升，体现出各县域单位经济发展迅速，对驻马店市税收的贡献度逐渐增强（见表 2 -7）。

表 2 -7　　　　驻马店市分区域税收情况　　　　（单位：万元）

区域名称	2016 年	2017 年	2018 年	2019 年	2020 年	合计
市中心城区	812 569	858 129	1 025 550	1 061 385	1 044 239	4 801 872
西平县	84 034	96 229	119 645	138 933	149 650	588 491
泌阳县	81 952	99 784	114 573	138 325	150 153	584 787
确山县	68 363	88 436	115 373	146 616	146 942	565 730
遂平县	81 482	96 060	114 957	131 426	139 305	563 230
新蔡县	62 561	87 920	119 391	134 004	136 984	540 860
平舆县	71 721	89 669	114 946	125 909	133 708	535 953
上蔡县	64 057	76 622	85 121	106 407	108 837	441 044
汝南县	53 734	65 557	80 193	95 311	104 122	398 917
正阳县	43 988	55 905	68 935	75 687	78 318	322 833
合计	1 424 461	1 614 311	1 958 684	2 154 003	2 192 258	9 343 717

7. 进出口税收占比较少

2016 驻马店市出口企业为 159 户，2020 年为 229 户，增长了 44%，企业户数仍然较少。驻马店 2016 年出口额为 30.6 亿元，2019 年出口额为 43 亿元，2020 年全市出口额 57 亿元，年均增长率为 16.7%。2022 年上半年，驻马店市进出口总值47.3亿元，同比增长36%，其中出口44.7亿元，增长37.3%。出口额平均增长率远远低于其他黄淮四市的信阳、商丘、周口。总体来说，驻马店作为一个内陆市对外贸易依存程度偏低，有待进一步提升。

（三）“十三五”期间税收存在的问题

1. 产业发展不均衡，结构有待优化

合理的产业结构不仅能推动地区的经济发展，还能实现税收和其他经济指标的良性增长。一般来说，第三产业、高附加值产业和新兴产业比重高的地区，税收收入占GDP比重也比较高，第一产业、传统产业比重大的区域，由于产业附加值低，税收收入占GDP比重也相对偏低。驻马店产业结构不够优化，宏观税负偏低。2021年驻马店第一产业增加值556.81亿元，占GDP比重为18.1%，虽然驻马店为全国粮食安全作出了巨大贡献，但是由于农业几乎没有税收贡献，农业生产加工环节以及涉农企业税收优惠比较大，第一产业税收占全部税收比重仅为0.5%。

驻马店的第二产业中传统产业比重大，以矿产资源开采和制造业为主，产业链条短，产品基本都是附加值低的初级产品，税收贡献小。技术产业虽然发展速度加快，产值比重在逐年增加，但在驻马店的工业产值中占比还很低，对整个经济增长的贡献小。

第三产业虽然在GDP的比重有所上升，但是受疫情、经济下滑等因素影响，2018年、2019年增速下滑，2020年呈现负增长。第三产业还存在着发展不均衡问题。在第三产业内部结构中，批发零售业、金融业、房地产业这三者产值占GDP比值为33.81%，其他行业如交通运输、仓储物流等服务业发展不足。教育、研究服务业的发展水平不高，文化娱乐服务业创造的产值也偏低，较其他地区来说发展偏落后，在第三产业中的地位有很大的提升空间。由此可见，第三产业内部结构的不协调和不平衡性，传统服务业的占比较高，文化娱乐、计算机软件服务业等现代服务业发展较为缓慢，影响了驻马店的税收收入水平。应加大产业引导，积极布局生物制药、中医药、电子信息、高端装备制造等战略性新兴产业，前瞻布局智能健康、绿色低碳、氢能与储能、未来网络等前沿科技和未来产业，培育壮大新动能，实现税收和其他经济指标的增长。

2. 税源集中度高，对重点行业依赖性强

一是户数占比与税收贡献度不匹配。2020年，在税务系统登记的正常存续纳税人共185 791户，其中纳税额500万元以上的共计524户，占总户数的

0.28%，缴纳税收达144.15亿元，占比高达33.35%，0.28%的纳税人缴纳了将近33.35%的税款，户数占比与税收贡献度不相匹配，税源集中度高。二是重点行业税收占比较大。2016驻马店建筑业、房地产业、批发零售业、金融业五大行业总产值占全市生产总值比重为53.78%，是全市的支柱性行业。这五大支柱性行业在"十三五"期间贡献税收收入758.22亿元，占同期税收收入的81.48%。在这种税源高度集中、依赖重点行业增收的税收增长模式下，如果该行业收入大幅下滑或重点项目减少，会直接拉低税收增幅。以房地产行业为例，在"十三五"期间房地产行业税收贡献率为23.51%，是驻马店市重点税源行业。随着国家对房地产调控越来越严和疫情的影响，房地产形势持续低迷，直接影响了驻马店税收的增长。相关的土地增值税、契税、耕地占用税增速也将继续回落。将对今后一段时期地方财政的增长形成较大的冲击。

3. 外循环动能不足

十九届五中全会通过的《中共中央关于制定国民经济和社会发展第十四个五年规划和二〇三五年远景目标的建议》提出，要加快构建以国内大循环为主体、国内国际双循环相互促进的新发展格局。要在更高水平上引进外资，加快推进贸易创新发展，提升出口质量，扩大进口。从利用外资来看2016—2020年，驻马店港澳台以及外商投资企业合计缴纳税收为25.3亿元，占全部税收收入的比重仅2.7%，低于全省水平2.31个百分点，税收贡献度偏低。在对外贸易上，2020年驻马店完成进出口62亿元，同比增长25.7%，高于全国增速23.8个百分点，高于全省增速9.3个百分点，增速居全省第三位。2022年上半年，驻马店市进出口总值47.3亿元，同比增长36%，其中出口44.7亿元，增长37.3%，但由于出口基数低以及出口贸易仍以一般贸易为主，在促进驻马店经济增长和税收增长方面作用有限，也不利于国际国内双循环新发展格局的形成。

三、思考题

1. 如何看待驻马店市的宏观税负水平？
2. 分析比较河南省与发达省份的税负水平，你认为是否应该提高河南省的宏观税负水平？为什么？
3. 结合案例分析我国政府间财权分配是否合理。
4. 思考我国税收收入结构是否合理。

案例说明书

一、课前准备

本案例要求学生提前阅读案例正文，并学习税收负担、税收制度和财政体制等相关专业知识，认真思考案例后的思考题。

二、课堂安排

1. 学生熟悉案例背景：结合课前预习的相关理论知识总结提炼案例的基本要点和关键问题，并结合案例后面的思考题进行讨论。此项安排时间大约 20 分钟。

2. 教师组织进行讨论：围绕案例后面的思考题，安排学生进行分组讨论，每个小组确定一个核心讨论问题。具体思路按照："是什么（what）"—"为什么（why）"—"怎么样（how）"的线索展开。要求每组学生完成以下工作：首先，针对案件中涉及的事件进行描述，对涉及的基本专业知识进行简要介绍；其次，结合实践进行理论分析，分析驻马店的产业结构和国家的税收体制是怎样影响其税负水平和税收结构的；最后，学生针对案例中的问题进行探讨，提出相关的政策主张或建议。此项安排时间大约 45 分钟。

3. 教师进行评价和点评：对我国税收负担、税收制度和财政体制进行梳理，并归纳总结小组讨论的共识，提出继续思考的问题。此项安排时间大约 20 分钟。

三、教学目标

1. 通过学习该案例，熟悉我国的税收负担的相关知识，分析我国各级政府税负轻重。

2. 对我国税收结构有较为清晰的认识。

3. 正确认识我国分级财政体制下各级政府之间的财权划分

四、思政元素

1. 学习税收负担、税收制度和财政体制等相关专业知识，可以帮助学生理解和践行社会主义核心价值观中的公平正义、共同富裕和社会责任等重要价值观念。税收制度的设计和实施应该以公平为原则，确保资源的合理分配，消除贫富差距。这需要学生具备对社会公平和正义的认识，关注弱势群体的利益，并通过税收政策的改革和调整来促进社会的共同富裕。

2. 学习税收相关知识需要培养学生的法治意识。税收领域涉及复杂的法律法规，了解税收法律框架、纳税义务和权益，以及遵守税法规定，是培养学生正确行为准则和遵从法治的表现。学生应该明白纳税是法定的责任与义务，遵纪守法纳税既是个人信用的体现，也是对国家法治建设的支持。

3. 学习税收相关知识培养学生的公民责任感。税收是每位公民的责任，也是对社会的回报。通过学习税收负担、税收制度和财政体制等知识，学生能够理解纳税对于国家财政健康和社会稳定的重要性。培养良好的纳税意识和行为习惯，积极履行纳税义务，不仅是合法合规的表现，更是作为公民应尽的责任和参与国家建设的方式。这种责任感体现了公民对社会发展、公共事业和社会福利的关注和参与，为国家的可持续发展作出贡献。

五、要点分析

1. 国内外宏观税负统计口径比较

宏观税负统计口径的界定受一国政治、经济环境的影响，以下是一些重要的国际组织机构及国内对宏观税负统计口径的界定。

（1）国际货币基金组织（IMF）统计口径。根据《政府财政统计手册》，国际货币基金组织将宏观税负的统计口径定义为公共预算收入、政府性基金预算收入（不包括土地出让收入）、社会保险基金预算收入和国有资本经营预算收入之和占 GDP 的百分比。

（2）经济合作与发展组织（OECD）统计口径。其采用的是税率法，主要是一国的个人所得税、企业所得税、财产税、商品劳务税等税收和社保税费之和占 GDP 的比重。

（3）《福布斯》统计口径。《福布斯》主要提出的是税负痛苦指数，其计算方法主要通过各国企业所得税、个人所得税、销售税、财产税、雇主和雇员缴交的社会保险费的最高名义税率简单加总求得。

(4) 国内常用统计口径。目前，国内对于宏观税负统计的常用口径主要为大、中、小三种口径：

其中小口径为纯税收收入占 GDP 的比重；

中口径为财政收入（预算收入）占 GDP 的比重；

大口径为政府总收入（含债务收入）占 GDP 的比重。

以 2021 年为例，全国税收收入 172 731 亿元、非税收入 29 808 亿元、政府性基金预算收入 98 024 亿元、国有资本经营预算收入 5 180 亿元、社会保险基金收入 68 205 亿元，将上述五项收入相加，得到政府预算收入 373 948 亿元，相当于当年 GDP（1 143 670 亿元）的 32.70%，这是我国 2021 年中口径的宏观税负。税收收入占 GDP 比重为 15.10%，这是小口径的宏观税负。

2. 改革省以下政府间收入关系

分税制改革以来，我国的省以下政府间收入已形成不同形式的共享税种体制，同一省域内多“上行下效、大同小异”，省际间则一般不具可比性。2020 年我国地方一般公共预算总量为 10 万亿元，省、市、县三级比重为 19.5%∶32.2%∶48.3%。省以下政府间收入划分的复杂性多样性，某种程度上加剧了地方政府间非理性财税竞争，不利于统一市场体系建设。

对此，中央要求理顺省以下政府间收入关系，包括要按税种属性确定省市县收入；合理确定省市县收入分享比例，适度增强省级调控能力。

(1) 参照税种属性划分收入。中央要求将那些“税基流动性强、区域间分布不均、年度间收入波动较大的税收收入”作为省级收入或由省级分享较高比例；将“税基较为稳定、地域属性明显的税收收入”作为市县级收入或由市县级分享较高比例等，同时提出逐步减少直至取消按企业隶属关系划分政府间收入的做法。

(2) 规范省市县的收入分享方式。中央对各级政府在税收和非税收入方面进行了分享原则规范，同时提出省内同一税费收入在省与市、省与省直管县、市与所辖区、市与所辖县之间的归属和分享比例原则上应逐步统一。除国家另有规定外，逐步取消对各类区域的财政收入全留或增量返还政策；逐步清理不当干预市场和与税费收入相挂钩的补贴或返还政策。

(3) 适度增强省级调控能力。要求结合省级财政支出责任、区域间均衡度、中央对地方转移支付等因素，合理确定省级收入分享比例。对于基层“三保”压力较大的地区以及区域间人均支出差距较大的地区，应逐步提高省级收入分享比例，增强省级统筹调控能力。

3. 我国税收结构调整路径

税收收入作为政府筹集财政收入最主要的来源，同时也是政府实现其公共职能的基础。经济增长与税收两者的关系紧密，经济发展规模决定了税收收入规模，税收收入对经济发展又有一定的反作用，不同的税收结构既有可能促进经济的增长，也有可能阻碍经济的发展。我国以企业为纳税主体，主要是从生产经营环节征收间接税为主的纳税结构，导致中低收入群体税负较重、内需不足。这不仅阻碍了地方经济的发展，而且不利于构建以内循环为主的双循环体系，因此我国当前的税收结构迫切需要调整。我国税收结构调整应该包含以下三个方面：一是由间接税方式为主体向以直接税方式为主体进行转变；二是由以企业为主要纳税主体向以个人为主要纳税主体转变；三是由主要向生产经营环节征税向收入分配和财产积累环节转变。

（1）提高直接税比重

从2020年我国税收收入结构来看，我国流转税（包括增值税、消费税和关税）收入占税收总收入的比重为46.26%，所得税（包括企业所得税和个人所得税）收入占税收总收入的比重为31.10%，其他税种收入占税收总收入的比重为22.64%。我国税收结构以间接税为主、直接税为辅，相较于发达国家以直接税为主、间接税为辅的税收结构，意味着我国政府税收的来源主要是货物服务的流通环节，而不是收益和财产的保有环节。一方面，税收来源集中于货物服务的流通环节，增加了货物服务的流通成本，在一定程度上阻碍了商业活动的顺畅运转。另一方面，税收来源较少触及收益和财产的保留环节，扩大了收入的分化，增加了财富的沉淀积累，在一定程度上削弱了社会阶层的流动。所以，要提高直接税在整体税收收入中的比重，切实做到由以向企业征收间接税为主向征收直接税转变，主要应该做到以下两点：一方面要继续深入推进增值税改革，注重减轻向企业征收的间接税税额，增加国内市场有效需求。通过优化增值税税率、消费税税目、关税税率等举措，整体性降低间接税税负。另一方面，通过个人所得税综合申报堵住税收漏洞、综合考虑确定个人所得税税前扣除数，试行以家庭为征收单位进行征收、财产税扩容等举措，逐步扩大直接税收入来源。

（2）进一步改革资源税税收征管体制

资源税的主要作用是通过调节级差收益来推动资源的优化配置与合理利用。

因而，一方面，资源税可以有效增加中西部经济相对落后地区的财政收入。另一方面，资源税可以通过资源消费，将税收负担转移到东部发达地区的资源使用企业，有利于促进地区协调发展。但要切实发挥资源税的上述作用，还需要做好以下工作：一是要适时将水资源、森林资源、土地资源等自然资源计入资源税纳税范围的试点向全国推广。二是要赋予资源所在地人民政府一定的税率调节权，从地方实际出发确定资源税从价计征的税率，不仅要通过税率的调整引导地方资源的有效利用，同时，也可以将资源税收入用于改善资源属地民生问题，为当地的经济发展提供更多更好的发展条件，更好地促进当地经济的持续发展。

（3）推进房地产税改革进程

在目前经济下行压力较大的情况下，增量财富与存量财富比值不断降低，要完成税收组织财政收入的任务，税收结构必然要由生产经营环节征税向调整收入分配、财产积累的环节转变。从严格意义上来说，我国并未建立起真正意义上的财产税制度。现行房产税重交易、轻持有，以及从租计征等特点，导致现行房产税难以承担起组织财政收入、调节社会财富分配的职能。因此，必须大力推进现行房产税的改革。

（4）适时开征遗产税

中国收入基尼系数从 2008 年的峰值 0.491 见顶回落，近年来维持在 0.46—0.47 区间。由于积累效应，财富差距往往比收入差距更为显著，中国财富基尼系数从 2000 年的 0.599 持续上升至 2015 年的 0.711，随后有所缓和，降至 2019 年的 0.697，但 2020 年疫情冲击下再度上升至 0.704。2020 年中国财富排名前 1% 居民占总财富的比例为 30.6%。从上述数据可以看出，我国财富分配不均衡，富人拥有财产占比较大。遗产税的主要作用就是调节财富分配，缩小贫富差距。通过征收遗产税，对富人的遗产课税，可以减缓巨额财富集中到少数人手中的情况。遗产税作为直接税的重要来源，也是财产税的重要税种之一，在我国尚未开征。因此，开征遗产税能够有效建立健全财产税体系，完善我国税制体系，也利于增加财政收入。

参考文献

［1］邓文硕．我国税收结构调整的特征、效用及展望［J］．地方财政研究，2019（10）：59－66.

［2］王秀霞．城乡融合视野下城乡税收结构差异调整研究［J］．农业经济，2019（01）：110－112.

［3］吴运喜，郭红卫．“十三五”期间驻马店市税收经济结构分析与对策研究．税收经济调研，2021（16）．

［4］https：//finance. sina. com. cn/jjxw/2021－10－08/doc－iktzscyx8530469. shtml.

［5］http：//lw. news. cn/2022－06/27/c_1310633763. htm.

案例3　新乡经济技术开发区彩虹社区城中村改造项目

一、背景简介

城中村改造是指根据地区社会经济发展计划和城市总体规划，按照城市化要求，对城中村进行综合改造的行为。城中村是我国城市化进程中出现的一种特殊现象。改革开放以来，我国城市化进程表现为：进程上属于“急速城市化”，人口城市化虚高；空间上，建设布局出现无序乃至失控。城市的扩张将城市周边的农村纳入城市的规划范围，城市周边的农村逐渐被城市的高楼大厦包围，成为了“都市里的村庄”，即城中村。随着城中村规模的不断扩大以及城中村引发的社会管理问题日益凸显，各地相继启动了城中村改造工作。

河南省政府2014年下发的《河南省人民政府关于加快推进棚户区改造工作意见》（豫政〔2014〕17号）提出：“以科学发展观为指导，适应新型城镇化、工业化发展需要，以改善群众住房条件为出发点和落脚点，把棚户区改造作为城镇保障性安居工程的重要内容，在加快推进集中成片城市棚户区改造的基础上，优先推进建成区内的城中村改造，有序改造独立工矿区棚户区，逐步将其他棚户区、城中村统一纳入棚户区改造范围。在2013年实施棚户区改造12万户基础上，2014—2017年再改造各类棚户区166万户，使居民住房条件明显改善，基础设施和公共服务设施建设水平不断提升”。

根据国家相关棚户区文件精神，2017年4月，河南省启动“棚改三年攻坚计划”，对于申报2018—2020年棚改三年计划和2018年棚改计划进行了布置，要求各地要严格贯彻落实豫建住保〔2017〕7号和豫保安居办〔2017〕10号文件精神，并要求列入三年计划的项目到2020年要基本上全部实施，列入年度计划的项目必须在三年计划范围内。

二、案例概况

（一）项目介绍

新乡经济技术开发区彩虹社区城中村改造项目是由新乡经济技术开发区管理委员会住房和城市建设局负责的有自身收益的公益性项目。涉及征收土地范围包括郑庄村、姚庄村、获小庄村，其中郑庄村位于平原路以北、经八路以西，姚庄村位于老新长路以北、经六路以东，获小庄位于纬三路以南、经六路以东。拆迁区域涉及总面积约980亩，涉及拆迁户数1 110户，人数4 700人，征收房屋面积约199 800.00平方米（见图2－9）。

图2－9　彩虹社区规划平面

项目实物安置采用异地安置的方式，安置地点位于经六路与新长大道交叉口西北角。规划用地面积为97 135.20m^2，总建筑面积为257 267.04m^2，地上建筑面积为196 615.12m^2，其中高层住宅建筑面积为174 785.76m^2，养老住宅建筑面积为6 148.34m^2，小区内部配套建筑面积为15 681.02m^2（包含幼儿园1 793.35 m^2）；地下建筑面积为60 651.92m^2。项目建成后可提供安置房约1 580套左右（见图2－10）。

2020年12月，中弘天合工程咨询有限公司受新乡市新城开发建设有限责任公司的委托，就新乡经济技术开发区彩虹社区城中村改造项目进行公开招

图 2－10　彩虹社区效果图

标，按规定程序进行了开标、评标、定标，最终确定的 1、2、3 标段分别为河南省第一建筑工程集团有限责任公司、中国建筑第七工程局有限公司、河南省第二建设集团有限公司。

2021 年 12 月，新乡经济技术开发区彩虹社区城中村改造项目举行开工仪式，预计结束日期 2023 年 12 月，计划总投资 154 089. 46 万元（见图 2－11）。

图 2－11　彩虹社区开工图

（二）项目实施背景

我国现有的财政框架中，公益事业建设的大部分责任属于地方政府。但是受分税制以及地方经济发展不平衡的影响，地方政府普遍存在财政困难问题，随着我国经济社会的发展，人民群众对公共服务和基础设施建设的需求日益增加，而地方政府有限的财力和融资手段无法承担过大的建设责任，难以满足人民群众日益增长的需求。在此背景下，为缓解地方财政紧张的局面、稳定经济增长、增加公共服务供给、加快基础设施建设，就需要通过发行地方政府专项债券的方式为有一定收益的公益性项目进行融资。

2021 年，财政部办公厅、国家发展改革委办公厅《关于梳理 2021 年新增专项债券项目资金需求的通知》（财办预〔2021〕29 号）中明确指出 2021 年新增专项债券重点用于交通基础设施、能源项目、农林水利、生态环保项目、社会事业、城乡冷链物流设施、市政和产业园区基础设市、国家重大战略项目、保障性安居工程（城镇老旧小区改造；保障性租赁住房；棚户区改造，主要支持在建项目，适度支持新建项目）等领域。不安排用于租赁住房建设以外的土地储备项目，不安排一般房地产项目，不安排产业项目。

（三）项目资金来源

项目资金来源为财政资金安排 32 089. 46 万元，占总投资的 20. 83%，申请地方政府专项债券 122 000 万元，占总投资的 79. 17%。项目资金来源渠道和性质符合相关规定，额度明确，资本金占比符合《国务院关于加强固定资产投资项目资本金管理的通知》（国发〔2019〕26 号）的规定。

本项目计划申请使用债券资金总额 122 000 万元。其中：2020 年已使用债券资金 11 000 万元，2021 年已使用债券资金 27 300 万元，2022 年计划使用 83 700 万元，已使用 6 000 万元。2022 年 3 月 8 日发行的“2022 年河南省棚改专项债券（六期）——2022 年河南省政府专项债券（十八期）”中，5 000 万用于本项目建设。

（四）棚改专项债券发行方式

2022 年河南省政府一般债券（二期）和专项债券（十至十八期）通过招标方式发行。河南省财政厅于招标日通过财政部政府债券发行系统组织招投标工作，参与投标机构为 2022—2024 年河南省政府债券承销团成员。

本次发行的新增专项债券资金7.93亿元纳入政府性基金预算管理，主要用于城乡发展、社会事业、棚户区改造等领域。具体如表2-8、表2-9所示。

表2-8　河南省2022年棚改专项债券（六期）信息

2022年河南省棚改专项债券（六期）——2022年河南省政府专项债券（十八期）					
债券编码	发行人	发行品种	发行期限	发行规模（亿元）	评级结果
2 205 386	河南省人民政府	新增债券	10年	7.93	AAA
发行面值（元）	发行时间	缴款起息日	上市流通安排	利息兑付日	付息流程
100.00	2022-03-08	2022-03-09	按要求上市流通	每年的3月9日和9月9日	半年一次
本金兑付方式	本金兑付日	计息天数	发行方式	利率确定方式	发行对象
分期兑付	2032-03-09	3 653	公开发行	市场	公开市场

表2-9　项目本息覆盖倍数　（单位：万元）

年度	债券本息支付			项目收益
	债券偿还	利息支付	本息合计	
第1年		440	440	
第2年		1 532	1 532	
第3年		4 880	4 880	16 974.96
第4年		4 880	4 880	18 063.6
第5年		4 880	4 880	19 220.64
第6年		4 880	4 880	20 450.4
第7年		4 880	4 880	21 757.2
第8年		4 880	4 880	23 146.08
第9年		4 880	4 880	24 622.08
第10年	11 000	4 880	4 880	52 381.92
第11年	27 300	4 880	4 880	
第12年	83 700	3 348	87 048	
合计	122 000	48 800	170 800	196 616.88
本息覆盖倍数	1.15			

（五）项目社会经济效益

1. 社会效益

项目实施有利于使新乡市城市土地实现集约高效利用，进一步改善新乡市的城市面貌，完善城市整体功能，提高城市品位，使城市更加美化、亮化、绿化，给城市居民提供更加温馨、舒适的生活环境。同时，也有利于增强城市吸引力，为吸引外来投资，扩大招商引资规模，加快项目实施创造良好的环境。

该项目建设的目的是“改善城中村人居环境质量，提高城中村土地节约集约利用水平，提升城市形象”，不以盈利为目的，项目建成后，可提供安置房1 580 套，为其提供一处基础设施齐全、公共服务全面、居住环境优美、管理完善的居住小区，使得社会和谐稳定，人民安居乐业，从而更好地为新乡市经济社会发展服务，产生的社会效益是无法估量的，因此该项目建设主要突出社会效益。

项目的改造实施可以密切党与居民群众的感情，促进社会和谐。棚户区改造，使多数普通居民告别低矮破旧房屋，享受到了高楼林立和城市的美化、硬化、亮化和净化，提高了居民的幸福指数，体现了党的执政能力，拉近了政府与居民的距离，增强了社会凝聚力，促进了社会的和谐发展。

2. 经济效益

项目的实施可以有效地解决低收入家庭的住房困难，体现了社会公平、公正。棚户区居民绝大多数都是低收入困难群体，经过棚户区改造，不仅可以改善居住环境和居住质量，而且还能拥有属于自己的房屋资产，特别是针对棚户区改造中部分低保户、特困户收入不高、经济条件较差的实际情况，采取切实有效的措施实施救助，确保这部分人群能够有房住，从而享受到改革开放和经济发展带来的成果，体现了社会的公平与公正。

同时可以优化配置土地资源，促进土地合理利用。集中连片棚户区的改造可以盘活土地资源存量，最大限度提高出让收益、显化土地价值，同时可以较好地解决资金投入问题，使稀缺的土地资源得以再生和利用，进一步焕发老城区的生机和活力，提高了城市的管理水平。

本项目实施完成后可以增加社会就业，促进地区的产业结构调整。棚户区改造能够拉动建筑业的发展，促进地区经济增长和增加社会就业的机会。同时，结合棚户区改造，以土地置换为依托，可以大力调整产业结构，加快发展现代服务业，优化产业结构，提高发展质量和效益。项目建成后可改善获小庄村、姚庄村、郑庄村居民的住房条件，提高人民生活水平，能产生良好的社会经济效益。

案例说明书

一、课前准备

本案例要求学生提前阅读案例正文，并学习地方债券的主要功能，专项债券资金安排及使用等方面的相关知识，查找资料，认真思考案例后的思考题。

二、课堂安排

案例教学是沟通理论与实践的桥梁，能够把认知性和感受性学习方式很好地融合起来，培养学习者的相关技能及其运用能力。本案例课堂安排如下：

1. 学生熟悉案例背景：结合课前预习的相关理论知识，总结提炼案例的基本要点和关键问题，并结合案例后面的思考题进行讨论。此项安排时间大约 20 分钟。

2. 教师组织进行讨论：大致按照“是什么（what）—为什么（why）—怎么办（how）”的线索展开。要求每组学生完成以下工作：首先，针对案例中涉及的事件进行描述，对涉及到的专业知识进行简要介绍；其次，结合案例进行理论分析，分析地方专项债券发行的意义和作用；最后，学生针对案例中地方专项债券资金管理问题进行探讨，提出相关政策主张或建议。此项安排时间大约 45 分钟。

3. 教师进行评价和点评，对地方专项债券对地方政府带来的经济影响进行梳理，归纳各方意见并在选择中达成共识，提出继续思考的问题。此项安排时间大约 25 分钟。

三、教学目标

1. 掌握地方政府债券的功能。

2. 了解地方债在地方经济发展和基础设施建设中发挥的杠杆作用。

3. 针对地方专项债券在管理过程中可能出现的风险，提出具体可行的防范措施。

四、思政元素

1. 学习地方债券知识有助于培养正确的经济发展观念。地方债券作为一种融资工具，在地方经济建设和社会发展中起着重要作用。通过学习了解地方债券的功能和使用，学生可以认识到财政资金的合理运用对于促进经济增长、就业创造和社会稳定的重要性。

有助于学生了解地方债券如何投入到基础设施建设、产业发展、教育医疗等公共事业中，推动地方经济的发展。也使他们明白到财政赤字的合理规模和债务水平的控制，以确保经济可持续增长和财政稳定。这些知识有助于学生形成全面的经济发展观念，强调财政政策与经济增长、社会福利和可持续发展之间的密切关系。

2. 学习地方债券相关知识有助于培养社会责任感。地方债券的发行和资金使用直接关系到地方经济和社会发展，因此需要考虑社会效益和可持续发展。

学生通过学习了解地方政府在债务管理和资金使用方面的社会责任，以及投资者对于资金安全和回报的合理期望。他们将意识到地方债券不仅仅是融资工具，而是为了满足公共需求、提供基础设施和服务，改善人民生活质量的重要手段。

学生也会了解到地方债务的风险管理和市场透明度的重要性，以确保债务偿还能力和保障投资者权益。这样的学习可以培养学生对社会责任的认识，使他们在未来的实践中注重社会效益，并积极参与社会事务，为地方经济发展和社会进步作出贡献。

五、要点分析

为防范化解地方政府债务风险，我国于2015年开始实施新《预算法》，允许地方政府在限额内发行债券。按照用途和偿还资金来源，地方政府债券分为一般债券和专项债券。其中，一般债券用于没有收益的公益项目，以一般公共预算收入和再融资偿还本息；而专项债券用于有一定收益的公益性项目，并以公益性项目对应的政府性基金、专项收入、发行专项债券偿还本金，利息则不能通过发行专项债券支付。

1. 我国地方政府专项债券所面临的各类问题

（1）发行规模仍然不足，应用过程缺少灵活性。近几年，为了实现全面脱贫致富的历史重任，各地区政府广泛开展棚改工程，这些项目需要大量的资金支持，但是与庞大的实际资金需求规模相比，专项债券的发行量依旧偏低。

（2）专项债券的定价机制及市场化程度需要进一步提升与完善。地方政府专项债券的实际发行利率主要受到地区经济水平、国债实际利率以及债券的具体期限等因素的影响，其本质与一般债券并不存在很大的区别，直接导致其利率水平与一般债券相比，并无明显的优势。同时，我国对于地方政府专项债券的评级与风险评估体制仍不够完善，实际评级过程对债券自身的发行利率影响较小。并且，各地在发行专项债券的过程中，其实际工作主导部门为省政府，这就导致债券缺少一定的针对性，无法有效应对不同地区的应用风险。

（3）缺少必要的市场监管体系，评级报告不明，信息披露不全。以我国当下较为流行的项目收益专项债为案例，各地区政府在对其进行评级过程中，经常将项目收入与应付债券本息作为思考点，在这种情况下，如果需要进一步参考项目支出，那么其项目所实现的真正收益，将无法有效偿还专项债券的本息金额。并且，各地的项目收益专项债没有对必要信息进行披露，也缺少必要的监督体系，致使投资者无法有效看到项目自身的风险，在购买过程中存在很大的犹豫性。

（4）实际的发行规模与节奏受到财政政策及其他债券的影响。近些年，我国政府出台大量的指导文件，加快了专项债券的发行速度与规模，各地区为了完成这些要求，也迅速提高发行效率，但是考虑到同期存在的一般债券，在市场整体需求没有更大幅度增长的背景下，专项债券的发行压力也在逐渐提升，其节奏相对较为混乱。同时，短期内大量专项债券流入金融市场，对债券市场的整体平衡性造成很大的干扰，各类其他债券的发行工作受到很大打压，甚至面临着被挤出市场的风险。

2. 完善地方政府专项债券发展机制的具体建议

（1）在当前可利用限额之内，提高专项债券的应用范围。专项债券的存在意义与一般债券存在一定的区别，各地区政府需要对专项债券的定位有足够的认知。专项债券的应用需要围绕各类基础设施建设工程，同时需要对项目自身的风险进行有效评测，创建项目白名单，科学合理地利用债券资金。另外，各地区需要对盲目投资现象进行严格控制，让融资更为有序化，做好风险防控。各地区可针对当前国内各类债券基金的种类进行深度挖掘，在精准把控专项债券应用范围的前提下，增设更多的专项债券种类，使其向更为细致化领域发展。各地区在创设专项债券品种时，可将那些具备收入前提的项目纳入其发行范围。

（2）全力实施市场化运营，推动相关机制建设工作。债券是市场化运营，需要完善的机制体系来支撑，而在这一过程中，首先就要对其市场化所需要面对的风险有足够认知，充分考量流动性溢价、信用溢价等因素，创建更为合理的定价机制。其次，消除那些影响专项债券市场化建设工作的外力因素，让专项债券与国债等一般债券脱离关系，以项目自身的盈利与风险为基础，设置合理的定价形式。另外，需要不断提高与项目风险相关信息的透明度，让每一个投资者都能对债券有更精准的判断，提高其投资信心。

（3）完善债券市场的法治规范，提高债券市场整体的抗风险能力。债券市场的运营，需要以投资者利益为核心，尽可能披露与债券相关的各类信息，预防各类欺诈事件，并在此基础上，完善与专项债券相关的各项法律条令，保障专项债券整个生命周期，并严惩违背相关法律条令的机构或个人。

为了方便投资者自行查阅，各地区政府需要统一设置专项债券信息披露的在线平台，充分利用网络信息技术，让投资者可随时查看相关债券信息，此外，对于专项债券的信息披露过程也要设立严格的规章制度。信息披露过程需要注重所要披露信息的实际主体以及披露频次、实际披露内容等，为其制定强力有效的规章制度，让信息披露过程有法可依，同时，信息披露的过程中，不仅要注重债券资金的实际应用状况，还要对其所依存的项目信息进行有效展示，让每一个投资者都能看到相关项目的最新进展。

综上所述，地方政府专项债券的发行，有力推动了我国基础设施建设工作的进程，加快了我国现代化建设步伐。针对专项债券现存的各类问题，各地区政府需要在完善制度与法律的前提下，提高债券的利用范围，创建更多的专项债券种类，降低整体投资风险，推动各类基础工程项目融资过程的科学合理发展

案例 4　非税收入征管改革

一、背景简介

非税收入是公共财政的重要组成部分，改革开放 40 余年来，随着财税体制改革的进程，其征收管理经历了巨大的变化。2013 年，《中共中央关于全面

深化改革若干重大问题的决定》提出建立现代财政制度，完善国税、地税征管体制，排污费改环境保护税提上日程；2015 年 10 月，中共中央办公厅、国务院办公厅出台《深化国税、地税征管体制改革方案》，将建立现代税收征管体制，理顺税务部门与其他部门税费征管职责，发挥税务部门优势征收非税收入，健全地方税费收入体系纳入改革日程。根据方案精神，北京、云南、四川等地将 23 项中央级非税收入交由原地税部门征收或代征。2018 年，《国税地税征管体制改革方案》决定将省市县三级国税和地税机构合并，并对非税改革作出重大决策部署，由合并后的税务部门具体承担所辖区域内各项社会保险费和非税收入征管的职责，逐步完善税费征管体系，增强税费现代化治理能力。国办专门发文对社保费和非税收入划转改革作出部署，要求按照便民高效的原则，力争在 2020 年底前分批完成依法保留适宜划转的非税项目收入，交由税务部门统一征管。

二、案例概况

（一）熟悉又陌生的非税收入

非税收入征管职责划归到税务部门，对一些税务人员来说，是个既熟悉又陌生、半新半旧的面孔。

说它陌生、半新，是因为这是税务部门新增的征管业务。从以上解释可以看出，非税收入基本包括了政府除税收之外征收和取得的各种收入。

说它熟悉、半旧，则是因为非税收入的定义及范围里有不少企业所得税不征税收入规定中的熟悉概念，比如财政性资金、政府性基金。

那么，非税收入和不征税收入两者有何不同呢？区别是，非税收入是从政府角度来说的，是除税收以外取得一类财政收入；不征税收入是从企业角度来说的，是指从性质和根源上不属于企业营利性活动带来的经济利益、不负有纳税义务并不作为应纳税所得额组成部分的收入，常见的就是各类财政补助、专项财政补贴等。

非税收入是政府的收入，政府的收入来源基本除了个人就是企业，不征税收入又是企业取得的，政府给予不用缴纳企业所得税的补贴，是不是有些不征税收入的来源就是非税收入呢？比如居民用电需要向电网公司买电，买电的价格里就包含着一部分国家向用电的居民和企业征收的可再生能源电价附加，电网公司收到居民付的电费后，把这部分电价附加划出来上缴到财政（电网公司属于为财政代征代缴，这部分不属于其收入）。财政收到这笔钱之后，用它来支持风能、太阳能等可再生能源发展。

怎么支持的呢？实行全额保障收购可再生能源发电制度给予制度支持，发放补贴给予资金支持。风能、太阳能等可再生能源发电企业都面临着初期投入巨大、发电成本较高、风险较大的问题，因此国家规定可再生能源发电企业发多少电，电网公司就收多少电，并且物价部门规定可再生能源发电企业售电给电网企业的价格还高于目前主流的燃煤发电，但对电网公司来说，不管收什么电、收时候多少钱，它销售给居民、企业的电价都是固定的，因此，就会出现电网企业销售可再生能源电量，很容易亏本。虽然可再生能源是个好事情，但从经营的角度来说，电网公司收购可再生能源电量的积极性不高，但有收购保障制度，那就不得不收了。可再生能源企业发的电有了稳定的销售渠道，实现了盈利，在国家的支持下，这个行业的规模就可能越来越大，发出越来越多的电，在制度保障下，电网公司越收购越亏，这时候资金支持就重要了。

资金支持来源于前面说到的国家征收的可再生能源电价附加，财政收到这部分附加后再发放给电网企业，用来补贴其收购可再生能源电量的差价，对电网企业来说，财政发放的这个可再生能源补贴，就属于它的不征税收入了。这么绕了一圈，政府的非税收入就变成了企业的不征税收入，可以说是联系密切了。

现在，两个联系密切的收入都由税务部门来征管，更利于征收和管理，能够支持、鼓励部分行业的健康发展。

非税收入内容多、分散、零乱，有不少都如可再生能源电价附加一样是委托电网公司等单位代收的，将非税收入整合到税务部门征管，借助税务部门成熟的征管渠道和系统，非税收入的征管质效和力度都将加大，能有效地减少迟缴、缓缴、少缴现象，政府不仅能更为准确、及时地预测财政收入，也能有更充足的资金化作“不征税收入”。

（二）非税收入在国民经济中的作用

1. 重要的财政收入来源

在政府的财政收入中，税收收入是财政收入的主体，政府的非税收入是财政收入的重要补充。比如，2020 年河南省财政总收入 6 267.4 亿元，一般公共预算收入 4 155.22 亿元，非税收入 1 404.11 亿元，非税收入占一般公共预算收入的34%，且非税收入占一般公共预算收入的比重呈逐年上升趋势。政府非税收入作为我国财政收入的有机组成部分，是各级政府除税收以外最重要的财政收入来源，尤其是在地方财政中占据举足轻重的地位。直接影响财源结构和财政收支结构的合理化，是发展社会公益事业、加强宏观调控的重要手段。

2. 政府参与国民经济收入分配与再分配的主要途径

在实际工作中，很多地方是非常重视非税收入的。政府通过非税收入在国民经济中经过初次或二次分配，为城市基础设施建设或交通设施建设、城乡建设筹集了大量资金。

3. 重要的民生保障

非税收入涉及所有民生领域，衣食住行、业教保医；伴随日常生活每一天，关系千家万户，甚至可以说是涵盖生老病死的全过程。比如，买房办房产证涉及不动产登记费、开展技能培训涉及职业技能培训鉴定费、家家户户倾倒的生活垃圾涉及城镇垃圾处理费，还有职业资格考试考务费等，辐射到生活的方方面面。

（三）税务征收非税收入的演变轨迹

税务部门征收非税收入的工作起始于1986年代征的教育费附加，经历了“要我征”、“我要征”、适宜征收三个发展阶段。

1. “要我征”阶段

第一阶段是以提高征收效率为主要目的“要”税务征。2015年10月之前，各级政府着眼于税务部门高征管、低成本的优势，将部分适宜税务部门征收的非税收入划转由税务部门征收。比如教育费附加征收起步于1984年，1986年即明确由税务机关负责代为征收；2008年开始，各省财政部门陆续委托税务部门代征地方教育附加；最典型的例子要属残疾人就业保障金的改革路径，残保金的征缴首先由部分省市代征，其次逐步扩大范围，最后由税务部门统一征收。据统计，2015年前，全国税务部门代征非税收入共计14项。

2. “我要征”阶段

第二阶段是以充实职能为主要目的的税务“要”征。2015年10月至2018年2月，中共中央办公厅、国务院办公厅印发了《深化国税、地税征管体制改革方案》，在“营改增”和国税地税征管体制改革的背景下，明确地税部门对收费基金等的征管职责，全国各省市共计划将10多项非税收入交由税务部门征收，包括彩票公益基金、防空地下室易地建设费等。

3. 适宜征收阶段

第三阶段是以提升治理能力为主要目的的适宜征收阶段。2018 年 3 月开始，按照《国务院办公厅关于做好社会保险费和非税收入征管职责划转工作的指导意见》（国办发〔2018〕74 号，以下简称“74 号”）文件要求，到 2020 年 12 月 31 日前分批完成依法保留、适宜划转的非税收入项目交由税务部门统一征管的总体目标。

以河南省为例，根据文件要求，河南省相继发布公告划转非税项目征收，自 2019 年 1 月 1 日起，国家重大水利工程建设基金、可再生能源发展基金、大中型水库移民后期扶持基金、跨省际大中型水库库区基金、免税商品特许经营费、油价调控风险准备金，划转至河南省税务系统征收。2021 年 1 月 1 日起。按照属地原则征收水土保持补偿费、地方水库移民扶持基金、排污权出让收入、防空地下室易地建设费，具体征收机关按照“便民、高效”原则确定。自 2022 年 1 月 1 日起，国有土地使用权出让收入、矿产资源专项收入由税务部门负责具体征收。

（四）河南省非税收入划转逐步实行

目前，我国非税收入共有 12 大类，中央层面 92 项，各省设立的行政事业收费共 360 项、520 小项。考虑到我国非税收入项目种类多、涉及部门广、地区范围大，因此，2018 年 7 月，中共中央办公厅、国务院办公厅印发《国税地税征管体制改革方案》，提出“按照便民、高效的原则，合理确定非税收入征管职责划转到税务部门的范围，对依法保留、适宜划转的非税收入项目成熟一批划转一批，逐步推进”。

自 2019 年 1 月 1 日起，国务院将社会保险费等非税收入划归税务部门征收。专家普遍认为，社会保险费交由税务部门统一征收有利于解决人力资源和社会保障部门自行征收和税务部门代为征收的“双轨制”模式所导致的征收主体不统一、权责不清晰、征缴基数变相调整、占压挪用资金、企业欠缴拒缴社会保险等问题。为贯彻落实党中央、国务院关于政府非税收入征管职责划转税务部门的有关部署和要求，河南省非税收入征管职责划转工作也开始逐步实施。

1. 社会保险费征管改革

以开封市为例，2022 年 9 月 30 日，开封市人民政府官网发文，称将启动统一社会保险费征收模式改革工作（见图 2－12）。

图 2-12　开封市启动统一社会保险费征收模式改革工作新闻图片

为深入贯彻落实党中央国务院和省委关于深化社会保险费征收体制改革的决策部署，开封市将启动统一社会保险费征收模式改革工作。计划于 2023 年年中实现参保用人单位和个人参保人员自行向税务部门申报缴纳社会保险费，征收方式由“社保核定、税务征收”转变为“税务全责征收”。

据了解，“统一社会保险费征收模式”（以下简称“统模式”）是一个全新的改革，由开封市五个部门开展统一社会保险费征收模式。“统模式”具体指社保费征管模式由目前的“核定征收”转变为“自行申报”。原“核定征收”模式下：人社、医保部门负责拟定征收计划，税务机关按照征收计划对用人单位征收社会保险费，此项社保费由人社、医保部门进行核定；改革后的“自行申报”模式下：人社、医保部门不再拟定征收计划，用人单位自行向税务机关申报缴纳社保费，税务机关按照政策规定计算核定用人单位社保费。

社保入税，简单来说就是社保的征收者，从原先的人社、医保、税务等部门联合，转向由税务部门全责征收。登记、申报、审核、征收、追欠等在内的全部工作均划转到了税务机关。

表面看是缴费地点的变化，但实际来说，却是收费性质的变化：税务部门可以透过税务稽查等手段，加大对企业强制性征收力度，违规处罚也会得到落实。税务部门不但能掌握社保、工资、个税等申报数据，还可能会通过人社局获取劳动关系、组织人事关系、缴费年限确认、学籍信息、职业资格、继续教育、就业失业等非税信息。这些申报数据将实现全面比对，一旦存在异常，违规企业将成为重点稽查对象。

社会保险由税务部门征收后，也意味税务部门能够同时兼顾社会保险费征缴和个人所得税征缴两项工作，可以形成直接的数据比对。征管能力和征管效率必然大幅度提升，企业再想“钻空子”已然要行不通了。

当社会保险费“收支两条线”都由税务部门负责后，则意味着社保征收体系将进入“社保税征”模式，彼时将可能收的不再是“费”，而是“税”了。无论如何，社保入税意味着社保的规范化已是必然趋势。加上金税四期的建设推进，大数据联网之下，监管只会越来越严。

对于企业和个人来说，现在一些企业为追求短期利益，不依法履行社会责任，隐瞒实际工资水平，不如实申报社保费，甚至不缴社保费，而一些年轻职工，因为眼前生活压力大，想多拿工资，不考虑自己将来养老医疗方面的事，默许了企业的做法，这实质上是对职工未来权益的侵犯。随着社保费征管更规范、更高效，原来少缴或不缴社保费的职工，当期实际可支配收入可能确实会减少一些，但对职工个人来说，并不是吃亏了，这部分收入最终还是职工个人的，这既是对在职职工未来社保权益的保障，也是对当前已退休职工待遇的保障。

社保费划转税务部门征收后，缴费的规范性更高，能够更好实现社保资金长远的安全、均衡和可持续增长，从长期来看，将增加企业员工个人的领取待遇。

2. 河南省四项政府非税收入划转税务部门征收

2021 年 6 月 4 日，财政部官方网站发布《关于将国有土地使用权出让收入、矿产资源专项收入、海域使用金、无居民海岛使用金四项政府非税收入划转税务部门征收有关问题的通知》（以下简称《通知》）。该《通知》提出，将由自然资源部门负责征收的上述四项政府非税收入，全部划转给税务部门负责征收。具体到河南来说，将于 2022 年 1 月 1 日实施。

这四项政府非税收入划转税务征收，实行先试点后推开，河南将于 2022 年 1 月 1 日起全面实施。根据《通知》，自 2021 年 7 月 1 日起，选择在河北、内蒙古、上海、浙江、安徽、青岛、云南省（自治区、直辖市、计划单列市）以省（区、市）为单位开展征管职责划转试点，探索完善征缴流程、职责分工等，为全面推开划转工作积累经验。暂未开展征管划转试点地区要积极做好四项政府非税收入征收划转准备工作，自 2022 年 1 月 1 日起全面实施征管划转工作，也就是说，此次不在试点范围内的河南省，将于 2022 年 1 月 1 日起全面实施征管划转工作。除此之外，这四项政府非税收入划转给税务部门征收后，以前年度和今后形成的应缴未缴收入以及按规定分期缴纳的收入，由税务部门负责征缴入库。而有关部门应需要进行配合，做好相关信息传递和材料交接工作。《通知》明确，税务部门应当按照国库集中收缴制度等规定，依法依规开展收入征管工作，确保非税收入及时足额缴入国库。已缴入财政非税专户，但尚未划缴国库的有关资金，由财政部门按非税收入收缴管理制度规定缴入国库（见图 2－13）。

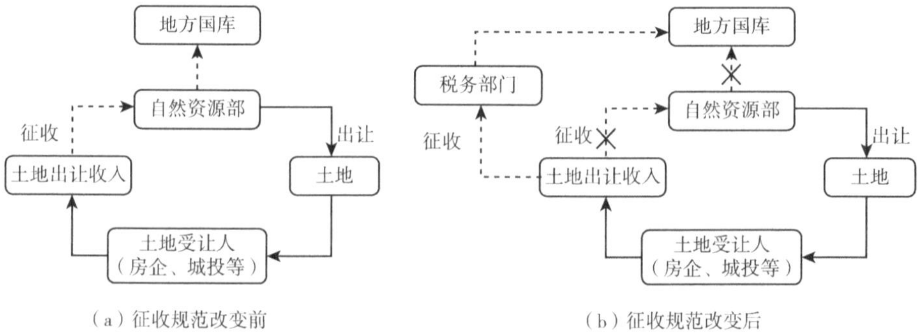

图 2－13　征收规范变化情况

以国有土地使用权出让收入为例，从通知细则来看，这一划转主要反映了征缴部门的变化。在原有机制中，由自然资源部负责具体征收，并全部上缴国库，其对应的支出，一律通过地方政府基金预算从土地出让收入中予以安排；改革之后，国有土地使用权出让收入划转为税务部门征收，但出让金的征收范围、对象、标准、减免、分成、使用、管理则按现行规定执行。也就是说，征收权划转也不等同于地方财权上收中央。

此外，土地出让金是否属于税收性质？当前来看并不存在非税性质更改。首先，土地出让收入并没有按照税收收入记账管理。税收收入由一般公共预算记录，而目前土地出让收入的管理方式沿用现行规定，收支仍然全额纳入地方基金预算管理；此外，开征新的税种需要历经严密的立法流程，土地出让收入并未涉及立法。

河南省 2020 年一般公共预算收入 4 155. 22 亿元，全年土地出让金收入为 3 323. 6478 亿元，可以得出，2020 年河南省土地财政依赖度 =（土地出让金/一般公共预算收入）× 100% = 79. 99%。而郑州市 2020 全年一般公共预算收入 1 259. 2 亿元，根据公布的 2020 年全市土地供应情况，共供地 67 270 亩，土地出让金签订价款 1 112. 12 亿元，则郑州市 2020 年土地财政依赖度 88. 32%。由此可见，自 20 世纪 80 年代引入土地招拍挂制度开始，土地出让金收入逐渐成为地方政府收入的主要来源。将土地出让金交由税务部门征收，征收环节将会更加规范，有助于强化中央对地方土地市场掌控力度增强和后续统筹安排。

值得注意的是，此次《通知》的条例不仅是让政府部门的效率提升，对于四项非税收入的缴费人来说，也更方便。《通知》当中提到，税务部门应当商财政、自然资源、人民银行等部门逐项确定职责划转后的征缴流程，实现办事缴费“一门、一站、一次”办理，不断提高征管效率，降低征管成本。

（五）非税收入电子化收缴管理系统再升级

随着信息革命浪潮快速发展，税收征管已进入了转型期。税务部门正在开发“金税四期”（智慧税务），2022 年底将基本开发完成。

据悉，金税四期建设的顶层设计已完成，形成了征管方式从“报税”再到“算税”、征管流程从“上机”到“上网”再到“上云”，征管效能从“经验管税”到“以票管税”再到“以数管税”的智慧蓝图。

“金税工程”自 1994 年开始建设，目前所采用的“金税三期”系统，使用统一的技术平台，覆盖所有税种、所有工作环节，实现税务部门与其他相关部门的联网。“金税三期”的大数据平台能够追踪企业的收入、成本、利润、库存等信息，并通过对比相关数据，判断企业是否隐匿销售收入及生产经营异常，有效遏制了偷税、漏税行为，对税务部门加强税收征管、保障国家税源发挥了重要作用。

非税收入项目繁多、种类庞杂，征管规范化难度大，小到路边停车费的收缴，大到规模突破万亿的政府性基金，与税收一样跟公民的生活息息相关，与税收具有同等重要的地位。

而金税四期作为金税三期的升级工程，在金税三期的基础上，纳入了“非税”业务，加强了非税收入的规范征收，利用大数据比对，人工智能等技术，实现对纳税人业务更加全面的监控。

三、思考题

1. 我国非税收入的主要来源包括哪些？非税收入征管改革的必要性有哪些？

2. 社保转由税务部门征收后，对企业和个人带来什么样的影响？

3. 四项非税收入划转至税务部门征收之后，有哪些变与不变？

案例说明书

一、课前准备

本案例要求学生提前阅读案例全文，并学习税收理论、非税收入及其划转改革等相关知识，认真思考案例后的思考题。

二、课堂安排

1. 学生熟悉案例背景：结合课前预习的相关理论知识总结提炼案例的基本要点和关键问题，并结合案例后的思考题进行讨论。

2. 教师介绍非税收入基本理论，重点培养学生分析非税收入种类、征管改革历程及原因，紧密联系实际，使学生掌握现行非税收入征管模式，探索适合我国国情的非税收入征管制度。

3. 教师组织进行讨论：围绕案例后面的思考题，安排学生进行分组讨论，每个小组确定一个核心讨论问题。要求每组学生完成以下工作：首先，针对问题进行描述，对涉及的基本专业知识进行简要介绍；其次，结合实践进行理论分析；最后，学生针对案例中非税收入划转改革的问题进行探讨，提出相关的政策主张或建议。

4. 教师进行评价和点评：对非税收入征管变迁历程，划转原因、划转前后改变进行梳理，并归纳总结小组讨论的共识，提出继续思考的问题。

三、教学目标

非税收入是财政学课程学习中重要的一个章节，多年来，我国对非税收入的管理很不规范，导致大量的非税收入游离于财政预算管理体系之外，降低了资金的使用效率，政府非税收入是财政收入的重要组成部分，建立政府非税收入的新理念，淡化预算外资金概念，是全面深化“收支两条线改革的必然结果，通过本章的学习，使学生了解非税收入基础知识，以及非税收入在财政收入中的重要作用，熟悉非税收入征管改革方向和内容，对加强和规范政府非税收入管理的具有重要意义。

四、思政元素

在税制快速改革的背景下，结合本章节非税收入知识体系，以任务性驱动模式，设计理论和实践相结合的课程任务，打造具有真正本领的“思政”型思维人才。

社会对税法课程所要求培养的人才，除了要有能够从理论到实践的工作能力之外，越来越对人才的意识形态有所要求。因为一个进行过“思政”教育的学生，能够更好地怀有对税收法规的敬畏，更主动积极地学习吸取他人经验，因而能更好地进行税务税法相关社会工作。因此在本章节教学内容中结合“思政”元素，对非税收入征管改革的背景进行阐述，列举相关的案例进行说明。通过设置一些具体的任务方式，引导促进学生进行相应的学习和实践。

例如，设定一个学习任务，以“诚实守信”这一思政元素融入“如何开展非税收入税务申报”这一学习项目当中去，由学生进行学习和实践，进行小组讨论并在课堂汇报。这既能实现学生对非税收入申报了解，也能够使得学生充分体会到“诚实守信”这一“思政”元素在非税收入收缴和税务行为当中的重要性。此外，教师设计主要任务，展示了非税收入在税务申报中的全过程，通过分成一个个小任务，引导学生学习国家的税法知识，掌握相关的办税实际流程等。在这个过程中融入“道路自信”“体制自信‘等思政元素，并将实际运用中的问题展现在学生面前，引导学生既学又做。

五、要点分析

1. 非税收入的概述

非税收入是政府参与国民收入初次分配和再分配的一种形式。是政府财政收入的重要组成部分。根据财政部解释，非税收入，是指除税收以外，由各级国家机关、事业单位、代行政府职能的社会团体及其他组织依法利用国家权力、政府信誉、国有资源（资产）所有者权益等取得的各项收入。具体包括：行政事业性收费收入；政府性基金收入；罚没收入；国有资源（资产）有偿使用收入；国有资本收益；彩票公益金收入；特许经营收入；中央银行收入；以政府名义接受的捐赠收入；主管部门集中收入；政府收入的利息收入；其他非税收入。

2. 非税收入与税收收入的区别

（1）开征目的不同。税收是政府为了提供纯公共产品、满足社会共同需要，凭借公共权力参与社会分配，进而取得财政收入的形式。在我国，设立、征收非税收入的目标则可以总结为以下三个方面：一是用于提供准公共产品，向特定群体征收，遵循“谁受益、谁负担”的原则，最终促进社会公平正义、提高社会产品分配效率；二是使用强制权力，通过罚款、收费等方式，体现优于税收的负外部效应矫正功能，引导公民自觉减少产生负外部效应的行为；三是以国有资产所有者身份，进行国有资产的运营与管理，促进国有资产保值增值的同时，取得利润和股利股息收入。

（2）性质特征不同。税收体现出高度的强制性、无偿性、固定性特征，政府凭借税法对纳税主体、征收对象、税率等税收要素的规定，无偿取得税收收入，公民在享受政府提供的公共服务同时，也履行依法纳税的义务。相较下，非税收入具有较强的多样性与灵活性，不同种类项目的特征不同，如各类政府性基金、教育费附加，拥有明确的征收标准，近似税收的强制性、固定性；而行政事业性收费、罚没收入等一次性收入，则具有非经常性、非持续性特征；此外，部分非税收入项目也被称为“准税收”，针对特定群体开征，因此对于全体社会成员而言，一定程度上体现自愿性，按照“受益者付费”为原则征收。

（3）征收主体不同。《税收征管法》规定税收的征收主体为税务机关，各级税务机关在国家税务总局的领导下确定税款征收方式，开展税收征缴工作，保证税款及时足额入库。《政府非税收入管理办法》规定各级财政部门为非税收入的主管部门，非税收入可由财政部门直接征收，也可由财政部门委托其他部门和单位，即执收单位征收，其中执收单位包括法院、公安局、学校等行政事业单位，因而非税收入征收主体更加多元化，征收权限更加分散。

3. 非税收入划转税务征收的必要性

当前，我国政府非税收入存在的主要问题与长期以来非税收入征管的属地化、部门化体制密切相关。在国地税合并改革后，非税收入划转税务部门征收，能够有效解决属地化和部门化管理体制的弊端，对于推进非税收入法治化和提升国家治理能力具有重要意义。

（1）夯实财政在国家治理中的支柱作用，加快国家治理体系和治理能力现代化。党的十八届三中全会强调，“财政是国家治理的基础和重要支柱”。作为财政收入的重要组成部分，非税收入的资金筹集是国家机构行使公共权力的一种方式，非税收入因涵盖了政治、经济、社会、文化等诸多领域，是真正意义上的治国理政的重要基础，非税收入征管法治化也是国家治理现代化的必然要求。

非税收入管理的法治化，离不开扎实的非税收入统计数据支撑。非税收入划转税务部门征收，一方面，能有效发挥税务部门的统计核算优势，为政府相关部门及时准确了解辖区内企业和居民的非税负担提供数据支撑，从而提高政府利用非税收入管理调节经济和社会治理的能力；另一方面，非税收入划转税务部门统一征收后，原有的税费分离的征收模式变为税费统管，统一征收主体，能够有效解决原有征收模式下存在的非税收入“谁都管而又谁都不管”和“多家理财”的问题。在税务部门的统一管理下，能够强化中央政府对非税收入的监督管理，为加快清理不合规收费奠定基础。

（2）加强非税收入的规范化管理，营造更加良好的营商环境。一直以来，乱收费问题都是影响地区营商环境建设的重要因素，李克强总理曾指出，“中国企业负担过重，主要是各种名目的‘费’太多”。乱收费问题的存在与长期以来中国非税收入征管权力集中在地方政府各部门手中密切相关，在原有征收模式下，各主管、征收部门容易受部门利益的驱使，对涉企收费进行弹性征管，这使得企业面临的非税负担呈现出很大的不确定性，严重影响着地方的营商环境建设。

非税收入中的很多具体项目，从征收对象上来看，交由税务部门征收能够有效降低企业负担，切实提高企业获得感。如已经划转税务部门征收的农网还贷资金和国家重大水利工程建设基金，都是根据电力用户使用电量及规定征收标准来计征，电网经营企业向用户征收后汇缴到省级电力企业，再由省级电力企业向省级财政部门或财政部驻当地财政监察专员办事处申报并缴款。电网经营企业除了按照规定征收标准向电力用户征缴这两项非税收入外，还要向税务局缴纳同这些基金收入相关的流转税费，企业以一对多，征缴环节产生的制度性交易成本增大了企业运营成本，加大了企业缴费负担，不利于构建良好的营商环境。

非税收入划归税务部门统一征收后，一方面，税务局作为独立于地方政府的垂直管理机构，在非税收入征管上能够更好地摆脱地方政府各部门的干扰，使得非税收入的征管做到依照目录清单合规合法征收，减少原有征收模式下存在的“乱收费”问题，切实降低企业的非税负担；另一方面，税务部门统一征收非税收入，在征收程序上不断接近于税收，征收的透明化程度不断提高，这有助于企业形成对应缴非税项目的稳定预期，避免原有征收模式下地方政府各部门对非税收入的弹性征管给企业生产经营造成的非预期冲击。因此，从真正减少企业非税负担和非税收入征收的透明化角度来看，税务部门统一征收非税收入有利于营造更加良好的营商环境，助力企业高质量发展。

（3）降低非税收入征管中的腐败风险，推动政府廉政建设。在原有的属地行政部门征收模式下，一些非税收入征管存在各部门自收、自支的问题，非税收入的征管缺乏统一标准和外部监督。在非税收入征管中，如果让非税收入的使用者自己征收，没有一定的外部监督和相互制约，很容易出现多征或漏征的状况，使得非税收入成为部门甚至个人谋取利益的手段。事实上，近几年发现的腐败问题和违反中央八项规定精神的问题表明，非税收入易转化为部门“小金库”，成为产生腐败和作风问题的资金来源。

税务部门统一征收非税收入后，依靠“金税三期”系统，在非税收入的票据管理、资金管理等方面规范化程度大大加强，能够有效降低地方行政部门征收中存在的腐败风险，促进政府廉政建设。在原有的属地行政部门征收模式下，很多非税收入存在部门自收、自支问题，非税收入征管缺乏统一标准和外部监督，也隐藏着腐败风险。税务部门统一征收非税收入，能够有效降低地方主管部门征收中存在的腐败风险，促进政府廉政建设。

（4）提升非税收入的征缴效能，增强地方财政的可持续性。作为政府收入分配体系的重要组成部分，非税收入在筹集财政收入中发挥着重要作用。在原有的属地征收模式下，地方政府为了实现自身经济竞争目标，将非税收入征管作为竞争手段，竞相通过降低费率的手段来吸引流动性要素，导致应征非税收入的少征、漏征问题较为严重。这不仅影响了非税收入筹资功能的发挥和公共产品的供给，还使得非税收入的矫正性功能受到限制。

税务部门征收非税收入，能够发挥税务部门的征收优势，通过税费同管交叉稽核，在一定程度上将少征、漏征但又应征的非税收入征收上来。例如，笔者对广东省的调研发现，2018 年广东省残疾人就业保障金改由缴费人直接向税务部门申报缴纳后，由于税务部门掌握着企业更加完备的信息，并且严格按照政府有关残疾人就业保障金征收管理办法进行征管，企业正常申报缴纳的残疾人就业保障金较以往大幅度提升，有效改善了残疾人就业保障金的漏费问题。在当前减税降费背景下，地方政府面临的财政压力不断增加，税务部门征收非税收入，能够确保以往应征未征、少征项目的足额征收，有助于缓解地方政府面临的财政压力和更好地发挥非税收入在地方财力建设中的作用，且不违背减税降费政策。

第三章　财政支出

案例1　河南省首个PPP特大项目
——郑州107辅道快速化工程项目

一、背景简介

党的十八大提出“让市场在资源配置中发挥决定性作用”，中共十八届三中全会提出：“允许社会资本通过特许经营等方式参与城市基础设施投资和运营。”2013年7月31日，李克强提出，利用特许经营、投资补助、政府购买服务等方式吸引民间资本参与经营性项目建设与运营。作为新一轮城镇化建设中的重大改革举措，这被认为是PPP模式开启的信号。2014年以来，国务院、财政部、发改委接连发文倡导PPP模式。

2016年政府工作报告中提出，完善政府和社会资本合作模式，用好1 800亿元引导基金，依法严格履行合同，充分激发社会资本的参与热情。这是“政府和社会资本合作”，在2015年政府工作报告首度提出后，连续第二年高规格“亮相”。

“十三五”规划纲要对于PPP模式在“十三五”时期的作用进行了清晰界定：要创新公共服务提供方式，能由政府购买服务提供的，政府不再直接承办；能由政府和社会资本合作提供的，广泛吸收社会资本参与。2015年5月，国务院办公厅转发的财政部、发改委、人民银行《关于在公共服务领域推广政府和社会资本合作模式的指导意见》明确了广泛采用PPP模式的13个公共服务领域，包括能源、交通运输、水利、环境保护、农业、林业、科技、保障性安居工程、医疗、卫生、养老、教育、文化等。今年中央定调PPP在“十三五”时期的作用后，PPP的推广运用更加迅速地扩展开来。2016年5月，国务院接连下发《2016

年推进简政放权放管结合优化服务改革工作要点》和《关于印发土壤污染防治行动计划的通知》两项通知，提出利用PPP模式促进民办教育、医疗、养老、健身等服务业和文化体育等产业，以及在土壤污染治理领域大力推广PPP模式。李克强总理在武汉调研时提出积极探索PPP模式，发展地下综合管廊。财政部和住建部、水利部联合实施海绵城市试点，财政部和海洋局联合实施蓝色海湾整治行动，环保部积极发挥环境保护作用促进供给侧结构性改革以及其他相关政策中，PPP模式都占有重要一席。随着中央不断扩面推行，PPP在全国各地呈持续升温态势。2015年5月25日，国家发改委网站以各地已公布的项目为基础，首次公布推介1 043个PPP项目，总投资达1.97万亿元。

继2015年不少省份发文推广运用PPP后，根据形势变化，河南省郑州市积极研究推进PPP模式，2015年成立了郑州市PPP中心，出台了《关于推广和运用市政府和社会资本合作模式的实施意见》《郑州市政府和社会资本合作项目政府采购操作指南》等“1+2+1”政策体系，对项目具体操作环节进行规范，建立了总规模为50亿元的市级PPP基金。2015年，郑州市政府召开PPP项目推介会暨签约仪式，首批发布32个项目、总投资1 126.3亿元，现场签约7个项目；随后，全市共有69个项目采用PPP模式，总投资1 927亿元。其中，有60个项目符合纳入省财政厅PPP项目库，总投资为1 824亿元；已列为财政部PPP示范项目4个，总投资为339亿元。

郑州作为全国重要的交通枢纽，区位优势和比较优势日益凸显，特别是中原经济区、郑州航空港经济综合实验区、“一带一路”等国家发展理念规划的实施更为郑州带来历史发展机遇。但是随着郑州市综合承载力在不断提升，还没能满足快速城镇化的要求，停车难、交通堵仍然是城市发展的阻碍，城市基础设施建设仍有较大空间。近年来，郑州市通过对投融资体制和行政审批制度进行的改革创新，已形成了较为完善的投融资体系，为推进政府和社会资本合作（PPP）模式提供了良好的制度和环境保障。

郑州市107辅道快速化工程项目便是在这样的背景下应运而生。该PPP项目是郑州市第一个以PPP模式运作的市政道路项目，也是河南省首个以PPP项目，对郑州市乃至全省进一步引入社会资本参与城市基础设施投资、建设和运营管理，都具有探索、指导、示范和借鉴意义。107辅道快速通道是郑州市环形快速路网的重要组成部分，在市区形成一条南北向的快速通道，为郑州市新区的居民提供便捷，形成南北向发展轴，提高郑州市交通通行效率，为城市发展作出贡献。

二、案例概况

（一）项目基本概况

2016年，由我国的水利水电工程局公司担任建设的郑州市107辅道快速化工程PPP项目开工了，开工仪式的当天，郑州市各级政府和各行业的领导人都来到了现场，可见郑州市政府对PPP项目是非常重视的，郑州市107辅道快速化工程PPP项目也从真正的意义上表明了郑州市第一个PPP项目已经开始建设了。

107辅道快速化工程是郑州市区大“环形+井字”交通快速路网中最东的一环，承担着郑州东部城区对外交通快速疏散、缓解市区交通拥堵压力、改善提升居民出行环境的重要功能作用。

107辅道快速化工程是横跨郑州市从南四环到北四环的一条快速的道路，这条道路有20公里左右，这条长20公里的道路中有高架桥也有隧道，高架桥拥有8个方向的车道，该条道路已在2017年建设完成并通车。

按照规划设计，107辅道快速路南起南四环，北至北四环，全长约20千米。全线采取“高架+隧道”的方式，桥上桥下均为双向八车道。其中，金水东路南侧至商鼎路北侧为地下段。高架主线为双向8车道，设计时速80千米。地面双向8车道，设计时速50千米。全线设置6座互通立交，分别为北四环、新龙路、北三环、陇海路、南三环和南四环立交。其中，北四环为现状，陇海路、南三环立交已建成。全线设置1座高速出入口立交，为已建成的107辅道连霍高速出入口。全线还将设置“9上9下”18条匝道，分别在慧科环路南侧、贾鲁河北侧、杨金路、明德街北侧、平安大道南侧、金水东路北侧、商都路北侧等处。平衡匝道平均间距1.3千米（含互通立交）。同时，107辅道也将成为郑州市一条重要的生态廊道。行车道两侧生态廊道内设置慢行通勤道及慢行休闲道，沿线公交站点原则上将采用深港湾公交站点（见图3-1）。

这条道路的建设已经成为了当年老百姓们最重视的事件之一，也是当年开年后郑州市第一个开始动工的特大项目。该项目是整个河南省第一个市政工程PPP项目，受到了社会各界的高度重视，而且该项目还是由郑州城建集团投资有限公司和中电建路桥集团与浦发银行北京分行组成的联合体共同合作建设，从中可以看出，作为PPP模式的两个重要部分，政府和社会资本，该项目中的政府是郑州市政府，社会资本是郑州城建集团投资有限公司、中电建路桥集团

图 3－1 107 辅道快速化工程卫星图

以及浦发银行北京分行。中电建路桥集团有限公司承担施工总承包任务，主要建设内容包括路桥的主体工程、配套管网及电气等工程。该项目采用 PPP 模式，投资额约 80 亿元，建安投资 62 亿元，合作期限为 13.5 年，其中工期 18 个月，运营维护期 12 年，全线已于 2017 年 7 月底贯通。

该项目不但解决了郑州市交通拥堵的情况，还为将来河南省再次引进社会资本进行城市基础设施建设提供了示范的作用，也会让将来的 PPP 汲取一些经验。

集团路桥公司的领导张经理在开工仪式上做出了重要的讲话，承诺在对 107 辅道快速化项目的建设中，在技术上采用最先进的技术和最严谨的科学态度，在工作中绝不马虎，认真仔细，在品质上严格把关，在施工人员管理上让工人有安全意识，提高自身素质，尽最大的努力把该项目建立成为一个优质项目、安全性的项目以及廉洁的项目，让全市人民都满意。

（二）中标社会资本简介

中电建路桥集团有限公司和浦东发展银行股份有限公司北京分行这一联合体是郑州市第七辅道快速化工程 PPP 项目中标的社会资本。由于此项目前期测试阶段，考虑到单个社会资本实力没有联合体实力强，最终选择了这一联合体的形式。

中电建路桥集团有限公司成立于 2006 年，经营范围有施工总承包，公路、铁路、桥梁、隧道、市政基础设施项目的投资等，有市政公用工程施工总承包壹级等相关资质。积极开展国内基础设施投资业务，探索创新基础设施投资建设管理模式，先后在多个城市开展实施了 40 个基础设施投资项目，总投资额达 1 700 余亿元，与各项目实施地政府实现了合作共赢，为项目开展实施地经济发展和社会繁荣作出了积极贡献。

浦东发展银行股份有限公司资产规模不断扩大，经营实力较强，坚持以客户为中心，打造数字生态银行。浦东银行北京分行是总行走出长江流域设立的第一家分行，自 1996 年建行以来，建立起了一套适应市场经济发展的机制和体制，逐步培养出一支业务素质过硬的团队，分行的理念是笃守诚信，创造卓越，全行团结一致，取得了良好的社会和经济效益。

（三）项目基本信息

项目基本信息如表 3－1、图 3－2、表 3－2 所示。

表 3－1　　项目基本信息表

项目名称	郑州市 107 辅道快速化工程 PPP 项目
发起方式	政府发起
项目类型	新建
所属行业	市政道路
合作内容/范围	郑州市第七辅道快速化工程 PPP 项目估算总投资为 795 344 万元（不包括征地拆迁费用以及交通工程建设费用），项目位于 Z 市中心城区的东部，北起 Z 市的北四环，南至 Z 市的南四环，该市政道路全路段采用的是高架和隧道兼有的模式，分为高架北段、隧道段、高架南段，规划设计道路工程全长约 14.73 公里。标准段红线 80 米，高架标准段采用的是地面双向且八车道以及高架双向且八车道。其中，高架规划设计的速度是 80km/h，地面规划设计的速度是 50km/h。隧道段采用隧道是双向且是八车道以及地面是双向且是八车道。其中，隧道是双向的，且是八车道，规划设计速度是 80km/h；地面是双向的，也是八车道，规划设计速度是 50km/h。 本项目合作期限是 13.5 年（包含建设期的 1.5 年，如果建设期有所调整，合作期限也做出相应的调整）。项目运用的是投资、建设、运营养护都合作的方式，使用 DBOT 运作方式，即项目要经过优化设计、建设、运营、移交这几个环节。该市政道路主要运营维护内容有：道路、照明、绿化、排水等的运营维护，双方合约规定运营维护必须符合相关法律法规以及行业规范。 道路工程运营维护包括车行道、人行道等项目的维修养护，照明工程运营维护包括线路设施、照明设施的维护，绿化工程运营维护包括栽植、除草、补植等日常养护工作，还有钢结构桥、隧道、天桥等结构工程项目的运营维护，雨水污水管道、雨水污水泵站等排水工程项目的维护。

续表

项目资产权属	在本项目全部合作期内，在项目建设期内项目公司投资建设所形成的各类本项目资产，以及在项目运营维护期内，进行工程更新重置、升级改造投资所形成的资产，全部归政府，组建的项目公司具有对本项目的经营权，政府方按照合同要求向项目公司提供道路建设用地，并协助其办理一系列的手续。
实施机构	郑州市城乡建设委员会（以下简称市建委）
采购方式	公开招标
政府出资方	郑州城建集团投资有限公司
中选社会资本	中电建路桥集团有限公司和浦东发展银行股份有限公司北京分行组成的联合体
签约日期	2016 年 4 月
项目公司概况	公司名称：中电建郑州城建投资管理有限公司 设立时间：2016 年 4 月 股权结构：政府方持股 5%，社会资本方持股 95% 注册资本：1 亿元 出资方式：均以货币方式出资

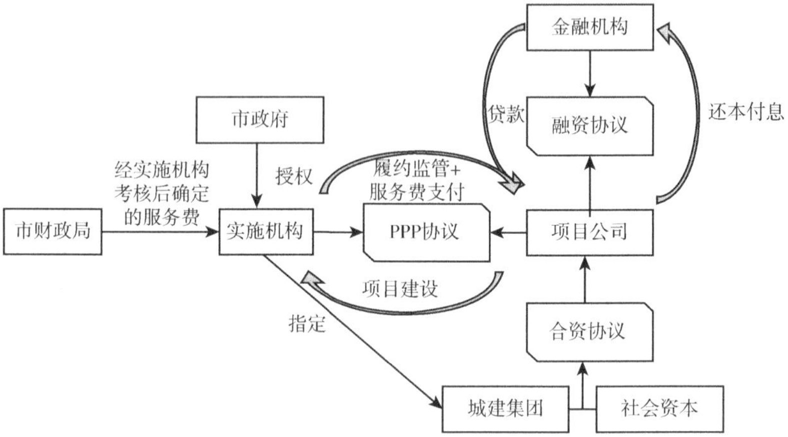

图 3－2　项目交易结构简图

表 3－2　项目实施进度表

项目进程	时间
一、项目识别	
项目发起 聘请中介咨询机构	2014 年 6 月 19 日 2015 年 5 月

续表

项目进程	时间
二、项目准备	
组建管理架构 编制实施方案 审核实施方案	2015 年 7 月 2015 年 5 月—9 月 2015 年 9 月
三、项目采购	
资格预审公告 公开招标 招标评审 确认谈判 预中标、成交结果进行公示 中标、成交结果进行公告	2015 年 9 月 18 日 2015 年 11 月 23 日 2015 年 12 月 23 日 2016 年 1 月 16 日 2016 年 2 月 1 日 2016 年 2 月 15 日
四、合同签署	
草签 PPP 项目合同 组建成立项目公司 正式签署 PPP 项目合同	2016 年 2 月 19 日 2016 年 4 月 20 日 2016 年 4 月 22 日

2016 年 11 月，第七辅道桥面铺装层首件经各参与主体联合验收通过，郑州市政站现场验收过程进行了监督，工程实体质量符合相关规定及规范要求，极大地鼓舞了项目参建人员的信心与热情，为下一步工程施工奠定了坚实的技术基础。2017 年 1 月，第七辅道快速化工程 PPP 项目主线高架桥顺利通车，本次通车段北起 Z 市的铁路代建段，南至郑州市的南三环和东三环互通立交处，全长约 4 千米，标志着该工程的北三环至南三环主线高架桥全部通车。

郑州市 107 辅道快速化工程金水东路上下高架桥匝道，是东三环与金水东路互联互通的关键部分，按照郑州市委、市政府及项目公司的建设目标，于 2018 年 6 月顺利通车，达到了金水东路主干道与郑州市三环高架互通的目的，对郑州市东站附近交通压力有效地进行了缓解，为郑州市市民出行提供了高效、便捷的快速化交通服务，意义深远。

该市政道路项目自开工以来，施工建设严格执行国家及地方的有关政策、规程、规范和必须的行业标准，项目公司精心组织、科学安排、强化施工过程控制。承建单位在各方的有力支持之下，积极克服工期紧、场地小、任务重、环保压力等诸多困难，科学组织开展施工，坚持精细化管理、精益化作业、精心打造标准化建设工地的原则，促进工程现场安全文明施工、工程质量与工程进度协调发展，实现各路顺利段通车。

（四）郑州市107辅道快速化工程PPP项目识别与准备

1. 组织保障

针对郑州市第七辅道快速化工程PPP项目，郑州市政府迅速行动，积极组织成立了项目工作领导小组，由市政府副市长担任组长，市政府副秘书长、市城建委主任、市财政局局长担任副组长，市发改委、市规划局、市法制办等单位为工作领导小组成员。工作领导小组下设置办公室，办公室设在郑州市城建委。项目工作领导小组负责本项目的管理和综合协调，统筹推进项目运作。对各相关部门进行了职责分工如下：

郑州市财政局负责项目前期费用拨付、财政付费测算、PPP项目的商务谈判等工作。郑州市建委作为PPP项目的实施机构，代表市政府签署与项目有关的合同，组织项目实施工作，对项目实施进行履约监管，在市建委的统一安排部署下，郑州城建集团投资有限公司是政府出资的代表，与中选的社会资本中电建路桥集团有限公司和浦东发展银行股份有限公司北京分行组成的联合体，共同组建项目公司中电建郑州城建投资管理有限公司。

市法制办负责PPP项目签订的各相关项目合同的审核检查工作，并报市政府批准。市审计局负责对财政投入项目资金的合法、真实、效益性进行审计。市发改委、市规划局、市铁路局、市环保局、各供配管线产权单位等其他相关部门针对该项目应积极设立绿色通道，认真配合做好PPP项目各项工作。

依据不同部门的工作职责，针对该项目分别设置了法务审核组、商务测算组、建设推进组、结算审计组，负责具体专业的工作，各组的带队单位及相应的职责分工如下：

法务审核组，由市法制办带领负责，主要对PPP项目各有关合同的合法性、合规性进行审核。商务测算组，由市财政局带领负责，主要对PPP项目的项目财务成本、项目内部收益率、项目运营维护费、财政付费测算、调价公式等核心指标进行确定。建设推进组，由市城建委带领负责，主要工作内容有编制实施方案、项目建设推进、制定服务质量和标准、履约监管等。结算审计组，由市审计局带领负责，主要负责项目可用性服务费和运营维护服务费的全过程结算跟踪审计。

2. 物有所值评价和财政承受能力论证

物有所值（Value for Money），指所购物品或服务符合使用者的要求，同时是成本与质量的最优组合。这一概念强调成本，同时也强调质量，物有所值的最优选择不一定是最低成本。物有所值评价包括定性评价、定量评价与补充评价。

2016 年 5 月，政府方聘请专业机构协助开展评价与论证工作，编制了《郑州市第七辅道快速化工程 PPP 项目物有所值评价》和《郑州市第七辅道快速化工程 PPP 项目财政承受能力论证》，由财政部门和实施机构一起聘请金融、财政、会计、项目管理、工程技术以及法律方面的专家，组织开展物有所值评价和财政承受能力论证工作会。介绍本项目具体情况，专家们从定性、定量两个方面对项目进行评价，依据专家评价结果和相关建议，最终确定财政部门对本项目的意见。

物有所值评价是判断项目能否用 PPP 模式代替传统的投资运营方式，评价所依据的项目产出说明、风险分配方案、交易结构、投资回报率、折现率等关键要素，应与实施方案、财政承受能力论证报告、采购文件、项目合同的相关内容保持一致。开展 PPP 项目财政承受能力论证，是政府切实履行合同规定的义务、按照绩效考核给项目公司付费的保障，可防范和控制财政风险，保障项目的可持续运作。

3. 项目回报机制和风险分配

（1）项目实施方案

政府方：政府方应积极协助项目公司处理与各政府相关部门的关系，使项目各环节的行政审批手续工作合理顺利开展；在 PPP 项目合同签订时，确保项目有相关的、必需的行政审批手续，确保项目开展各个环节，比如项目立项规划、用地等的合法性，为本项目的运作创造较好的外部条件；协助协调城市供水、燃气、供电、通信、消防等的配合，合理安排本项目建设进度及年度计划等；协助市政道路沿线各区域完成合法的用地工作；以及需要政府方积极配合完成的其他工作。

社会资本方：根据 PPP 项目合同的规定，严格按照道路建设要求开展建设，确保工程质量；接受项目实施机构对项目公司融资、资金到位、资金使用等情况进行的监督；配合相关监管部门对项目建设、运维情况的监督检查；与政府参与方积极合作，按照项目进展实际情况，协调项目建设运维的各项事务，向项目主管部门上报项目运作过程中的问题，以及需要社会资本方配合完成的其他工作。

（2）项目回报机制和定价调整机制

项目回报机制：本项目回报方式是政府付费，市政道路的建设质量、运维情况是政府付费的主要依据。项目公司完成项目投融资、建设、完工验收，继续为本项目设施提供运营维护服务。政府方按照 PPP 项目合同约定的政府付费的标准，切实向项目公司支付建设运维服务费，使其逐步收回建设投资、运营维护的支出，并且获得相应合理的回报。同时，政府方将每年应向项目公司支付的服务费列入郑州市本级财政预算，出具文件给予有力的保障。

定价调整机制：郑州市 107 辅道快速化工程 PPP 项目制定了比较合理的绩效考核标准，把道路可用性绩效指标、道路运营维护绩效指标分别纳入了绩效考核标准。政府方严格按照 PPP 项目合同的规定，按照要求开展绩效考核，依据绩效考核的结果，定期向项目公司支付相关费用。其中，可用性服务付费的确定，必须以 Z 市审计局对项目跟踪审计所确认的审计数值为基础，严格按照合同规定的计算方法以及支付费用的方式来确定。

对可用性服务和运维绩效服务的考核，以半年度为一个周期单位，绩效考核运用打分制、设定相应的及格线。在建设运维考核期内，若项目公司服务质量绩效考核得分低于及格线，按照每低于及格线 1 分扣罚相应违约金的原则，从政府付费中扣除。在项目进入运营维护期内，如果发生物价变动等，需根据相关变化，调整运维绩效付费，根据郑州市统计年鉴的 CPI 指数，一般情况下，以每三年为一个周期进行相应的调整。

（3）绩效考核指标与体系

本项目参与各方约定运营维护必须符合国家、本省、市的相关法律法规以及行业规范。城镇道路养护技术规范、城市道路养护维修作业安全技术规程是运营维护的标准性文件。

可用性绩效服务考核和运维绩效服务考核纳入该项目绩效考核体系，可用性绩效服务考核具体包括质量、环保、安全、工期、法律等方面的考核，运维绩效服务考核具体包括道路设施、桥梁设施、路灯照明、景观、排水、社会责任等方面的考核。

（4）项目风险识别和分配

本项目分配的原则是风险收益对等、风险可控，按照相关政策要求，郑州市 107 辅道快速化工程 PPP 项目对风险进行了基本的分配，其中，政府方分担政策、法律、最低需求等风险，项目公司分担融资、建设、运营维护等风险，政府方和项目公司共担不可抗力风险。参考同类型 PPP 项目的经验，本项目涉及的主要风险有：完工出现延误、设计变更、建设成本超支、建设质量不符合要求、运维成本高于预期成本、项目公司管理问题导致的成本超支、因规划调整需对道路改造、对项目环保或运维标准等提高使投入改造或成本增加、发生自然灾害等不可抗力因素使项目正常运转受阻、政府对项目实施征收征用等风险。

建设成本超支风险，可能是需要在建设过程中增加人工数量等原因，使工资支出增加，也可能是物价上升导致原材料价格上涨，这些都使费用增加，从而导致项目成本超支的风险。设计变更的风险，是由于企业的设计不合理，若更改设计，可能造成成本增加或是工期延误等，设计变更风险是企业自身应承担的风险。

（5）相关配套安排

项目用地的选址、拆迁安置等工作由政府方负责，并且负责相关费用，项目开工建设过程中，按照工程建设进度，政府合理地将项目用地供给项目公司建设道路使用。

（6）保障机制

投标保函、建设履约保函、运维保函、移交保函等都是本项目履约保障内容。在合同期内，项目公司如果不能够履行合同规定的相应义务，将承担相应的后果。

在项目合作期内，项目的每一个关键环节，建设期或运维期可能遇到不同的风险，项目公司应购买相关保险，并积极要求其他参与项目的承包商、设备及原材料供应商购买相应的保险。根据实际，建设期、运营维护期都应购买相应的保险，加强项目运作保障。

（五）郑州市107辅道快速化工程PPP项目采购与执行

1. 项目采购

（1）市场测试及资格审查。在项目的识别与准备阶段，政府方与潜在的社会资本方积极沟通，了解对方及项目情况，以期充分了解市场对该项目的响应情况。然后开展资格预审，有7家社会资本方报名参与资格预审，经过评审小组认真考核评审，其中3家社会资本通过了资格预审。由于本项目投资规模大，在社会资本资格预审完成之后，政府方对其进行实地考察，确认社会资本方业绩的真实性、可靠性，并查看各参与企业的实际施工情况以及工程质量。

（2）项目采购。项目严格按照中华人民共和国政府采购法的规定进行公开招标采购，项目工程建设内容较明确、边界条件非常清晰、技术应用也很成熟，能运用公开招标的方式。项目以建筑安装工程费为基数下浮优惠比例、合理的利润率、年度折现率为招标标的，设置了相应的拦标价。经过公开招标程序，中电建路桥集团有限公司与浦东发展银行股份有限公司北京分行联合体对合同条款积极反馈、完全响应，于 2016 年 1 月与政府方代表进行合同确认谈判，谈判中项目实施机构重申了安全文明施工及工程质量要求，双方达成一致，签署了确认谈判备忘录。

2. 项目执行

（1）项目公司概况。组建的项目公司中电建郑州城建投资管理有限公司设立董事会，成员数是 5 人，包括郑州城建集团投资有限公司委派的 2 名成员。项目公司设总经理 1 人，总经理负责公司的各项经营管理工作，是由中电建路桥集团有限公司推荐的总经理。同时，项目公司设有 2 名监事，郑州城建集团投资有限公司委派 1 名，其他股东委派 1 名。郑州城建集团投资有限公司作为项目公司的股东参与公司分红，拥有重大事项的一票否决权，该一票否决权通过股东会层面、董事会层面来实现，股东会表决重大事项必须经全体股东一致同意，董事会决议实行 4 票通过制。如图 3－3 所示。

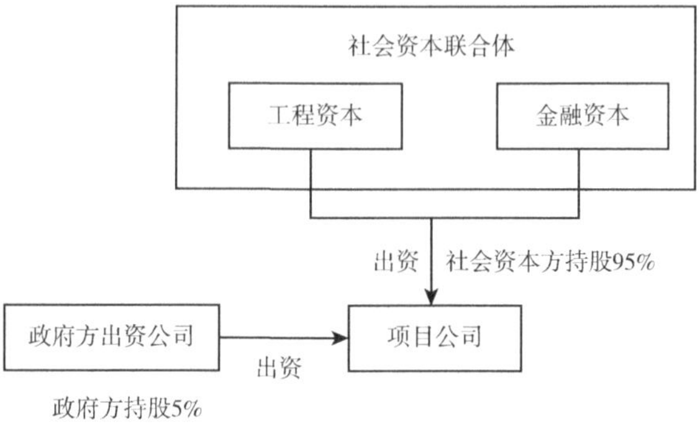

图 3－3　股权结构图

（2）项目融资情况。政府方和社会资本方投入郑州市第七辅道快速化工程 PPP 项目的资本金不能低于估算总投资额的 25%，项目公司通过银行贷款等融资方式筹集其他 75% 的建设资金。项目公司应在 PPP 项目合同生效日起 90 个工作日内，完成融资交割，在完成融资交割之日起 7 个工作日内，向项目实施机构提交融资相关材料，以书面确认项目融资交割已经完成，一并提交项目公司股东完成首期注册资本出资的验资报告、所有参与方已签署的融资文件的原件。

（3）土地使用权。征地拆迁工作由道路项目沿线各区积极配合完成，政府无偿向项目公司提供第七辅道快速通道的建设用地，积极协助项目公司办理一系列手续。

（4）项目监管。郑州市第七辅道快速化工程 PPP 项目实施过程中使用多重监督监管机制，履约监管、行政监管、公众监督三位一体。履约监管，主要是项目管理部门对项目公司在项目整个合作期限内合同履行情况的监督管理。行政监管，主要是政府相关职能部门依据相关法律法规对项目履行行政监管职责。公众监督，主要是社会公众有权对本项目的立项、建设、运维等全过程运作情况进行监督，向有关监管部门投诉项目开展不合理的方面，或向项目公司提出意见建议。

（六）郑州市 107 辅道快速化工程 PPP 项目运作经验总结

1. 组织保障到位

（1）积极开展组织保障。郑州市政府层面成立了郑州市第七辅道快速化工程 PPP 项目工作领导小组，由郑州市政府副市长担任组长，市政府、市城建委、市财政局、市发改委、市法制办、市规划局等主要领导是工作领导小组的成员。项目工作领导小组专门负责郑州市第七辅道快速化工程 PPP 本项目的综合协调以及管理工作，统筹有序推进项目实施。明确各个部门在项目工作推进中的职责权限与分工，根据相应的职责分工成立了专门的法务审核组、建设推进组、商务测算组、结算审计组等专职工作组，建立了一个健全的组织领导体系。

（2）项目管理流程合理。项目参与方认清项目占用资金规模大、回报周期长等潜在风险，制定 PPP 项目的投资标准，将相关规范性文件的要求融入到内部评审标准之中，坚持事前算赢原则，在项目决策前充分开展可行性研究及论证，从源头上控制项目质量。在项目准备阶段同时编制项目实施方案和采购方案，详细规定了各参与方的权利义务、责任、风险分配，出具文件，严格规范项目的采购流程，确保项目运作流程科学、项目采购公平公正。同步编制实施方案与采购方案，使项目运作更科学、规范，为郑州市第七辅道快速化工程 PPP 项目实际操作提供了合理的流程。

完善配套保障，项目进度安排合理，Z 市第七辅道快速化工程 PPP 项目涉及政府、建筑企业、金融机构、评估机构等多个主体，项目运行的规范化是保障合作效率的前提，本项目从政府财政承受能力评估、实施方案编制、招投标、市场预测、项目回报机制、绩效评价、政府付费纳入跨年度预算及中长期财政规划等 PPP 项目各项流程合理规划、科学预测、信息较公开（见图 3-4）。

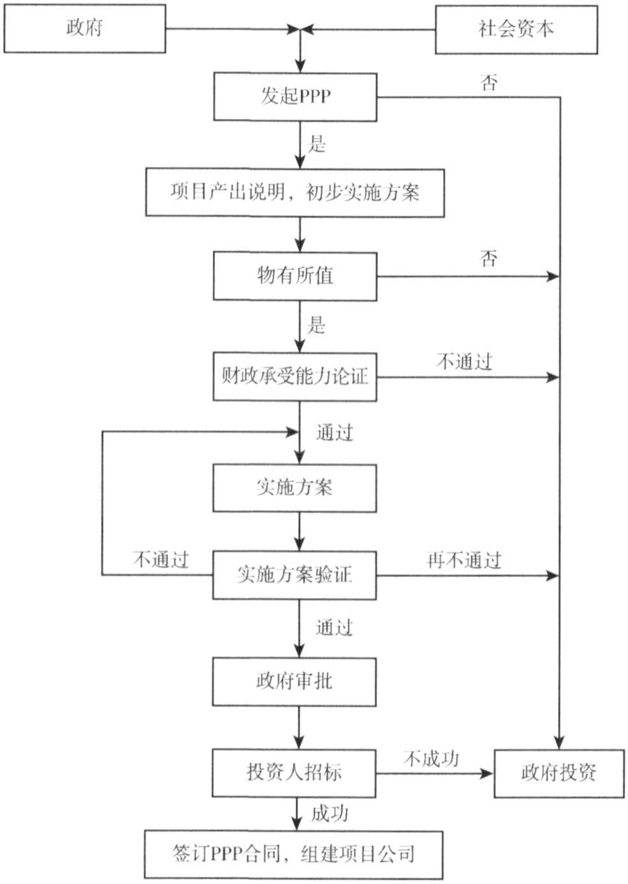

图 3－4　PPP 项目投资管理流程图

2. 参与方优势互补

（1）社会资本专业化水平高。社会资本实力较强、专业化水平高，中电建路桥集团具有投资、规划、设计、监理、施工、运营等能力，综合实力较强，有专业从事基础设施业务的资源整合平台、资本创新平台、业务协同平台，资产总额与经营规模较大，是全球城市、区域基础设施一体化服务商和综合型建筑企业集团。主要从事国内外高速公路、市政、铁路、轨道交通、桥梁隧道、城市综合体开发、航道、地下综合管廊以及生态水环境治理、环境保护等项目投资建设运营等，项目开发经验较丰富。

浦东银行北京分行在北京设立了 36 家营业网点，全面办理单位和个人本外币存款、贷款，代理发行金融债券和政府债券、代理收付款项及代理保险等各项金融业务，积极支持交通、水利、建筑领域的优秀企业、技术实力强的高新科技企业、综合实力强的上市公司等的发展。两者在各自领域里有较强的实力，专业化水平高。

（2）社会责任感强且文化相融。社会资本注重社会责任、文化相融，两者企业发展及文化中都强调提供优质服务，相关合作方共赢，注重社会责任，中电建路桥集团的企业愿景是源于江河，融入世界，以建造比人的生命更长久的建筑艺术为企业使命，以打造创新型、服务型、综合型世界一流大型企业集团为目标，为国内外各地建设精品工程，为股东及合作各方创造收益，为社会创造价值，为客户提供优质服务。具备产融结合和打通资本市场的能力，同时，具有契约精神。

上海浦东发展银行股份有限公司的核心价值观是笃守诚信，创造卓越，践行社会责任，打造企业公民，浦东银行的企业社会责任观是依托专业优势，形成责任竞争力，主动承担经济社会责任，致力于自身和利益相关方共同发展。

（3）开拓资源且寻求合作。两者努力开拓资源，积极参与竞标，创新合作模式，联合提升中标成功能力。发挥主业多元的跨界优势，在确保施工履约的基础上，增强 PPP 产投联动和运营管理能力，主动由生产者向经营者、开发商向运营商转变。

立足所属行业和领域，紧密围绕自身发展战略和规划，充分考虑自身财务资源和业务能力，发挥自身具有的品牌、资金、研发、技术、运营、规模、管理、人才等优势，单依靠自身力量不足以承接或执行项目时，纵横联合，组建优势互补的联合体，提升整体综合实力，才能与参与运作的 PPP 项目所需要求相匹配。

3. 金融机构及时介入

郑州市第七辅道快速化工程 PPP 项目投资规模较大，项目估算总投资为 795 344 万元，引入了具备较大投融资能力和运营经验的社会资本方。浦东银行北京分行资金体量大，风控水平、管理水平较为成熟，能够较好地控制融资风险，从风险决定价格方面来衡量，降低了融资价格水平，有能力支持大型 PPP 项目融资。在此项目中浦东银行北京分行提供了安全、稳定的金融服务，引入银行资金支持了项目的可持续运作，为项目提供了较好的信贷融资支持，设计了较严谨的信用结构，对现金流进行合理的分析。

由于浦东银行北京分行自身实力足够，提前介入并联合中电建路桥集团做好项目建设策划、融资方案设计、融资风险控制等工作，积极沟通和协同，落实好合作条件和融资方案，同时，有效缓解工程资本等企业参与方的投资压力。郑州市107辅道快速化工程PPP项目正式签约之后，投融资到位，顺利开始建设，到2016年底，项目已经完成投资11亿元。

4. 控制合理的内部收益率

郑州市107辅道快速化工程PPP项目为政府付费项目，政府付费来源于财政性资金，为有效控制该项目的总投资，项目投资控制管理相关部门下发了《郑州市107辅道快速化工程投资控制管理办法》，并在项目实施方案中将项目全部建设成本确定原则作为项目附件。附件规定了项目全部建设成本，包括建筑安装工程费、工程建设其他费用和建设期利息等各项具体内容及确定的方法、原则。

合理的内部收益率是PPP项目的关键，关系到政府和社会资本方双方的利益，合作各方应按照补偿成本、合理收益、节约资源的原则确定合理的内部收益率，加强投资成本和运营维护成本的分析，防止政府随意确定较低的项目收益率损害社会资本合理收益，同时，避免社会资本获得与服务水平不匹配的较高收益。

项目内部收益率，应与同类或类似项目、与同期及中长期银行贷款利率、风险水平等进行比较，考虑项目自身在市场上的吸引力、社会资本响应程度、竞争情况，项目的合作期限等实际情况，参考同期行业投资的平均水平，做好充分的市场测试工作。郑州市第七辅道快速化工程PPP项目的运作，项目的税前全投资内部收益率是7.8%左右，随着利率下降，市场情况变化，有所调整，符合PPP项目适当收益的要求。

郑州城建集团投资有限公司参与郑州市第七辅道快速化工程PPP项目的运行，项目公司由社会资本联合体和郑州城建集团投资有限公司共同组建，郑州市政府与社会资本共同承担财务管理风险，社会资本主要负责筹集项目建设费用，要求社会资本方加强成本控制，确保项目质量，从而获得合理收益。拆迁费用由政府方承担，负责项目用地选址、拆迁安置补偿等工作。在建设期，政府将土地分批次无偿提供其建设。确保社会资本发挥自身专业优势和实力，为社会资本获得合理的投资回报以及项目的社会公共利益提供保障。

（七）郑州市107辅道快速化工程PPP项目运作存在的主要问题

1. 绩效考核和监管有待加强

郑州市第七辅道快速化工程PPP项目要求运营维护必须符合相关法律法规

和行业规范。对绩效考核体系进行了规定，包括可用性绩效服务考核、运维绩效服务考核，并对可用性绩效服务考核和运维绩效服务考核进行了一定程度的细分。绩效考核的结果关系到政府绩效付费，财政部相关文件已经对按效付费机制提出了要求：通过政府付费获得回报的，须建立在按效付费机制之上。政府付费在项目合作期内要连续、平滑财政支付，不能导致某一时期内财政支出压力激增，同时，项目建设成本必须参与绩效考核，建设成本 30% 以上必须与绩效考核结果挂钩，政府支出责任不能固化不动。

项目建设期绩效考核不能简单同于竣工验收，郑州市第七辅道快速化工程 PPP 项目由项目公司主导负责项目的建设和运营，政府方对照实施方案或 PPP 合同中约定的考核标准，只是基于合同履行所进行的技术性质的考核与评价，方法简单，系统性不足。郑州市第七辅道快速化工程 PPP 项目的专业性和复杂性对开展 PPP 绩效评价能力提出了更高的要求。目前尚未形成系统的、对 PPP 项目全生命周期的绩效评价规范，也没有针对 PPP 项目绩效考核组织实施、共性指标、结果运用等制定相应的实施细则，建立科学、合理、可操作又符合项目实际情况的绩效考核管理体系仍是郑州市 107 辅道快速化工程 PPP 项目的一个问题。

项目绩效考核体系涉及诸多的利益相关方，关系到政府、社会资本和社会公众之间的利益平衡关系以及项目的社会效益最大化。重建设绩效考核更要重运营绩效考核，PPP 项目按绩效付费机制偏向结果导向，与运营绩效更紧密挂钩，做好运营绩效考核是项目稳定运行的关键因素之一。

对项目质量与效益的监督管理需进一步加强，郑州市 107 辅道快速化工程 PPP 项目比传统项目多了项目准备、物有所值评价、财政承受能力论证，实施方案的编制及审批、项目采购、社会资本投标等环节，有其特殊性，参与方在 PPP 项目中存在质量功能与项目收益的博弈，因此，监管需进一步加强。

郑州市 107 辅道快速化工程 PPP 项目实施过程中进行多重监督监管机制，包括履约监管、行政监管和公众监督，起到了一定的监督管理作用，但项目的实施过程中，政府既是 PPP 项目的参与者、监管者，又是相关政策的制定者，社会资本方更注重项目的收益率，在这种情况下，项目需要更有力度的监督管理，对项目建设及运维的质量和效率应有更有力的监督管理。

2. 项目信息化管理比较薄弱

目前，由于 PPP 项目的复杂性，信息化管理包括档案管理的信息化、投资分析的信息化、融资情况的信息化、财务分析的信息化、规划设计的信息化、建设过程管理的信息化、运营维护管理的信息化、设备采购的信息化、项目成本控制的信息化、合同管理的信息化等。

郑州市 107 辅道快速化工程 PPP 项目建设运维时间较长，每一环节都需要相应的管理，信息传递的速度有待提高，所传递的信息需要有较高的准确性，关系到市政道路工程的质量和效率。因参与方较多，管理内容复杂，项目的动态信息更应及时有效的进行传递，提高市政道路工程的透明度，提高工作效率，确保市政道路工程的效益，必须有一整套信息管理系统，保证对市政道路建设、运维进行有效的信息化管理，从而提高郑州市第七辅道快速化工程的使用价值，对于郑州市 107 辅道快速化工程 PPP 项目，目前的信息化管理相对比较薄弱，还没有一整套、全过程的信息化管理机制和系统，没有达到更高的运作效率。

3. 项目风险管理亟待加强

郑州市 107 辅道快速化工程 PPP 项目在建设过程中存在多主体的现象，在运营维护过程中由于投资回收周期长，需要建立完善的风险识别、风险控制体系，采取更有效的措施进行风险控制，出现风险时，能及时有效应对。PPP 项目的运作是从项目识别与准备到建设、运营维护直至项目合作期满的移交，环节较多、一个环节接一环节，其中某一个环节出现这样那样的问题，比如，建设期的突发情况、安全事故、运营维护不达标、参与方出现纠纷等，会给项目带来不同程度的风险。

郑州市 107 辅道快速化工程 PPP 项目运作有多个不同阶段，包括前期项目识别与准备中对项目的发起、物有所值评价、财政承受能力论证、管理架构组建、推广宣传，对社会资本方的招标，与金融机构协商确定融资成本，谈判与合同签署、对项目的设计建设规划，运营维护管理等。项目有规划、建设、运维等不同阶段，其面临的风险也具有阶段性，厘清该项目的每一重点阶段，及每一阶段的目标及关键影响因素，分阶段的项目风险管理能力有待加强。

项目每一环节的管理比较复杂，有较多不确定因素对项目运作产生影响。不确定因素可以分为宏观影响因素和微观影响因素两个方面，宏观影响因素有与国家发展宏观环境相关的政治、经济、社会、法律、环境等方面的因素，微观影响因素有与项目质量与效益相关的投资、融资、管理、成本、收益、人员等因素。在项目全生命周期内，不确定因素存在使项目面临着政府风险、市场风险、收益不合理等较多潜在风险，导致项目建设运维的实际情况与预期效果有偏差。项目运作过程中，以政府、工程资本、银行、原材料供应商为主的参与方众多，项目运作持续时间较长，任何一个参与方都不愿意独立承担所有风险。由于政府的参与，参与的各社会资本方对项目的风险会有放松的趋势，抱有政府兜底的想法，政府承担较大风险又失去了 PPP 项目的意义，所以，项目风险管理亟待加强。

4. 项目管理团队有待完备

郑州市 107 辅道快速化工程 PPP 项目从识别到现在逐步转向运维阶段，对人才的需求一直很大，缺乏相关优质的专业人才及中介服务机构，在项目运作过程中，需要专业人才针对项目投融资管理、项目建设运维管理、项目风险管理、项目合同管理等关键环节事项，结合项目内外部实际情况，协调政府与社会资本的权利与义务，项目进展情况、达到提升 PPP 项目成效的目的。

由于项目外部环境和机制建设还不是完全成熟，参与方较多、涉及行业领域广泛、项目周期较长、专业复杂、投资额较大、交易结构复杂、市场前景难以准确把握。同时，它的操作复杂，涉及招标、谈判、合同、法律、融资、管理等众多实操程序，更需要懂得金融、财务、公司管理、合同管理、法律、专业技术、项目管理等方面的专业人才，人才不够专业、管理经验不足，对项目高质量、高效率运作产生一定的影响。在 PPP 项目运作缺少很多可复制的成功经验，政府方和社会资本方不完全具有项目全生命周期管理的娴熟经验和复合型人才的情形之下，更需要引进和培训更优质的人才，以及借助专业优质的第三方中介服务机构为项目全生命周期的规范高效运作提供专业、可靠的服务。

（八）郑州市 107 辅道快速化工程 PPP 项目实施进展

郑州市 107 辅道快速化工程是郑州市区大“环形 + 井字”交通快速路网中最东的一环，设计为高架桥加隧道形式，其中隧道段因要跨越地铁 1 号线施工难度很大。自 2023 年 2 月开工以来进展顺利，隧道段预计将在 2024 年 7 月完成，高架桥部分有望在 2023 年 11 月底具备通车条件。据 107 辅道快速化工程第七标段的项目经理陈世军介绍：“正在建设的 107 辅道快速化工程金水路到商都路段主线略向东设置为双向八车道的地下隧道是这个标段也是整个工程最具难度的一段，要穿越地铁 1 号线，因为地铁 1 号线目前正在运营中，所以施工中保障地铁 1 号线的运营安全成了头等大事。”电建路桥集团华中分公司副总经理武建平表示：“到目前为止，107 辅道建设的基础部分基本上已经完成了 70% –80%，下部结构也都在有序推进，很快就进入到上部结构的施工，总的目标是在 2023 年 11 月底高架桥这部分主线通车”。

三、思考题

1. 试分析我国基础设施建设 PPP 模式的发展历程？

2. 政府在基础设施建设 PPP 模式中发挥的作用主要有哪些？

3. 财政部门、浦东银行北京分行、中电建路桥集团及合资公司各自职能定位的划分依据是什么？

4. 对该 PPP 项目中存在的问题的原因进行分析？

5. 尝试提出进一步完善 PPP 项目的建议？

参考文献

[1] 李璐. Z 市第七辅道快速化工程 PPP 项目案例研究 [D]. 郑州：郑州大学，2018.

[2] 申国彦. 我国城市基础设施领域运用 PPP 模式研究 [D]. 郑州：郑州大学，2016.

[3] 吴勇军. 河南 PPP 模式全国领先项目建设步入快车道 [J]. 中州建设，2016 (13)：8.

[4] 曹培基. 郑州市 107 辅道快速化工程 PPP 模式的风险评价研究 [D]. 郑州：郑州大学，2020.

[5] 河南省郑州市 107 辅道快速化工程 PPP 项目，http：//www. cpppf. org/content/details_69_1822. html.

案例说明书

一、课前准备

本案例要求学生提前阅读案例正文，并学习政府投资性支出、PPP 模式、财政投融资制度以及政府与企业的关系等相关专业知识，认真思考案例后的思考题。

二、课堂安排

1. 学生熟悉案例背景：结合课前预习的相关理论知识总结提炼案例的基本要点和关键问题，并结合案例后面的思考题进行讨论。此项安排时间大约20分钟。

2. 教师组织进行讨论：围绕案例后面的思考题，安排学生进行分组讨论，每个小组确定一个核心讨论问题。具体思路按照："是什么（what）"—"为什么（why）"—"怎么样（how）"的线索展开。要求每组学生完成以下工作：首先，针对五个问题进行描述，对涉及的基本专业知识进行简要介绍；其次，结合实践进行理论分析，分析基础设施建设投资PPP项目运作的几个核心关键问题；最后，学生针对案例中该项目存在的问题进行探讨，提出相关的政策主张或建议。此项安排时间大约45分钟。

3. 教师进行评价和点评：对PPP模式中的财税政策进行梳理，并归纳总结小组讨论的共识，提出继续思考的问题。此项安排时间大约20分钟。

三、教学目标

1. 通过学习该案例，熟悉地方政府投资性支出的方式和特点。
2. 对财政投融资运作机制有较为清晰的认识。
3. 明晰地方政府开展PPP项目的过程。
4. 正确认识市场经济下政府的职能范围，以及与投融资方式的多元化。

四、思政元素

1. 学习该项目案例可以体现社会主义核心价值观中的公平正义和共同富裕。这个项目旨在改善交通状况、提高城市基础设施，使市民出行更加便捷。通过引入PPP（政府与社会资本合作）模式，实现了政府资源与社会资本的合理配置，促进了城市发展和公共服务的均衡。在该项目中，政府部门与私营企业合作，在资金和资源上形成共同投入，推动道路建设。这种合作关系体现了社会主义核心价值观中的公平正义。政府和社会资本共同承担风险和收益，确保资源的公平分配和社会效益的最大化。通过公平的资源调配，项目不仅改善了道路条件，提升了交通流动性，还为市民提供了更加便利的出行环境，实现了公平和公共利益的统一。

2. 学习该项目案例有助于培养可持续发展观念。这个项目不仅关注短期的经济效益，还重视长期的环境保护、资源节约和社会效益。通过学习该项目案例，学生可以了解到可持续发展观念在城市规划与建设中的重要性。他们将认识到经济的快速发展必须与环境保护和社会效益相结合，以确保未来的可持续发展。培养学生的可持续发展观念，使他们在未来的实践中注重资源的合理利用、环境的保护和社会的福祉。

五、要点分析

1. PPP 的概述

PPP 即 Public-Private Partnership 首字母的缩写，通常译为“政府与社会资本合作”，是在公共基础设施建设中发展起来的一种以各参与方的“双赢”或“多赢”为合作理念的现代融资模式。它是指政府与私人组织之间，为了合作建设某些基础设施项目，或是为了提供某种公共产品和服务，以特许协议为基础，彼此之间形成的一种伙伴式的合作关系，并通过签署合同来明确双方的权利和义务，以确保合作的顺利完成。积极探索并推广使用 PPP 模式，允许社会资本通过特许经营等方式参与基础设施投资，有助于大幅度减少政府对资源的直接配置，建立透明规范的建设投融资机制。PPP 本身是一个意义非常宽泛的概念，最大的优点在于将市场机制引入基础设施的投融资领域。

PPP 模式不是一种固定的模式，而是包含 BOT 等多种操作形式：（1）BOT（Build-Operate-Transfer），意即“建设—经营—转让”，是指政府将一些拟建的基础设施项目通过招商转让给某一财团或公司，由其组建一个项目经营公司进行建设经营，并在双方协定的一定时期内，由该项目公司通过经营该项目偿还债务，收回投资，协议期满，该项目产权转让给政府。（2）TOT（Transfer-Operate-Transfer），即“转让—经营—转让”，是指委托方（政府）与被委托方（外商或私人企业）签订协议，规定委托方将已经建成投产运营的基础设施项目转让给被委托方在一定期限内进行经营，委托方凭借所转让的基础设施项目的未来若干年的收益，一次性地从被委托方那里融到一笔资金，再将这笔资金用于新的基础设施项目的建设。（3）ABS（Asset—Backed Securitization），即以资产为支持的证券化，是指以项目所属的资产为基础，以该项目资产所能带来的预期收益为保证，通过在资本市场上发行高档证券来募集资金的一种项目融资方式。（4）BOT 模式的变异。近年来，由于基础设施种类、投融资回报方式、项目财产权利形态的不同，BOT 模式出现了不同的变异模式，如 BOOT（建设—拥有—经营—转让）模式、BTO（建设—转让—经营）模式、BOO（建设—拥有—经营）模式、DBOT（设计—建设—经营—转让）模式、BLT（建设—租赁—转让）模式等。

2. 项目财务管理难度大

政府与社会资本对参与 PPP 项目期望达到的目的不完全一致，政府方主要的目的是在项目推动建设前期，投入财政资金较少的情况下，拉长项目整体支付，同时保证项目的建设速度、质量，提高市政道路的社会效益和服务效率。社会资本参与方的目的是提供自身的服务，确保收回投资、获得合理的收益。两者之间财务目标存在一定的差异，使项目公司财务管理中容易出现问题，因为投资建设资金收回较慢，项目资金管理精细化、财务预算管理、会计核算、内部控制制度要求高，项目财务管理难度较大。

对郑州市第七辅道快速化工程 PPP 项目运营维护成本控制能力有待提高，项目总成本包括建设安装工程成本、工程建设其他成本、运营维护成本、融资成本、税费等成本要素。项目成本是关系政府支出费用多少、社会资本投资回报高低的关键因素。郑州市第七辅道快速化工程 PPP 项目成本要素是动态不断变化的，项目投资从市场测试估算、设计概算、施工预算、招标控制价格、合同定价、竣工决算等不同阶段是一个动态变化过程，项目周期长，税费会随着收入的变化以及国家税收政策的变化而变动，因此，项目成本控制始终贯穿项目生命周期的每一个阶段，并且是动态变化的，项目成本控制的好坏是关系到各参与方利益的关键环节，在长期的运营维护阶段，成本管理要求更高。

3. 项目周期长，风险较大

实际中，郑州市第七辅道快速化工程 PPP 项目面临着政治风险、合约风险、项目管理风险、成本控制风险、税务风险、项目安全风险、社会资本轻运营管理等风险。

社会资本方在项目运行中可能遭遇到政治风险，由于 PPP 项目的周期长，国家或地方政府政策的稳定性和持续性对项目的可持续运作尤为重要。政治风险就是国家政策调整、政府战略规划变化、相关制度的变更、宏观经济发展环境变化、战争等给 PPP 项目带来损失的风险，威胁到社会资本方的利益，政治风险是社会资本参与方必须考虑的重要风险因素。政治风险发生的概率很低却是影响项目可持续运作的最大风险。如果地方政府更替或政策调整，或以行政手段调整变更 PPP 合作有关内容，可能影响原有 PPP 项目合作运作的连贯性及持续性，影响 PPP 项目顺利有效运行。

合约风险，也称为合同风险，其主要影响因素有道德、不履约、不完全履约、合同内容不完整等。政府与社会资本参与方之间相互博弈、绩效考核度量的困难、制度环境不成熟等原因导致合约风险。

道德方面的风险，一方面是主要有政府以外的参与方以项目收益为重点，对基础设施项目本身的质量和公益性不是特别关心，与合同签订的初衷不一致，会影响项目的建设质量，没能达到社会效益最大化，不能给社会公众提供更优质的基础设施。另一方面是政府方没能按照合同合理给社会资本方项目收益。

合同履约方面的风险，政府部门或企业参与方没能依照合同签订内容承担相应的义务，投机取巧，选择部分履行合同约定内容，使项目进展过程中受到阻碍。郑州市第七辅道快速化工程 PPP 项目合作期限是 13.5 年，在这长期的项目运作过程中，众多的参与方中，其中一方违约或因故没能够遵守合同约定事项，就会给项目的正常运行带来不利影响，造成各方的损失或项目灾害。合同履约因素是影响项目正常运作的负面因素。

合同内容不完整方面的风险，是对于各参与方责任权利、运营维护方式、回报机制、绩效考核内容及体系等容易产生分歧与漏洞的关键环节，合同签订内容没有对其进行清晰的、合理的界定和说明，这给项目造成极大隐患。郑州市第七辅道快速化工程 PPP 项目是政府与企业参与方在签订合同之上建立的相互合作关系，项目的合同体系较庞大复杂，其合同体系包括 PPP 项目合同、合资合同、融资合同、建筑安装工程承包合同、运营服务合同、设备及原材料供应合同、保险合同以及与专业中介服务机构签订的法律、技术、税务等方面的服务合同。在这些合同条款签订过程中，涉及合同的谈判、协商、签订、管控、修正、生效执行以及合同终止等多个环节，其中一个关键环节合同条款不明确或有漏洞，容易使项目在运作过程中发生争议或纠纷，且没有应对解决争议纠纷的依据。合同内容不完整方面的风险是项目公司治理中需特别注意的一个重要问题。

项目管理风险，是项目公司在经营管理过程中，由于公司管理能力不强，供应设备及原材料没能按时、建设运维成本上升、工程质量或技术不符合标准、劳资产生纠纷等使项目运作受到阻碍。专业技术能力强、具有财务、法律、管理等知识的综合性的人才是项目更好运作管理的主要保障，项目管理风险部分来自缺少优秀的项目管理人才，管理水平与项目不匹配或者某一关键环节的管理水平欠缺，阻碍项目的经营管理效率，影响市政道路的服务质量。

成本控制方面的风险，成本控制渗透到前期规划、投融资、项目开发、工程建设、运营及维护等每一具体环节，PPP 项目采用风险分担机制，工程设计、基础设施建设、后期运营维护等工作风险一般由社会资本方承担，外部环境改变或内部成本管理方面出现问题，比如材料及人力成本变动、利率变动等，企业参与方会面临严重的成本超支的风险。

案例 2　PPP 投融资模式在公共服务中的应用
——赣州市某养老院为例

一、背景简介

当前，我国人口老龄化形势严峻，2022 年养老产业市场规模预计突破 10.2 万亿元，养老服务需求不断扩展。从供给角度来看，“夕阳红经济”总体上还存在诸多问题，例如城乡发展不平衡、产品和服务的供给有待提升等，人们日益增长的幸福需求还没有得到满足。为进一步应对人口老龄化带来的变化，赣州市章贡区人民政府决定从顶层设计上对养老体系作出效益最大化的调整，采取 PPP 模式建设和运营赣州市某养老项目，引进社会投资人，期望发挥各方优势，最终形成居家、社区和机构相统一，医养、康养相协调的养老体系，通过 PPP 项目运作切实提高老年群众的幸福感。

二、案例概况

（一）项目建设内容

本项目包括新建项目、改建项目及已建项目共计 72 个，新建项目采用 BOT 的运作方式，其余项目采用 ROT 的运作方式，建设总规模超过 50 000m^2，项目主要经济技术指标如表 3 -3 所示。不仅包括基本生活服务用房、娱乐用房，也覆盖了保健康复基地、医护工作人员培训基地等医疗服务设施等，建设内容广泛。

表 3－3　　主要经济技术指标

项目性质	新建	改建	已建	合计
网点数量（个）	10	59	3	72
建筑面积（平方米）	7 120	42 312. 14	1 086	50 518. 14

资料来源：财政部 PPP 项目库。

（二）项目 PPP 模式的运作

1. 交易结构

项目涉及的主体不拘泥于政府或国有企业，PPP 项目基本运行框架如图 3－5 所示，主体众多，私人部门也参与其中发挥其特有优势。

在 PPP 模式的框架下，由区政府的指导引入市场机制，通过竞争性磋商的方式，选出社会资本方代表——江西鹭溪农业发展有限公司，由赣州市场建设综合开发有限公司及社会资本方合作组建项目公司——江西添福养老服务有限公司，项目公司作为实施主体，在特许经营期 15 年内拥有项目产权，发挥社会资本方的优势，利用其管理能力和经验，负责所有项目的实施设计、投融资、建设、运营、管理和移交，建设完成后，有权对项目进行独占性经营并获取由此产生的运营收益。区老龄办则履行好政府部门的职责和角色，负责在合作期内对项目的各项工作进行监督管理，包括工程建设质量、项目提供的产品和服务质量等方面。在合作期满后，项目公司将全部项目内容移交给区人民政府。政府和社会资本在 PPP 框架下互信合作，在项目的建设和运营过程中发挥各自的优势，实现政府、社会资本和社会公众的多方共赢。

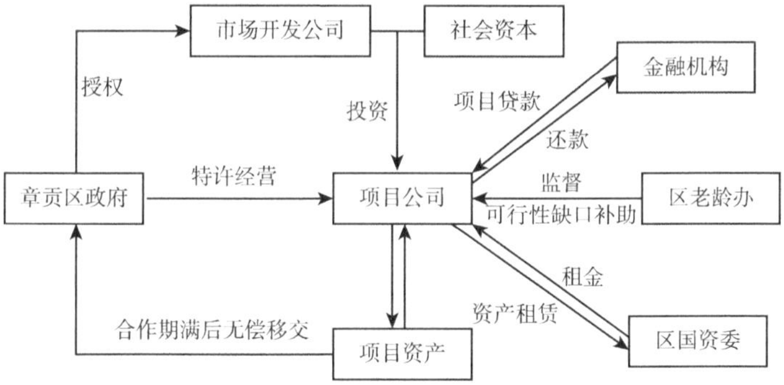

图 3－5　PPP 项目运行架构图

2. 资金筹措

本项目投资额共计 1.6 亿元，其中，企业自筹 3 200 万元，占投资额的两成。申请国开行贷款共计 12 800 万元，占投资额的八成。

（1）引入产业基金

项目引入了国开发展基金，以增资方式进入项目公司，是真实股权性投资，并作出了合理的退出安排，国开发展基金的退出与项目贷款的要求匹配良好。

（2）获得稳定的中长期债务融资

国家开发银行对本项目进行了长期贷款支持，贷款期限 15 年，展期 3 年，在五年期基准贷款利率的基础上上浮 10%，即 5.39%，项目公司的盈利能力能够满足还本付息要求。

3. 回报机制

养老服务项目的定价一般不高，这就导致了社会资本通过运营获取的收益可能无法承担项目的建设和运营支出，因此本项目在回报机制的选择上，采用了使用者付费、政府补助和可行性缺口补助三者相结合的方式，使项目具备了操作上的可行性，使项目公司能够获得合理稳定的回报。

（1）使用者付费

本项目的使用者付费部分主要包括日常看护、康复保健、文旅建设、社区服务四部分，付费的标准和方法采取市场原则进行有偿支付。例如，在文旅建设方面，有文化展览活动、夕阳红旅游团等；在康复保健方面，做好大健康管理、康复保健项目等。

（2）政府基本补助

本项目的政府基本补助是指在合作期限内，项目公司按照政府批准的补助标准向区老龄办申请政府基本补助，用于补贴日常运行管理。例如，组织开展各种有益身心健康的娱乐健身活动和健康知识讲座；提供卫生保健服务、量血压、健康咨询等。

（3）政府民生补贴

本项目的政府民生补贴是指在合作期限内，按照政府民生补贴标准，区老龄办对项目覆盖范围内的居家重点老年对象，发放一定数额的指定消费范围的消费券，可以用来向项目公司购买特定的产品或服务项目，项目公司收到消费券后，依照合同约定，可以向区老龄办等额兑现补贴实际进行消费的消费券总额。

（4）其他运营补贴

本项目的其他运营补贴是指政府在合作期限内，除去政府基本补助、政府民生补贴之外，政府为保护社会资本进入的积极性、保证社会资本获取合理收益，还需对项目公司进行可行性缺口补偿。补助的发放依据是PPP项目的合同规定的标准、时间和方式。

4. 项目公司运营

项目坚持政府主导、市场运作。自项目公司成立以来，日均照料老人五百余人次，日均提供助餐六百余人次；网点有阅览室、象棋室、老年大学、活动室等多种服务区，除了生活日常照料的养老服务之外，老年人对医疗健康服务等需求同样迫切，本项目在运营上提前规划布局，增强项目中心的专业性，兼顾文化、医疗、旅游等多个幸福产业领域，已建成医养结合式养老中心，提供一体化综合服务，不仅提供家政服务，还覆盖健康理疗服务、组织休闲旅游、定期举办医疗健康讲座等各种适合老年人的健康活动；提高信息化便捷化水平，建立老人信息库，完善基础信息录入，对老人的健康状况定期进行比对分析，进行针对性健康管理，对特殊群体进行重点保障；吸引优质人才加入行业队伍，每个服务中心由三人组建专业的保障队伍，推进职业化建设，培训养老护理员、老年社会工作者，组织负责人进行轮训；为利用现有资源，整合社区平台，辐射周边地区，该项目中心还开放了社区厨房助餐服务，附近街道居民也可以来消费使用。随着项目的不断运行，受到了使用者和社会层面的广泛好评。

5. 监管方式

（1）项目全过程监管机制

PPP模式需要政府转换角色，由以前的“经营者”变为现在的“监管者”，在项目中要真正发挥好应尽的监管职责。加强对项目全生命周期的监管，以“区老龄办”为主导，各行业主管部门不仅要把重点放在短期工程建设质量上，还要把重点放在运营期间的服务质量标准制定和实施上，对运营质量严格考核，以有效地检验服务的水平和成效；同时，项目建立了一个定期的评估机制，每两年进行一次全面评估，对项目的服务、管理和财务表现等方面进行综合评价，促进社会资本对项目管理严抓落实，提升效率；同时，要进一步加大对消费者和市民的宣传力度，引导社会大众参与到项目的监督中来，增强监督意识，提高参与监督的积极性，发挥自己的权利；加强信息化平台建设，需要公开的信息及时进行披露，形成全社会共同监督的合力。同时，进一步加强投诉建议反馈机制，对于反映的问题及时解决，让每一个人的心声落到实处。

（2）健全基于绩效的支付机制

项目公司出于对绩效公正性的考虑，委托专业的中介咨询机构，对项目实施机构、财政部门、服务使用者等多方参与的评价体系进行了创新设计，并充分征求行业主管部门的意见，对项目的绩效目标实现度、工作程序、运营管理水平、资金运用情况、公众满意程度等进行绩效评价，评分标准明确详细。绩效评价结果公开透明，接受社会公众的监督建议。根据合同约定，落实根据绩效评价结果付费的支付，对价格或补贴等进行调整，避免过度考核损害项目公司的积极性，完善绩效激励和惩罚机制，激励社会资本通过效率运营、技术创新、管理创新等方式提升综合服务能力，实现绩效考核与 PPP 模式推行的初衷。

（三）项目营收情况

如表 3 - 4 所示，从绝对数量上来看，项目营业收入增长速度大于成本增长速度，项目从第 4 期起运营状态平稳，利润的空间得到保障，是良性发展的表现。

随着项目的运营，项目的未分配利润从第 4 期开始基本呈上升趋势，项目的累计未分配利润在第 7 期开始不断增长，表明项目具有较高的利润水平；此外，项目的累计净现金流量虽然在第 1—10 期之间是负值，但其数值呈上升趋势，在第 11 期由负值转为正值，并逐年上升，项目净现金流量情况如表 3 - 5 所示。

表 3 - 4　　项目营业收入与经营支出（万元）

指标	营业收入	经营支出	指标	营业收入	经营支出
第 1 期	33	112	第 9 期	5 251	4 228
第 2 期	297	774	第 10 期	5 401	4 324
第 3 期	653	1 389	第 11 期	6 373	4 845
第 4 期	1 101	2 025	第 12 期	6 570	4 963
第 5 期	2 173	2 591	第 13 期	7 482	5 088
第 6 期	2 663	2 926	第 14 期	7 726	5 548
第 7 期	3 597	3 389	第 15 期	6 184	5 700
第 8 期	4 385	3 778			

数据来源：财政部政府和社会资本合作中心。

表 3-5　　项目净现金流量及累计净现金流量

指标	净现金流量	累计净现金流量	指标	净现金流量	累计净现金流量
第 1 期	-1 579	-1 579	第 9 期	2 367	-2 898
第 2 期	-2 288	-3 867	第 10 期	2 449	-449
第 3 期	-9 154	-13 021	第 11 期	2 142	1 693
第 4 期	899	-12 122	第 12 期	2 243	3 936
第 5 期	1 627	-10 496	第 13 期	2 349	6 284
第 6 期	1 405	-9 091	第 14 期	2 833	9 118
第 7 期	1 700	-7 391	第 15 期	2 963	12 080
第 8 期	2 125	-5 266			

（四）项目绩效评价结论

根据该项目 2021 年运营期绩效评价报告所示。

1. 综合评价情况

（1）项目公司

根据 PPP 项目合同设定的评价指标体系，经绩效评价小组综合评价，具体得分情况如表 3-6。

表 3-6　　项目公司得分

指标类别	分值	得分
项目绩效指标及相关（运营管理一）	100	73.1
项目绩效指标及相关（运营管理二）	100	76.5

（2）实施机构

根据设定的评价指标体系，经绩效评价小组综合评分结果为 49.71 分，评价等级为“差”。具体得分情况如表 3-7。

表 3-7　　实施机构得分

指标	分值	得分	得分率
项目产出	30	17.27	57.57%
项目效益	20	13.5	67.5%
项目管理	50	18.94	37.88%
总分	100	49.71	49.71%

2. 评价结论

根据项目公司和实施机构提供的相关资料、现场核实、运营期绩效评分标准、相关责任人访谈及问卷调查等方式获取的项目信息反映：

总体上看，章贡区社区（村）居家养老服务中心 PPP 项目 2021 年运营期绩效评价结果仅部分养老服务中心能基本达到合同约定考核标准。主要存在项目实施机构未严格按合同履约、项目实施机构未制定监督管理制度、项目公司运营期资金不足、项目公司运营场地纠纷、项目公司养老服务中心部分基础设施不完善等问题，绩效结果与预期目标尚存一定差距。

三、思考题

1. 试分析运用财务净现值、内部收益率、投资回收期三个方面分析该案例的盈利能力。

2. 试分析该案例具有哪些成效，在项目运作上具有哪些可取之处。

3. 政府运用 PPP 投融资模式助力养老产业发展有哪些政策建议。

案例说明书

一、课前准备

本案例要求学生提前阅读案例正文，并学习政府投资性支出、政府投融资等相关专业知识，认真思考案例后的思考题。

二、课堂安排

1. 学生熟悉案例背景：结合课前预习的相关理论知识总结提炼案例的基本要点和关键问题，并结合案例后面的思考题进行讨论。此项安排时间大约 20 分钟。

2. 教师组织进行讨论：围绕案例后面的思考题，安排学生进行分组讨论，每个小组确定一个核心讨论问题。具体思路按照：“是什么（what）”—“为什么（why）”—“怎么样（how）”的线索展开。要求每组学生完成一下工作：

首先，对涉及的基本专业知识进行简要介绍；其次，结合实践进行理论分析，分析养老院PPP项目运作的几个核心关键问题；最后，学生针对案例中该项目存在的问题进行探讨。此项安排时间大约45分钟。

3. 教师进行评价和点评：对PPP模式中的财税政策进行梳理，并归纳总结小组讨论的共识，提出继续思考的问题。此项安排时间大约20分钟。

三、教学目标

1. 通过学习该案例，了解地方政府投融资的方式和特点。
2. 认识政府在社会保障问题上的作用。

四、思政元素

1. 该项目体现了社会主义核心价值观中的人民至上和共同富裕。养老院的建设旨在提供良好的养老服务，关注并满足老年人的生活需求。通过引入PPP模式，充分利用政府和社会资本的优势，确保资源的合理配置和公平分配，实现老年人的福祉最大化。

2. 学习该项目案例可以培养公民责任感。养老院是为了满足老年人基本生活和健康需求而建设的，参与者需要关注社会效益和公众利益。他们应当充分考虑养老院的质量、管理和服务水平，确保老年人得到安全、舒适和尊严的养老环境。这涉及关注弱势群体的福祉，表达对社会的关怀和担当，体现了公民的责任意识。

五、要点分析

1. 盈利能力分析

下面通过财务净现值、内部收益率、投资回收期三个方面，具体考察其财务效益。

（1）财务净现值的计算公式如（Ⅰ）所示：

$$NPV = \sum_{t=0}^{n} (CI - CO)_t \times (1 + i)^{-t} \tag{Ⅰ}$$

将第 i 年的净现值流量 $= CI - CO$，本文 i 取 6%，代入公式得：$NPV =$

2 772.09 万元，因此，税收财务净现值为 2 772.09 万元。

（2）内部收益率的计算公式如（Ⅱ）所示：

$$IRR = \sum_{t=0}^{n} (CI - CO)_t \times (1 + i)^{-t} \tag{Ⅱ}$$

将第 i 年的净现值流量 $= CI - CO$ 代入公式得：$IRR = 9.4\%$，因此，项目的内部收益率为 9.4%

（3）投资回收期的公式如下：

$$Pt = (\text{累计净现金流量出现正值的年数} - 1) + \frac{\text{上年累计净现金流量的绝对值}}{\text{当年的净现金流量的现值}}$$

表 3-4 显示，本项目的累计净现金流量在第 10 年为负数，在第 11 年转负为正。第 11 年的净现金流量为 2 142 万元，第 10 年累计净现金流量绝对值为 449 万元。

代入公式得项目的投资回收期为：$Pt = 11 - 1 + 2\ 449/2\ 142 = 10.21$ 年

综上所述，该项目的财务净现值大于零，说明该项目能够带来正的收益，具有一定的投资价值。由折现率为 6%，内部收益率为 9.4%，可以看出内部收益率大于折现率，满足项目基本收益率的条件，项目总体来说可以盈利。投资回收期为 10.21 年，小于 15 年的合作期，说明该 PPP 项目具有物有所值性，符合投资预期。

2. 该案例值得推广之处

（1）运作模式的创新性

本项目采用了 PPP 模式运作，政府以一部分股权投入，带动了更多的社会资金进入，既利用了市场机构的服务经验和市场化管理模式，又能够缓解财政资金压力，平滑政府财政支出。传统的幸福产业项目分为公益性和商业性项目两种，其中公益性的相关服务较为单一，缺乏统筹、高效的管理模式，分布数量少，辐射效应弱。商业性项目通常服务多元，但价格高昂，受众群体有限，PPP 的运作方式结合政府与私人部门的优势，是行业发展的一种创新。项目采用了竞争性磋商的方式，选择社会资本方——江西鹭溪农业发展有限公司，成立了项目公司——江西添福幸福产业服务有限公司，项目公司作为主体参与到市场机制中去，许多程序需要在市场的环境中完成，能激发社会资本的活力，促使市场机制在该产业的运作中发挥作用。

（2）降本增效提升公共服务

本项目要实现降本增效关键在于项目融资成本和延误成本的控制，为符合 PPP 项目的长期性资金平衡特点，本项目利用国开行的长期资金优势，获得了国开行合作期限内的长期贷款支持，既降低了融资成本，又与项目的长期合作性相匹配，解决了商业银行常规融资的资金错配问题。此外，社会资本在技术上和软实力上的比较优势效果显著，充分发挥社会资本的比较优势，有利于推动各种资本优势叠加，以提高项目的推进效率，不但保证建设质量，又注重后期的运行维护管理，保障群众的公益性需求，在运营期间采用了使用者付费的回报机制，提高幸福产业设施的使用率，保障了幸福产业的持续发展。优化项目的风险分担，有益于将融资、建设、运营和不可抗力等风险进行分配。

（3）项目运营的统一性

本项目从建设内容性质上体现了 PPP 项目的多样性和包容性，有新建、改建和存量项目共 72 个。建设分为了三个阶段，项目全部建设完成后，进行高层级的统筹协调运营，意在打造章贡区社区养老服务中心的统一运营、规范管理，有助于整个区域内养老工作的布点更加合理，资源得以合理分配，切实将养老工作落实到居民。项目运营后，运营效率和服务质量都得到了很好的提升，比起政府运营，项目公司的运营成本要低得多，比如第一个运营年度，政府只需要给项目公司提供 88.22 万元的资金，比政府自身投入人力、财力、物力运营大大节约，运营综合水平更优，切实提高人民群众的幸福感。

（4）绩效考评的严谨性

在 PPP 项目监管、绩效考评方面，一是在政府补助中设立了一项民生补贴，PPP 项目公司必须为其提供相应的产品和服务才能获取该补贴；二是完善《项目绩效考核指标及相关考核表》，每年的年中和年末，由政府根据“考核表”对各部门工作进行考评。如果通过，将会发放给项目公司的全部奖励，如果第一轮不合格，那么，公司将会被要求进行整改，如果还是无法通过，则有权自行或者委托第三方进行再次整改，造成的所有的风险和成本，都将由项目公司来承担，并扣除相应的补贴。严格的绩效考核制度，保证了社会福利的最大化。

从以上经验来看，在 PPP 模式下，政府方和私人部门共同发展幸福产业，在投融资成效及关键环节上都取得了不错的成绩，项目的优秀经验具有普遍性和可推广性，纵观全国幸福产业项目，普遍存在资金短缺、绩效考评不合理、运作模式单一等情况，在很大程度制约了幸福产业的发展繁荣。而这又涉及了幸福产业发展模式的问题，地方政府需要转变定位，发挥 PPP 模式优势，推动幸福产业的发展。

案例 3　象湖之畔　飞鸟振翅
——河南省科学技术馆

一、背景简介

2019 年 9 月 16 日—18 日，习近平总书记视察河南时指出，要把创新摆在发展全局的突出位置，再次阐明“创新”在经济社会发展中的“第一动力”地位。2020 年 12 月 27 日—28 日河南省委十届十二次全会暨省委经济工作会议强调，打造中西部创新高地。

河南省科技馆便是乘着历史进程中“创新”的东风快速发展建设。河南省科技馆新馆建设是河南省委省政府高度重视的一项重大惠民工程，是传播科学技术、提升公民科学素质、拓展青少年科学教育实践的一项重大公益项目，总建筑面积约 13.04 万平方米，总投资估算为 20.37 亿元，它是河南省有史以来规模最大、投资最多的公益性投资项目，也是国内在建最大的科技馆，且在全球科技馆中位居前列。

二、案例概况

（一）项目概况

河南省科技馆新馆建设项目选址位于郑州市郑东新区白沙园区象湖湖畔（金水大道以北，锦绣路以东，象湖以西），规划用地面积 134.4 亩，建设用地面积 81.68 亩。秉承“具备国际视野，彰显中国气质，富有河南特色，符合大众审美”的建设理念，以“国际一流、国内领先”为建馆目标，坚持“适用、经济、绿色、美观”的建筑方针，着力打造立足河南、服务中原、辐射全国的特大型、智能化、智慧型科技馆，使其成为中部地区重要的科学传播中心，提升公众科学素质的科普教育基地，激发青少年科学兴趣的创新实践基地，促进创新型河南建设的科技交流基地，打造成为河南省会郑州的新地标和科技文化休闲的5A级旅游景区。

河南省科技馆新馆主要由常设展区、临时展区、创新教育区、科技交流区、少儿科学园区、特效影院区、室外科学广场等部分组成。此外，在功能区规划方面，探索与自然馆、天文馆的功能复合。河南省科技馆新馆坚持“启迪智慧，共享科学，助力创新，成就梦想”的展教理念，突出“智慧·创新·梦想”的展教主题，在常设展区展厅设计上，打造河南的特色和亮点，在展品设计上突出探究性、互动性、体验性和启迪性，充分发挥展品的展教功能，使省科技馆新馆在功能方面成为集科学传播、科普教育、创新实践、科技交流为一体的公益性科学文化设施，满足广大公众探知科学原理，感受科学魅力，激发创新火花，启迪科学思维的多元化需求。

此次中标的河南省科技馆新馆设计方案名为云极天下——科技云·太极魂，由机械工业第六设计研究院有限公司与澳大利亚PTW组建联合体共同完成设计。其设计立意来源于道家图腾——太极图，形态设计充分融入这一重要传统文化元素，建筑形态由一个圆形演变为两片环状，坐落在三轴合一的绿坡之上，演绎出“道生一、一生二、二生三、三生万物”的设计理念。

河南省科技馆新馆设计创意由太极旋转的曲线融入圆环中，形成莫比乌斯环。太极图的无穷奥秘象征中原大地厚重文化源远流长、博大精深，莫比乌斯环的神奇美妙象征中原大地科技创新永无止境、越来越好，其外立面肌理表皮设计表达黄河之水天上来的寓意，实现了文化元素、科技元素和艺术元素的完美结合，形成了一个灵动的、宏伟的建筑设计。

在规划布局上，河南省科技馆新馆建筑工程高度约60米，地下一层、地上五层。设计方案采用“三点一线”的空间结构。首先，在象湖设置了一个80米高的玲珑塔；其次，设置一个圆形主体建筑，让观众在不同的角度都能看到一个完整的、唯美的建筑形象；其次，把这个圆形建筑升高，置于附属用房之上，用高度进一步提升其标志性；最后，用美丽的绿植覆盖在附属用房的屋顶上，远远看去，仿佛一朵白云飘在生机盎然的绿坡之上，将建筑和环境有机融合在一起。

郑东新区象湖畔，这座造型酷似螺旋桨，又似飞鸟展翅，彰显河南创新风骨的地标性建筑——河南省科技馆新馆建设项目，是省委省政府确定的省重点建设项目，是河南省有史以来规模最大、投资最多的公益性投资项目，省委省政府领导高度重视项目建设，成立了省发展改革委、省科协、郑州市政府等20

多个成员单位的新馆工程建设指挥部，做好项目建设统筹协调。其次，经过严谨的代建招标，监理、造价及总包单位招标后，最终确定由黄河勘探规划设计研究院作为代建单位；由中建三局集团有限公司（中原）作为承建单位。据悉，中建三局为全国首家行业全覆盖房建施工总承包新特级资质企业，拥有市政公用工程施工总承包特级资质和公路工程施工总承包特级资质，排名中国建筑业竞争力二百强企业榜首。在疫情肆虐的“至暗时刻”，中建三局临危受命，牵头承建“两山”医院，分别用10天、12天建成火神山、雷神山医院，创造了新时代“中国速度”。

自2019年1月1日河南省科技馆新馆正式开工建设以来，在指挥部的坚强领导下，各参建单位以高度的责任感和使命感，运用一颗颗“匠心”“恒心”“慧心”“红心”，凝聚成“为人民而建筑”的初心，先后克服了冬季施工、春节施工、扬尘管控严格、恶劣天气、疫情管控、周边配套复杂等难题，不仅确保各节点目标顺利完成，更创下全国同类工程最快速度，项目质量安全管理，进度控制均保持较好水平。目前，项目建设完工，顺利通过五大责任主体竣工验收，具备展陈施工布展条件（见图3－6、图3－7、图3－8）。

图3－6　河南省科技馆建设图

图 3-7　河南省科技馆效果图

图 3-8　河南省科技馆全景图

（二）建设历程

1. 保持一颗"匠心"——相继攻克施工技术难点

河南省科技馆新馆建设目标定位是建设一座"国际一流、国内领先"的现代化科技馆。与其他在建科技馆相比，河南省科技馆新馆主场馆面积达到了

10.5 万平方米，是全国在建最大的科技馆。

大有大的样子，大也有大的难度。在主场馆地下室施工阶段，一道技术难题横亘在建设者面前，北塔“坑中坑”即动感影院所在区域，由于周边毗邻贾鲁河杨桥干渠和象湖，地质条件差、整体水位高且渗水情况严重。如果找不到有效降水方法，地下室就难以实现封顶。

针对本工程最大开挖深度为 18 米的“坑中坑”，常规的降水法根本无法将坑中的水抽出。为了解决这一难题，项目主动邀请专家到现场进行会商研讨、反复论证，最后一致决定采用“止水帷幕 + 管井 + 轻型井点”综合降水法，即在坑内布置 40 余个降水点，同时用几台水泵一起抽水，直至坑中水位达到施工许可。

2019 年 7 月 3 日，原定 8 台水泵同时作业，预计可将坑中的水位降低至可施工的要求。没想到，天公偏不作美。常年降水量不多的郑州，此时却遭遇了五十年一遇的强降雨，项目施工区域的地下水位提升了很多，再加上雨水倒灌，“坑中坑”中的积水更多了，旧难题新问题叠加而至。“如不及时清除，坑中坑区域的土体长期在地下水的冲刷下，隐患更大，渗漏更加严重，将会给后续基础浇筑带来更大隐患。”中建三局河南省科技馆新馆项目指挥长赵毅在协调会上再三强调。于是，项目部成立抢险突击队、24 小时轮番值守、机器设备全上阵……经过 48 小时夜以继日的奋战，“坑中坑”的水位终于降了下来，基础筏板顺利地浇筑完成。

如果说“坑中坑”是一道地下技术难题，那么“中庭屋脊钢结构提升”则是一道地上技术难题。

河南省科技馆新馆主场馆中庭共分为 3 层，均采用大跨度异型钢桁架连廊将三侧主楼连成整体，其中屋脊钢结构跨度 80 余米，重量达 1 350 吨。据项目总工程师张红永介绍，如果顺利提升，则可实现主场馆封顶。但此次提升钢架跨度巨大，且受力点不均匀，要实现高标准、高质量的精准提升难度极大。

为此，项目各部门联动共同研究，多轮推演，决定采用多层交错大跨度钢结构逆作法分层整体提升技术。通过预先设计并安装埋件、牛腿、H 型钢支撑胎架，继而进行各层钢结构叠层拼装。在各层钢结构全部拼装完成后，由上至下采用“超大型液压同步提升施工技术”将其分层逐步提升到设计标高，最后完成大跨度钢结构补缺杆件安装及卸载。“我们让中庭屋脊钢结构坐上了‘液压电梯’，破解了施工技术难题。”张红永说。

中庭屋脊钢结构提升历时 5 小时，成功地将跨度达 80 米、总重达 1 350 吨的钢结构整体提升 30 米高。这也是目前省内在建提升跨度最大的工程，创下了河南省场馆建设类的新纪录。

2. 善用一颗“恒心”——内外联动保千吨钢构件供应

2020 年的春节，疫情肆虐。除夕夜，确诊病例增加；大年初一，重大突发公共卫生事件一级响应启动，在健全防控机制、实施交通检疫、严防疫情传播等方面作出严格规定；春节假期，郑州不见车水马龙、熙攘人群，只有空荡荡的街巷、呼啸而过的风声。

疫情要战，工程要干！为确保任务节点，指挥部不断健全完善工作机制，坚持日报告、日调度、周协调、周例会机制，印发指挥部会议制度、指挥部廉政制度、工作考勤制度、工程建设资金、疫情防控工作方案等管理制度，项目部值守的人员在春节假期全面做好疫情防控的同时，仍加班加点地进行着施工。

在全国新冠疫情防控有力的情况下，河南省科技馆新馆作为河南省首批通过复工审批项目，在 2020 年 2 月份正式复工。

然而复工伊始，项目部就面临第一个难题：物资运输难。关键线路材料上的钢构件生产及加工均在当时的疫情重灾区武汉，材料无法及时运出来。若不及时解决材料供应问题，将会导致项目工期延误——这让赵毅倍感压力。

为此，他积极向建设指挥部领导汇报情况，多次沟通协调钢构件运输问题。河南省、郑州市、郑东新区的多位领导到项目调研指导工作，项目在指挥部的统筹下向各级领导寻求相关政策帮助，解决禁运难题。

获得政策帮助后，中建三局总部领导也全力给予支持，帮助项目对接钢构资源，从武汉市蔡甸区经贸委，再到武汉市防疫指挥部、武汉市交通运输局，层层推进，摸清运输线路。2020 年 3 月 15 日，在郑州市政府及项目指挥部的大力协调下，项目部联动郑州市交通运输局、武汉市交通运输局，点对点对接运输钢构材料。此外，项目部编制详细的防疫及运输方案，确保材料安全运输到项目。两天后，1 700 吨钢构件顺利运抵项目建设现场。

就这样，在河南省和湖北省两地政府的支持下，形成内外联动的合力，千吨钢构架材料终于落实到位。赵毅高悬的心终于放下了。他说：“抗击疫情是众志成城，我们复工复产是众志必成。”

3. 巧用一颗“慧心”——确保施工组织协同高效

河南省科技馆新馆的施工工艺复杂，涉及专业口多，所需材料种类繁多。“上面一条施工线，下面千根协同针”，如何在有限空间和资源条件下，进行合理工序穿插，确保施工组织协同高效，这是考验项目管理团队智慧的“必答题”。

——项目虽非 EPC 承包模式，但运用 EPC 管理思路，以客户为中心，超越设计本身，站在整个建筑工程开发链条上思考，深度结合营销策划、工程施工、后期运维等诸多因素，为客户打造精品工程，依托组织管理、设计管理、质量安全管理、技术创新突破，最终实现多方价值共赢。

——运用施工总承包管理 B 模式。结合项目专业特点，设置六大专业组，优化组织管理，由项目班子分管相应专业，配合常设部门，一岗多责，进行矩阵式管理，对内对外提供一站式总包服务。

——树立“画图施工”理念：围绕“价值创造”理念，从被动“按图施工”转变为主动“画图施工”，利用总承包管理优势，提资集成并平衡参建各方需求，集中利用设计资源，制定交付标准，开展设计精益建造，发挥建造优势以提高设计的安全可建造性。

——实行“三级四线”管理体系。结合施工节点要求，管理人员从建造计划出发，同步梳理招采及设计计划，配合项目三级计划的管理及响应机制，实现日保周、周保旬、旬保月。

——采用单元格、可视化双计划管理模式。创造性地将项目的施工总平面图以及 BIM 模型，与计划、部署、劳动力及材料、总平规划进行挂接，实现“一张图全方位交底”，相比于横道图、网络图更加简单、直观、高效。

——建立鲁班奖创优工作小组。将创优目标分解，采用一系列保证措施，使工程质量创优目标进一步明确，减少质量通病的发生，杜绝质量事故的产生。定期开展质量、安全相关培训，邀请公司内外部专家进行指导，做到过程创优。将主要分部工程设置质量样板区，现场每道工序开始前施工样板，严格按照创优标准执行，保证做法统一。

——本工程采用“设计、施工一体化 BIM 协同管理”平台管控，打造智慧工地，收集设计、招采、建造等信息数据并上传至云端，对项目进度、质量安全、投资管控、劳务信息、新闻动态等方面进行定制化项目管理，为指挥部、代建及项目部提供决策支持。

扬尘是看得见、摸得着、呼吸得到的大气污染源之一。在扬尘治理方面，项目部根据省、市、区三级政府号召，坚决打赢污染防治攻坚战，软硬件综合治理不松劲，在工地上筑起了一道扬尘治理的“防尘墙”，取得了良好的效果。

在硬件配备方面，项目部严格按照郑州市扬尘治理各项规定要求，严格落实 8 个 100%，配备 4 辆流动洒水车，1 辆全自动扫地车，配备定点雾炮机 26 台，设置围挡、塔吊喷淋共计 4 000 多米，设置车辆冲洗装置 4 台，监控全覆盖。

在软件督查方面，项目部成立扬尘治理专项小组，日常进行巡视，确保 8 个 100%，采用郑州市扬尘治理智能管控平台，实现扬尘管理的可视化及数据化。

世界上怕就怕“认真”二字，项目部从自身做起，抓住“源头”，让工地扬尘不再飘起来。他们通过科学的现场管理，成功举办了国家级智慧工地观摩会、国家科学技术计划项目绿色施工科技示范观摩会、省级工程建设新技术应用交流暨质量观摩会、省级安全现场观摩会、市级防尘布推广暨扬尘治理标准化现场观摩会，接受业主考察及行业、兄弟单位观摩学习近百次，树立了业内标杆。

4. 坚守一颗“红心”——发挥党建引领“头雁效应”

“没有假期，只有工期”，这是参建者们响亮的口号，大家都以能够参加这项工程为荣。

河南省科技馆新馆开工建设两年来，临时党支部着力以党的建设高质量引领项目建设高质量，在协调服务中当先锋，在复工复产中显担当，不断凝聚持续推动项目建设的“硬核”力量。

河南省科技馆新馆成立了由省发展改革委党组书记、主任何雄任党支部书记，各有关方面党员参加的临时党支部。“在项目一线建立临时党支部，可以充分发挥出党组织政治引领、作风引领、感情引领的‘头雁效应’。”何雄说。

“支部建在项目上，党旗插在工地上，党建力量成为促进项目的生产履约重要保障。”项目党支部副书记彭建勇介绍。

让流动党员有“家”。广泛开展工地英雄“六比一创”劳动竞赛；大力打造“温暖、幸福、健康”三大工程；举办“献礼 70 年·致敬劳动者”农民工集体婚礼、开展义诊进工地、传统节假日慰问等系列活动；为工友办实事、办好事。“施工队一进项目就是几个月，往返不便，临时党支部的建立，让大家有了归属感。”这是一位临时党支部普通党员说的话。

让项目建设有“魂”。临时党支部充分发挥党组织“统揽全局、协调各方”资源整合优势，跳出以往就项目抓项目、就工程抓工程的旧框架，打破“单打独斗”的做法，构建网络化、立体式的工作开放系统，涌现出安全员张满良、技术员齐鹏辉、预算员杨文川、工长张艳山、质检员高亚楠等一批先进个人，形成急难险重工作齐抓共管的工作合力，提高了工作质量、效率和水平。

让共建各方有“根”。以党组织的形式，把共建各方纳入同一个支部，改变过去生硬的合作关系。在这个临时党支部里，省发展改革委、省科协、省应急管理厅、郑州市质监站、郑大法学院、郑州颐和医院等多家单位，有了加强沟通、相互交流的平台。

一个临时党支部建起来，一面党旗竖起来，一片星星之火燃起来。在疫情防控最吃紧的时候，为确保项目建设万无一失，赵毅留守项目坐镇指挥防疫及复工复产，同时派出以党员同志李龙刚为代表的突击队火速驰援火神山、雷神山的医院建设工作，并为武汉捐献防护服、护目镜、口罩、酒精等防疫物资，展现出敢于拼搏，奋勇争先的精神面貌。

通过落实一系列党建举措，河南省科技馆新馆项目部的党建品牌成了一张亮丽的名片，有力地促进和保障项目各项工作的开展。

政府工作报告提出，在新一轮科技革命和产业变革加速演进的大背景下，创新已成为决定区域核心竞争力的关键因素。

黄河文化蕴含的创新精神，是中华民族生生不息的活力之源。

农耕文明、商业文明发轫于此，天文历法、冶铸陶瓷、建筑纺织站上世界科技的巅峰，“四大发明”更是从这里走向世界。

从仰望星空里憧憬未来，从俯瞰大地中获得启迪，黄河文化滋养下的中原人，仍未停下探索的脚步。

黄河岸边，象湖之畔，景致如画，“飞鸟”振翅。河南省科技馆新馆所承载着的河南腾飞、中原崛起的梦想正一步步变为现实，全体参建者以实际行动书写着建设者奋勇争先的华丽篇章，向省委省政府和全省人民交上一份满意答卷。

（三）河南省科技馆新馆建设名片

河南省科技馆新馆本身就被当作“高科技展品”设计，强烈的科技感寓意着“郑州腾飞、河南崛起”。整体外形三个方向的延展走势浓缩代表了中原古代、近代、现代三个不同的历史变迁史，是历史与科技的融合。

筑形态为“响应环境”采用了流线型设计，根据场地风环境对建筑形体进行塑造，反复调整修改，最终形成建筑表面为平滑扭转的 Y 形体块。建筑的形态生成是与场地风场的最大化契合，使其可以平衡最小化能源的使用和最舒适环境性能的营造。

建筑表皮肌理源于中原灿烂的铸造技艺，是河南古代科技中“云纹铜禁”的启示。内层采用防水保温一体板和超白中空玻璃幕墙形成围护结构。外层装饰面层——阳极氧化铝板随造型变化和采光通风需要，产生 10°至 90°渐变角度扭转，控制不同季节进光量，展现律动科技感。圆润的造型有效减小了风涡流的产生，双层表皮的外墙构造能够形成复合结构的空气间层，可以适宜调节室内的通风效果，并具有保温隔热作用，减少建筑能耗。

河南省科技馆新馆是国内首例大规模采用阳极氧化铝板的幕墙工程，空间扭转双层幕墙面积约合 10 万 m^2，其中阳极氧化铝板 42 290 块，玻璃板材 9 276 块。阳极氧化铝板的表面不同于普通喷涂技术，它是通过电流将导电的酸性电解液电解，使构成阳极的铝金属外表发生氧化，在铝板外表天然生长出一层厚而细密的氧化铝保护膜。这层氧化膜并不是附加层不会脱落，具有自洁功能，不容易沾灰尘。

设计团队采用 Rhino + Grasshopper 参数化设计方法，实现了超大规模鱼鳞状异形扭转立面幕墙的分格纹理和自由曲面。对每个单元板块进行唯一编号，每一个翻转铝板打上“身份证”标明其编号、尺寸、翻转角度安装定位等信息。

施工全过程运用 BIM 技术和 3D 实景扫描技术控制施工误差，提前进行施工工序模拟、工厂定制化预制加工等技术，保证幕墙安装测量效率和精准度，实现了超大空间异形扭转双层幕墙的精益建造。

园区的景观设计充分考虑周边场地环境，迎合象湖景观带，把建筑融入自然，通过建筑形态与景观科技元素结合，打造内外交融、立体丰富的生态景观园区。泛光照明采用点光源和全息投影技术等配合环境亮化设计，强化节点空间、系列雕塑与构筑物的亮化处理，塑造简约、合理而现代的夜景效果。

河南省科技馆新馆依据绿色生态理念进行全生命周期的综合建造，研究气候及场地等环境性能；应用海绵城市，采用生态型循环水系统；应用太阳能、地下热能等清洁能源；将基于环境性能的热力学塑形的建筑设计理念与绿色能源集成，实现了超大空间异形扭转生态建筑的高性能、低能耗，对改善建筑环境的物理性能以及空间的品质，做了积极且有益的尝试。

（四）河南省科技馆新馆大事记

- 2018 年 8 月 24 日，新馆完成代建招标。
- 2018 年 12 月 24 日，新馆完成监理、造价及总包单位招标，各参建单位进场。
- 2019 年 1 月 1 日，新馆正式开工建设并完成第一根灌注桩施工。
- 2019 年 2 月 4 日，撸起袖子加油干，春节加班不停工。
- 2019 年 3 月 15 日，新馆完成主场馆 1 987 根桩基工程施工。
- 2019 年 3 月 26 日，新馆第一块垫层浇筑完成。
- 2019 年 4 月 22 日，新馆钢结构首吊顺利完成。

• 2019 年 6 月 10 日，新馆主场馆地下室全面封顶。

• 2019 年 7 月 17 日，新馆南塔二层结构完成。

• 2019 年 11 月 29 日，新馆顺利实现主体工程封顶目标。

• 2020 年 1 月 25 日，春节加班抢工期，防疫复工两手抓。

• 2020 年 2 月 20 日，新馆正式通过线上复工审批，混凝土开始正常供应、浇筑。

• 2020 年 3 月 19 日，新馆东塔悬挑区完成卸载。

• 2020 年 5 月 30 日，新馆主表塔封顶，幕墙支撑钢结构完工，全面进入装饰装修阶段。

• 2020 年 7 月 16 日，新馆中庭铝合金屋盖施工完成。

• 2020 年 8 月 20 日，新馆球幕影院钢结构顺利合拢。

• 2020 年 11 月 18 日，新馆中庭闭水完成。

• 2021 年 1 月 26 日，新馆主体完工，顺利通过五大责任主体竣工验收，具备展陈施工布展条件。

• 2022 年 6 月 1 日，新馆试运营。

（五）河南省科技馆新馆财政资金投入情况

河南省科技馆新馆财政资金投入情况如表 3－8 所示。

表 3－8　　河南科学技术馆债券信息公开表　　（单位：万元）

<table>
<tr><th>序号</th><th>项目单位</th><th>项目名称</th><th>债券类型</th><th>发行时间</th><th>债券年限（年）</th><th>年利率（%）</th><th>金额</th><th>项目情况（包括但不限于项目建设进度、运营情况、资金使用情况）</th></tr>
<tr><td>1</td><td>河南省科学技术馆</td><td>河南省科技馆新馆建设项目（建筑工程）</td><td>一般债券</td><td>2020 年</td><td>30</td><td>3.58</td><td>35 320</td><td rowspan="2">资金主要用于支付建筑工程款 38 692.93 万元，设备款 9 523.90 万元，其他款项 1 210.63 万元，支付资金总计 49 427.46 万元。其中利用 2019 年结余资金支付 6 333.28 万元，目前资金结余 4 225.82 万元。项目主体已完工，进入收尾阶段。</td></tr>
<tr><td>2</td><td>河南省科学技术馆</td><td>河南省科技馆新馆建设项目（建筑工程）</td><td>一般债券</td><td>2021 年</td><td>7</td><td>3.17</td><td>12 000</td></tr>
</table>

续表

序号	项目单位	项目名称	债券类型	发行时间	债券年限（年）	年利率（%）	金额	项目情况（包括但不限于项目建设进度、运营情况、资金使用情况）
3	河南省科学技术馆	河南省科技馆新馆展教工程建设项目	一般债券	2020 年	30	3.58	25 000	资金主要用于支付展教工程及配套项目款16 307.41 万元，其他款项 608.84 万元，支付资金共计 16 916.25 万元，资金结余12 083.75 万元。项目进入中后期，均未完工。
4	河南省科学技术馆	河南省科技馆新馆展教工程建设项目	一般债券	2021 年	15	3.73	4 000	

三、思考题

1. 结合我国实际，谈谈如何认识中国公债负担的现状？

2. 请分析河南省目前公债的情况？为什么要通过发行公债建设河南省科技馆？

参考文献

［1］河南省科技馆新馆建筑工程方案公布并征求意见：https：//news. sciencenet. cn/htmlnews/2016/5/345292. shtm.

［2］象湖之畔　飞鸟振翅——河南省科技馆新馆建设侧记：https：//fgw. henan. gov. cn/2021/02 -01/2089528. html.

［3］总投资约为 20.37 亿元，河南省科技馆新馆儿童节前后试运营：https：//baijiahao. baidu. com/s？ id =1724111673457157409&wfr = spider&for = pc.

［4］耗资 20.37 亿的全国最大在建科技馆——河南省科技馆年底开门迎客!：https：//www. 163. com/dy/article/G7FQJ9T205148STL. html.

案例说明书

一、课前准备

本案例要求学生提前阅读案例正文，并学习政府投资性支出、政府消费性支出、公债管理等相关专业知识，认真思考案例后的思考题。

二、课堂安排

1. 学生熟悉案例背景：结合课前预习的相关理论知识总结提炼案例的基本要点和关键问题，并结合案例后面的思考题进行讨论。此项安排时间大约 20 分钟。

2. 教师组织进行讨论：围绕案例后面的思考题，安排学生进行分组讨论，每个小组确定一个核心讨论问题。具体思路按照："是什么（what）"—"为什么（why）"—"怎么样（how）"的线索展开。要求每组学生完成一下工作：首先，针对四个教学目标进行资料搜集，对涉及的基本专业知识进行简要介绍；其次，结合实践进行理论分析，分析财政收入——发行公债的流程；最后，学生针对如何提高发展我国科技创新水平，提出相关的政策主张或建议。此项安排时间大约 45 分钟。

3. 教师进行评价和点评：归纳总结小组讨论的共识，提出继续思考的问题。此项安排时间大约 20 分钟。

三、教学目标

1. 通过学习该案例，了解地方政府消费支出和投资支出的方式和特点。
2. 对地方政府财政收入——公债有较为清晰的认识。
3. 正确认识市场经济下政府的职能范围，以及与投融资方式的多元化。
4. 了解我国财政科技投入现状、问题以及进一步完善的思路。

四、思政元素

1. 科技馆的建设体现了创新精神和科学精神。科技馆作为一个科普教育场所，旨在推广科学知识和培养公众对科学的兴趣。该项目的规划和设计要求创新性、前瞻性，融入先进的科技展示手段和教育方法，提供具有互动性和体验性的科学展览和活动。通过揭示科学的奥秘和鼓励探索精神，科技馆建设培养了公众的创新意识和科学态度。

2. 科技馆的建设和利用发行公债项目体现了社会主义核心价值观中的共同富裕和公益导向。科技馆的建设是为了提供公众受教育、文化娱乐和科学交流的场所。通过发行公债筹集资金支持建设，政府以公共利益为导向，投资于一项有益于社会发展与公众福祉的事业。这体现了社会主义价值观中对于共同富裕和公共服务的关注。

3. 科技馆的建设也体现了文化自信。作为一个展示科学、技术和文化的场所，科技馆要承载着本地区的历史、文化和创新成果。通过展示本土的科技和文化特色，传承和弘扬地方优秀的科学和文化遗产，科技馆建设表达了对本土文化的自信和自豪感。

五、要点分析

1. 公债的概述

公债是国家或政府以其信用为基础，在向国内外筹集资金的过程中所形成的债权债务关系，即国家或政府以债务人的身份，采取信用方式，通过借款或发行债券等方式取得资金的行为。

与政府的其他收入形式相比，公债具有以下特征：

（1）信用性

公债是以政府信用为基础的政府收入形式，离开了政府信用，公债也就不存在。公债是政府的信用活动，这是公债与私债的根本区别。无论是私债还是公债，都必须遵循有借有还的信用原则。

（2）自愿性

是否认购、认购多少，完全由认购人自主决定。这使得公债不同于强制性的税收和罚没收入等财政收入形式。

（3）有偿性

政府通过发行公债取得一定的财政收入，这部分公债收入的使用是有偿的。政府必须按照公债发行时规定的期限和利率，偿还公债的本金和利息。有偿性也是公债区别于税收等无偿性财政收入的主要标志。

（4）灵活性

公债发行与否、什么时间发行、发行多少、以什么方式发行，通常由政府视情况而定，既没有时间上的连续性，也没有发行数额上的固定性，与固定性的税收截然不同。

2. 公债的用途

（1）弥补财政赤字

发行公债弥补财政赤字是公债最原始和最基本的用途。从历史上看，公债本身就是同财政赤字相联系的经济范畴，是作为弥补公共收支差额的手段而产生的。公债其他方面的用途大都是随着公债的发展而派生出来的。以公债弥补财政赤字，实质是将不属于政府支配的资金在一定时期内让渡给政府使用，是社会资金使用权的单方面转移。与其他弥补财政赤字的方式，如增税和向银行透支等弥补财政赤字的方式相比，这种方式的副作用较小，一般不会影响经济发展。首先，发行公债只是部分社会资金使用权的暂时转移，社会资金总量并没有因此增加，因而一般不会引起通货膨胀。其次，公债的认购通常遵循自愿原则，如果发行规模得当，吸收的基本上是社会闲置资金，一般不会对经济发展产生不利影响。

当然，也不能把公债视为医治财政赤字的灵丹妙药。第一，如果财政赤字过大，用于弥补赤字的公债发行规模过大，就会形成债台高筑，最终会导致财政收支的恶性循环；第二，社会的闲置资金是有限的，政府集中过多往往会侵蚀经济主体的必要资金，从而降低社会的投资水平和消费水平，即产生“挤出效应”。

（2）筹集建设资金

通过发行公债，筹集国家重点建设项目资金是许多国家通行的做法。我国从 1987 年开始发行的重点建设债券和重点企业建设债券（其中包括电力债券、钢铁债券、石油化工债券和有色金属债券）就是这一用途的体现。1998—2002 年我国为实行积极的财政政策，发行了 6 600 亿元的特种公债，也主要是为国家重点建设项目筹集建设资金。而另有一些国家则从法律上对公债弥补财政赤字和筹集建设资金这样两种不同用途做出明确规定。如日本在法律上将公债明确分为建设公债和赤字公债两种。

（3）执行经济政策

政府利用公债可以灵活地执行不同时期的经济政策，以稳定经济。在现代经济条件下，公债的发行常常是政府执行“反衰退”政策的手段。面对经济衰退、私人需求不足的形势，政府要刺激经济发展，就应该或者增加政府支出，或者缩减政府税收，或者两者兼而有之。增支减税的结果，必然伴随着政府财政赤字的产生。一般说来，弥补财政赤字主要靠增加税收、增发货币和发行公债三种方法。增加税收会直接压低私人需求，显然与反衰退政策的初衷相违背；增发货币在现代金融制度下难以办到，并极易引发通货膨胀；发行公债则既同反衰退政策的目标相一致，又能有效弥补财政赤字。正因为如此，当今西方各国政府的反衰退政策，主要以公债为后盾。2008 年 9 月，为克服“次贷危机”引起的金融危机，美国政府经国会批准发行 7 000 亿美元公债购买“不流动”按揭证券，并将公债的法定上限从 106 万亿美元提升至 113 万亿美元，从而成为经济萧条以来美国最大的救市方案。

（4）调剂季节性资金余缺

利用公债，政府可以灵活调剂财政收支过程中所发生的季节性资金余缺。政府的公共收入（主要是税收）在一年中往往不是以均衡的速率流入国库的，而公共支出则基本上以较为均衡的速率进行。这意味着即使从全年来看政府财政预算是平衡的，在个别月份也有可能发生赤字。例如，以所得税为主体收入的国家。如美国，每年的 4—6 月通常为公共收入的“旺季”，其余月份则是“淡季”。尽管如此，其公共支出一般是在一年中均匀分布的。由此势必造成整个预算年度中的某些月份收不抵支，某些月份却收大于支。即使以增值税为主要收入的国家，如法国，这种季节性收支不平衡的情况也经常发生。

案例 4　地方政府购买公共服务

——宿迁市居家养老服务

一、背景简介

（一）宿迁市人口老龄化严峻

宿迁市是江苏省的一个县级市，下辖 10 个镇区，截至 2015 年底，全市户籍人口 106.87 万人，其中 60 岁以上老年人口为 31.16 万人，老年人口系数为 29.15，远远超过了全国平均数。宿迁市早已进入了人口老龄化的同时还呈现出了高龄化、增长快等特点。此外，随着现代化和城镇化发展，宿迁市的人口流动频率不断加快使得空巢及独居老人家庭也在不断地增多，且这些老年人身体状况普遍欠佳，其中超过67.8%有高血压、糖尿病等慢性疾病，他们迫切需要各种养老服务，宿迁市人口老龄化局势严峻。

（二）宿迁市老龄人口的养老需求

宿迁市人口老龄化的加剧使得养老服务需求也不断增加，结合2013年7月—9月，宿迁市老龄委委托地方高校展开的全市老年人养老服务需求及供给情况调研结果来看：85.2%的老年人有居家养老服务的意愿，而对机构养老的认可度则仅占10.8%。这表明了宿迁市居家养老服务群众认可度高，且不少老人希望社区能够提供养老服务。这也和我国老年人偏向于居家养老服务意愿是一致的。从养老服务内容需求来看，86.3%的老年人迫切需要医疗服务；62.3%的老年人需要文化娱乐服务。而在养老服务需求的购买情况来看，仅有23.5%的老年人愿意自费购买相关的养老服务，超过7成的老年人不愿意购买养老服务，并且希望依靠政府来提供服务。

在此背景下，政府购买居家养老服务既符合了当前宿迁市的养老服务市场需求，又有助于缓和宿迁市社会养老压力，利于全市居家老年人养老意愿的实现。

（三）宿迁市传统养老供给情况

在严峻的养老现实面前，宿迁市政府除了不断加大养老服务政策扶持，出台相关的政策管理办法外，还致力于积极推进“养老工程计划”，加快全市城乡养老服务设施建设和发展，启用建设市敬老院，已建成老年人日间照料中心161家，镇级居家养老服务管理中心覆盖率达100%，拥有养老床位达1.23万张。然而，从人员配比标准来看，当前的机构养老服务的供给仍然难以满足老年人的养老服务需求。尤其是农村地区的老年人口普遍对养老院存在着“抵触”情绪，农村养老机构大多处于闲置状态，而家庭代际养老功能的弱化，使宿迁市传统养老面临供需失衡的困境。而宿迁市政府购买居家养老服务的实施则在一定程度上能够盘活社会多元化的养老服务资源，缓解宿迁市的养老压力，满足居家老年人养老服务需求。

二、案例概况

（一）政府购买居家养老服务的制度设计

1. 政策演进

宿迁市政府购买居家养老服务能够有效运行离不开制度化的保障，其在制度安排上主要包括调研试点和制度完善两个阶段：

一方面，在政策调研和试点阶段。为了更好实现“老有所养”，缓和养老供需失衡。随着全国各地社区居家养老服务模式的创新实践，且自2008年以来，全国老龄委、民政部、中央国务院办公厅等多部门颁布了《关于加快发展养老服务业的意见》（全国老龄办发〔2008〕4号）。随着全国各地社区居家养老服务模式的创新实践，为了更好实现“老有所养”，缓和养老供需失衡，宿迁市于2009年积极响应党和国家关于居家养老服务政策要求并在全省“9064”养老服务格局指导下，YS镇一些街道（社区）开始尝试社区居家养老服务站建设并在当地取得较好的社会效益。在此基础上，宿迁市结合地方实际需求，2014年出台了《社区居家养老服务运行办法》、《居家养老服务体系建设实施办法》、《居家养老服务标准》（试行）和《居家养老服务对象行为能力评估标准》（试行），将居家养老服务的相关方面均作了细致化和可操作性的政策说明。其中，明确指出了宿迁市居家养老服务的指导思想是“坚持政府主导、社会参与、市场运作、家庭负责”，这表明了政府购买居家养老服务突出了福利多元主体、促进了多元社会力量参与养老福利事业治理，且政府购买居家养老服务的展开得到了政策法律保障。

另一方面，在政策的健全完善阶段。宿迁市政府购买居家养老服务工作自2014年12月23日开展以来，为了更好地鼓励和发展养老服务组织，活跃养老服务市场，宿迁市在2015年3月19日出台了《扶持养老服务组织发展的实施办法》，从“机构建设、组织建设、专业人才队伍建设和配套优惠政策”四个方面进行了详细地说明，为养老服务组织的发展壮大提供了包括“财政补贴、税收减免、土地供应”等方面的政策保障。此外，为了扩大服务的广度、深度，提高服务的精度，市政府于2017年1月1日开始执行《居家养老服务政策的补充意见》，提出了宿迁市户籍的84周岁及以上老年人每户每月可获得3小时的免费生活照料服务，拓宽了政府购买居家养老服务的广度，使保障民生福祉的居家养老服务得到进一步的提升和完善。

2. 服务主体的明晰

宿迁市的政府购买居家养老服务主体除了政府外，还包括了服务承接商、服务直接提供者和服务享受者，这种多元化福利主体打破了政府惯有的“一手抓”，使得政府从服务直接提供者中抽离出来，主要承担政策指导和监管职能，而市场和社会其他组织的地位日渐凸显。为了规范该项养老服务工作的运行发展，必须要界定养老服务主体，明晰各服务主体的权责，理顺政府购买居家养老服务福利多元主体之间的关系。

（1）服务的承接商

宿迁市居家养老服务的承接商是按照“机构资质、基础设施、服务功能、服务成效、人员配备和管理制度”六个方面来选定的。具体的标准如表3－9所示。

表3－9　服务承接商的资格条件及标准

服务承接商具备的条件	具体标准
机构资质	须进行民非或工商注册
基础设施	应有相对独立的服务和办公场所，面积在200平方米以上
服务功能	须具备提供上门家政和生活照料服务的能力；应拥有信息服务平台和数据库，可承担我市的居家养老服务创新、研究及试点工作
服务成效	拥有服务老年人月均人数100人以上的能力，满意度达90%
人员配备	至少有1名专职管理人员，以中级技术职称专业管理为佳；有与服务规模相当的专（兼）职服务人员，以有2名及以上专业服务人员或1—2名中级技术职称专业服务人员为佳；应具有社工、护理、保健等多种专业服务人员；服务人员持证上岗率95%以上
管理制度	有服务流程、项目、收费标准、服务记录和质量控制制度；有人员培训和奖惩制度，有财务制度；有服务安全和风险规避制度，建立服务档案；推行意外保险，试行服务诚信管理、监控和评估制度

根据以上的标准，宿迁市就全国范围内进行投标竞标，并最终由14年养老服务经验的上海海阳养老服务有限公司获得资格。此外，考虑到市情特殊性，宿迁市政府和上海海阳养老服务有限公司签订合同，并明确宿迁市政府为其兴建和提供居家养老服务中心，并逐步健全完善覆盖全市城乡的居家养老服务中心（站）；宿迁市居家养老服务中心是政府购买居家养老服务的唯一服务承接商，其本质上是民办非企业组织，是上海海阳养老服务有限公司在宿迁市的分公司，通过借鉴和复制其他地区的社区居家养老服务经验，在宿迁市大力

生产居家养老服务；政府则根据合同要求的居家养老服务数量和质量进行财政付费购买。

（2）服务的直接提供者

在服务的直接提供者上，宿迁市居家养老服务形成了“市—镇—村”三级服务体系，且三级服务体系统一由S市居家养老服务中心管理，接收订单和下达派送服务目标，并由各级的社区居家养老服务中心（站）直接提供服务。此外，在服务提供的组织建设上，全市10个镇居家养老服务中心实现了100%全覆盖，社区（村）居家养老服务站有381个，总体上服务供给者的数量上较高。在服务提供者的人才队伍建设上，全市共有38名乡镇直接服务者和10名镇级管理人员和4名话务员，形成了垂直化的服务人才管理体系。需注意的是：无论是服务的生产者还是服务的提供者，他们都和政府是一种平等合作的伙伴关系，是养老服务市场的供给者和购买者。

（3）服务的享受者

在政府购买居家养老服务的对象上，基于城乡一体化视角，本着“造福民众，保障民生”的理念，宿迁市居家养老服务中心涵盖了所有城乡户籍老年人和常住老年人，拓宽了居家养老服务的广度。按照“保基本、政府福利兜底、实现福利效益最大化和市场化”原则，根据老年人的年龄、身体状况、经济状况等将服务对象划分为三类，如表3-10所示。

表3-10　政府购买居家养老服务的对象

服务对象类别	界定标准
援助对象	年满80周岁及以上失能或者基本失能的老人，且满足本人和家庭主要成员人均月收入在2倍低保标准内的宿迁市户籍老人；年满70周岁以上失能或基本失能的计划生育特别扶助对象
补助对象	宿迁市户籍的所有年满84周岁及以上的所有城乡老年人；失能或基本失能的城乡五保供养及低保和低保边缘孤寡老人；失能或基本失能的市级（含）以上的劳动模范；失能或基本失能的重点优抚对象；失能或基本失能的归国华侨；失能或基本失能的无子女或子女重度残疾的困境老人
自助对象	所有政府援助与补助对象以外的常住老年人口，可自行按照市场化原则，自愿向宿迁市居家养老服务中心购买相关的居家养老服务

这三类服务对象既有助于实现政府对底层老年人口的“兜底”责任，又可以保障全方面人群的覆盖，保障社会化养老模式服务对象的公平性，谨防市场竞争带来的挤出效应同时又可通过自助对象释放居家养老服务市场化潜力和发

展空间，促进养老服务市场化、产业化和规模化发展。

3. 服务内容的界定

服务内容是衡量政府购买居家养老服务深度的指标，关乎整个养老服务的质量和居家老年人的晚年生活质量。宿迁市政府通过2013年的居家养老服务需求调研摸底，了解到全市居家老年人普遍存在着包括生活照料、医疗保健、精神慰藉、文化、娱乐、教育和安全服务等方面的需求。为此，宿迁市结合现有的经济发展水平和服务需要，确定了宿迁市居家养老服务中心主要提供“走进户”和“走出门”服务在内的“七助”服务内容，具体如表3－11所示：

表3－11　政府购买居家养老服务的主要内容

七助	主要内容
助餐	主要分为集中用餐、上门送餐及上门做餐，餐饮按照国家卫生标准并达到送餐及时，饮食保温、保险、密封放置细菌滋生；帮助老人就餐，把握老人用餐习惯，注意送餐的速度，防止意外发生
助浴	主要分为上门助浴和外出助浴，其中上门助浴要结合四季变化和老年人居住条件，主义助浴前的安全保护措施，防止意外发生；外出助浴要选择有资质的供给浴场或有供给沐浴场所的养老机构，签订相关的协议
助洁	主要是整理居室和清理家具，做到衣被及时的清洗晾晒、墙壁无尘土，表面清洁等
助医	协助监护人员配送老人到医院就医或者代为取药；遵照医嘱，协助不能自理的老人服用药品；按照监护人员的要求提供约定内的服务，必要时提供相关信息和转接服务；协助老人采取舒适的体位，协助肢体被动运动；协助老人转移至床头、床边，协助下床，协助坐轮椅，利用移位板，徒手搬运、器具搬运，协助老年人使用拐杖、步行器、支架、轮椅
助修	将此类服务进行转介服务，且居家养老服务机构需要负责对该类服务进行跟踪督导，承接服务商必须是经民非或工商注册、管理规范、服务记录良好的服务机构
助购（代购、代领、代缴）	根据老人的需求提供代购物品、代领物品和代缴费用等服务；其中，服务范围是政府购买居家养老年人代购生活必需品或陪同购物，代领各种物品，代缴水费、电费、煤气费和电话费等日常费用，服务人员准确记录购买的品种，清点钱财，按照约定购物，做到当面清点并签字且在助购过程中，要保护好老年人的隐私，不和他人讨论老人的家庭情况和财物情况
助询	主要政府购买居家养老年人提供法律咨询、心理咨询和交通咨询

为了服务内容的可得性和可操作性，宿迁市居家养老服务中心根据服务内容标准，并借助于居家养老服务的地方实践，将服务内容划分为生活照料、医

疗保健、精神慰藉、安全服务和其他服务五大类，包括26项子服务项目（见表3－12）。

表3－12 政府购买居家养老服务的内容

服务内容	子项目
生活照料	买菜做饭、洗晒衣被、换季整理、代购物品、居室保洁、家电清洁、洗澡擦身、洗头理发、扦脚修甲、缝补编织、配送粮油
医疗保健	上门看病、陪同就医、代购药品、康复护理、定期健康档案更新
精神慰藉	聊天谈心、读书读报、情感倾诉、心理咨询
安全服务	水电检修、安全知识宣传
其他服务	人文关怀、娱乐学习、法律维权、应急救助

由表3－12可知，宿迁市政府购买居家养老服务不仅仅注重老年人的生活照料保障，让居家老年人“老有所养”，生理需求得到满足的同时还积极致力于提升“老有所养”的质量，加强老年人社区居家养老的精神层面和安全服务建设，体现了居家养老服务的深度，彰显了人文关怀，有益于居家老年人身心健康。

4. 收费标准

服务收费标准上，本着“市场化运作”理念，宿迁市居家养老服务中心生产的服务价格按照“小时定价”，不同服务对象的定价标准如表3－13所示：

表3－13 政府购买居家养老服务的收费标准

服务对象类别	定价标准	政府购买标准（元/月）
援助对象	20元/小时	960、600
补助对象		240、120、60
自费对象		

服务的定价是结合当地的物价水平，由宿迁市场监管局进行监督，直接提供上门服务以20元/时定价，向城乡居家老年人提供居家养老服务。其中，在援助和补助对象上，政府按照政策要求，给予960元/月、600元/月、240元/月、120元/月、60元/月，折合成服务时间来算，就是48小时、30小时、12小时和6小时和3小时，服务时间用完可由个人按20元/时的定价自行购买服务。此外，在日间照料中心则采取“个人会员制”收费，费用呈现不同的梯度变动，体现了政府购买居家养老服务的市场化趋势。

5. 服务质量监管

在服务标准管理上，宿迁市政府颁发的《居家养老服务标准》（试行）

中，从服务的内容、服务对象、管理者、考核与评估上面进行了界定。并从“服务内容、服务承接商、服务人员资质、服务完成率和服务效果满意度”等方面进行考核，目的是实现政府购买居家养老服务的有序开展和满足全市老年人的居家养老服务需求。

在服务监管上，构建了政府、社会组织、服务承接商、个体等在内的多元化的社会监管体系，并从机构自评、服务对象评价和委托第三方展开评估。其中，政府的监管主要是由市—镇两级民政局相关负责人对居家养老的服务对象资格核实，并分别对各级的居家养老服务运行情况进行监管；要求宿迁市居家养老服务中心必须在每年的3月份将服务次数记录和自我考评结果上交给市民政局；第三方评估由于其独立性、客观性而被引入政府购买居家养老服务考核评估体系中，宿迁市第三方评估机构是由宿迁市理工学院成立专门绩效评估组，对宿迁市政府购买居家养老服务情况展开年终评估；最后，市民政局相关部门根据考核情况对符合合同要求的服务数量和内容进行付费，并对表现优异的给予一定的“奖励”，不符合要求责令其改进，或者解除合同，停止服务。

（二）政府购买居家养老服务的运行机制

宿迁市居家养老服务中心为了满足全市多数老年人的居家养老服务意愿，缓解社会化养老压力。其具体的运行机制是采取“政府购买+社会组织运作”的方式（见图3-9）。

由运行机制可知，政府购买居家养老服务方式分为“上门刷卡服务”和“走出户享受服务”。政府购买居家养老服务工作作为一项关乎民生福祉的福利服务，其服务主体是多元化的，包括了政府、社会组织、第三方机构，且这些服务主体的独立性较强，市场化运作的程度较高。其中，政府在居家养老服务过程中，除了作为居家养老服务的“购买者”以外，还积极地发展和培育社会组织。

一方面，在养老服务设施上，负责出资建立居家养老服务中心和社区（村）居家养老服务站，并且配备现代化的养老硬件设施，供服务承包商即宿迁市居家养老服务中心使用，但所有权仍然是归政府所有。

另一方面，财政经费补贴主要在委托管理费用和工作经费两个方面。其中，委托管理费用主要用于宿迁市居家养老服务中心的委托运行管理费用、精神关爱委托服务费用、养老护理员专业培训费用，且均由市和镇（区）两级财政各按50%的比例负担。此外，为了保障全市居家养老服务中心（站）的日常有序顺利运行，建立起了分级财政承担补贴。市居家养老服务中心工作经费

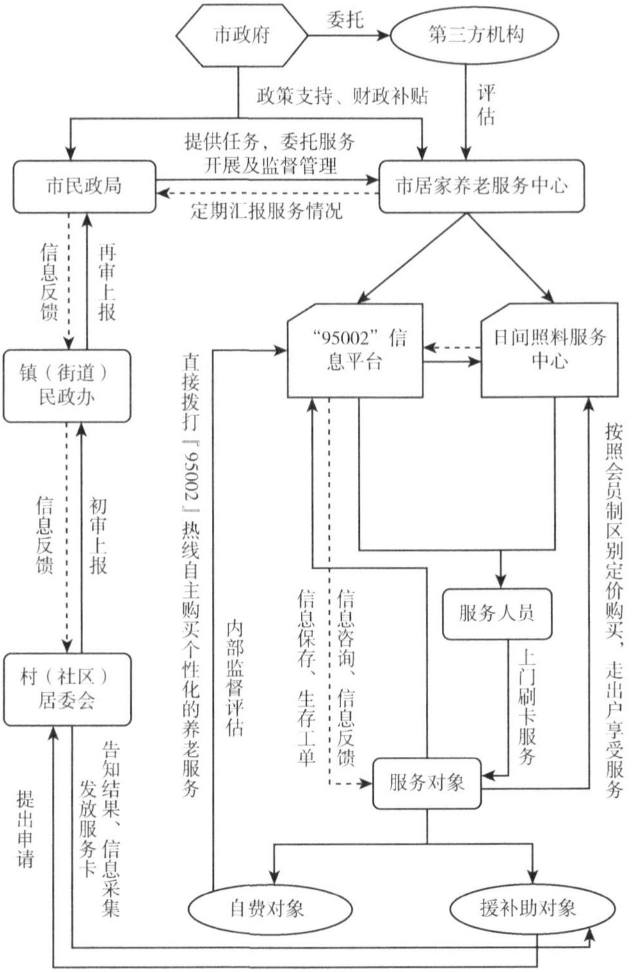

图 3－9　政府购买居家养老服务的运行机制

由市财政承担主要用于居家养老服务“95002”信息化平台运行管理费用及市日间照料服务中心运作；镇（区）居家养老服务管理中心工作经费各镇财政承担；村（社区）居家养老服务站工作经费 10 000 元/年补贴由市、镇两级财政按各 50% 的比例承担，市财政承担 50% 部分纳入镇级财政转移支付基数，实行“专款专用”，通过政府财政来保障养老服务中心初期的运营和发展。

由此可知：“政府购买＋社会组织运作”的居家养老服务，突出了福利主体的多元化，实现了多中心主体的治理，政府实现了“大管家”到“守夜人”的角色转变，社会组织的力量发挥了较好的作用，从而促进了养老服务事业的良性、协调发展。

（三）政府购买居家养老服务的实际情况

针对政府购买居家养老服务的实施情况，本文考虑到调查问卷的可得性和易操作性，借助于宿迁市 2016 年 11 月—2017 年 1 月的政府购买居家养老服务评估数据以及座谈会、现场观摩的形式，从服务的供需情况、服务人员队伍建设、中心运营情况和监督管理四个方面展开定性和定量的分析。

1. 居家养老服务的供需情况

目前，全市政府购买居家养老服务的项目是在市居家养老服务体系政策指导下，就居家老年人的生活照料、康复护理、精神慰藉和安全服务，依托于“95002”呼叫信息平台和日间照料服务中心展开相应的服务。自 2014 年 11 月 28 日以来，该信息平台年均接通电话 42 万余次，年派送上门服务达到了 14 560 余次。此外，市日间照料中心每周接纳 150 余人次，乡镇日间照料中心每周在 20—50 人不等。具体的居家养老服务内容的供需情况如图 3－10 所示：

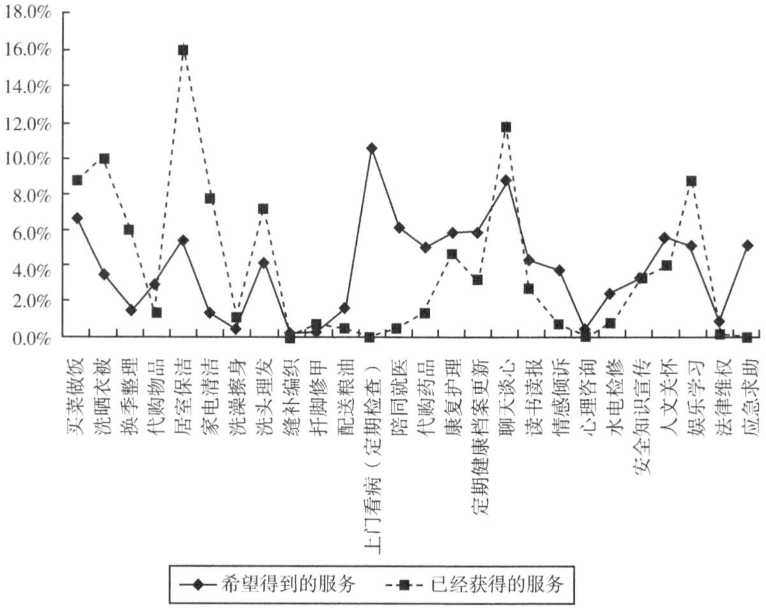

图 3－10 政府购买居家养老服务的供需情况

由以上折线图可知，当前宿迁市政府购买居家养老服务存在着供需失衡，主要呈现出了两大不同的趋势：

一方面，在生活照料服务类型上，居家老年人的需求得到了普遍地满足，特别是在“买菜做饭、洗晒衣被、换季整理、居室保洁、家电清洁和洗头理发”方面供给明显大于需求。这也反映出了目前宿迁市的居家养老服务在服务内容上主要是以家政服务为主。同时，由于当前近高达 96.3% 的受益老年人尚未请保姆或者临时工导致了他们在家政服务上的需求增多。

另一方面，在医疗保健和精神慰藉类型上需求大于供给，定期健康检查和陪同就医的服务尤为缺乏。随着老年人口身体机能的每况愈下，不少老人自然会患有不同程度的疾病，加之于家庭结构的小型化和核心化，子女照顾不便，导致老年群体对医疗健康保健方面的需求增多，尤其对于生活不能自理和部分自理的老人来说则需要更多医疗健康服务上的需求；另外，随着物价的高涨，对于老百姓特别是经济条件有限的老年人而言，高昂的医疗健康费用是造成他们晚年生活重担的一个主要部分，因此应该要加大对此类服务需求的投入和供给。除了较为常见的家政服务和医疗健康服务，需要值得注意的是老人对于精神层次上的需求，特别是在当下追求丰富多彩的精神文化生活的时代背景下，如何加大对老年人的精神层面慰藉，发扬“敬老、爱老”的优良传统，也是关键。

总体来看，当前宿迁市政府购买居家养老服务主要以日常生活照料服务为主，且主要是政府援助补助对象，其他自费对象的上门服务市场几乎为零。日间照料服务则在保障老年人餐饮基础上，以康复保健和文化娱乐活动为主，辐射人群以城镇居家老年人为主，城乡居家老年人所获得的居家养老服务呈现了明显的层次差异性。据走访调查结果可知：由于援助补助对象需要长期照料服务，而仅靠政府购买可谓杯水车薪，弱势居家老年人的基本生活难保障。

2. 服务人员的队伍建设情况

21 世纪是人才竞争的时代，政府购买居家养老服务工作的有序顺利开展自然也需要为老服务人员去落实执行。为此，宿迁市居家养老服务中心主要从“选人、用人、留人”三个方面，来不断加强政府购买居家养老服务人员队伍建设。

首先，在“选人纳贤”上，该服务中心形成了垂直化的人员队伍建设，主要是由“项目管理人员 + 驻镇管理人员 + 基层服务人员”构成。其中，市级管理人员是由上海海阳养老服务中心委派 1 名高层管理员，主要是为了有效地借鉴总公司的多年居家养老服务经验，并有针对性地展开业务指导，确保居家养老服务的生产和顺利输送到受益对象手上。鉴于宿迁市服务对象的城乡差异性、“熟人社会”特点及便于沟通、畅通服务，该地区的驻镇管理人员、话务员及基层服务人员全部从宿迁市本地人口中招聘，目前总共有53名，其中，驻镇管理人员10名，话务员5名，基层服务人员38名。但是由于政府购买居家养老服务的工作环境一般、社会声望低、薪资待遇低等因素，难以形成职业吸引力，社会工作、护理方面的专业化人才难吸纳，当前服务人员普遍存在着“年龄较大、文化素养低、男女比例失调”等问题。

其次，在人才效能发挥上，由于基层服务人员的文化素养普遍（94.8%）在初中及其以下，文化素质有限，同时，政府购买居家养老服务工作的专业性要求以及老年人多样化需求的不断增多，宿迁市居家养老服务中心会定期每月为工作人员展开居家养老服务业务培训以规范政府购买居家养老服务，以便更好地满足居家老年人的养老服务需求和保障养老服务供给的可持续性发展。但是100%的人员未持有相关的职业技能方面的证书，尚未实现“持证上岗”。此外，在社区人才资源配置上，全市城乡直接服务提供者为38名，除去YS镇其他每个乡镇平均配额2名为老服务人员。例如，宿迁市ZT镇的一名政府购买居家养老服务人员L谈道：

> ZT镇目前有援助和补助对象46名，共有包括我在内的两名服务人员。其中，这些服务对象住区都不集中在镇上，大多分散，我平时去服务对象家中服务2个小时，但是我从镇上的服务中心出发需花费0.5—1个小时车程，遇上天气欠佳，又无直达车辆，我只能先坐车到最近地方再走路过去，这来回在路上的时间我都可以多服务一位老人。

由此可知，政府购买居家养老服务人员的工作量较大，农村地区的居家养老服务工作环境较为辛苦。

最后，在留住人才上，当前政府购买居家养老服务人员的晋升空间相对较为狭窄，为老服务市场尚未形成规模化发展使S市居家养老服务中心的工作重点仍在服务对象的开发上，而对服务人员的职业福利待遇上不够重视且存在着明显城乡差异化。近50.0%的基层服务人员尚未获得“五险一金”，且福利获得者仅限于“养老保险和医疗保险”。此外，从政府购买居家养老服务人员的职业动机来看（见图3-11），大部分的职业选择原因是出于打发时间，赚取零钱补贴家用（占比26.3%）和没有找到其它合适的工作（占比26.3%）。这种缺乏明确工作动力和低工作热情必然会加剧工作人员的流动性，导致为老服务人员稳定性差。这对于长期选择社区居家养老的老年人来说反而是一种情感负担，不利于政府购买居家养老服务的顺利开展及服务质量保障。

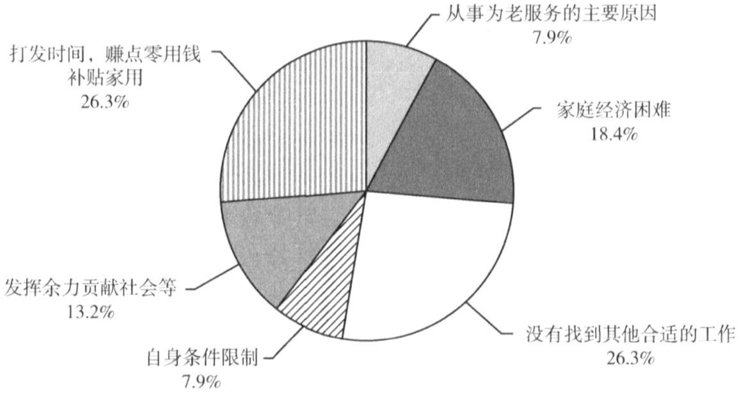

图 3－11　直接服务人员从事该项工作的主要原因

3. 宿迁市居家养老服务中心的运营情况

宿迁市居家养老服务中心的运营情况，主要是体现在“居家养老服务＋日间照料”两大板块。其中，居家养老服务主要是借助于现代化信息网络技术“远程化管理、辐射面广、成本较低”等优势，基本上实现了城乡一体化虚拟养老，打破了传统的院舍养老服务；日间照料中心主要为居家老年人提供就餐点、文化娱乐服务、健康保健、中医针灸等多样化、个性化的服务。

从运营成本上来看，该中心的运营费用主要是由信息平台维护费、工作人员费用、服务机构维护运行费三部分构成。另外，由于该中心以生产公益性产品为主，除了必要的政府财政补贴以外，其自助运营费用主要是集中在人力资源方面。结合当前的市场薪酬工资待遇，该服务中心员工工资费用大约为每年八万元，并且随着人才队伍建设的不断挖掘和培养，养老服务成本的不断加深与有限的养老服务消费市场，政府购买居家养老服务难以形成规模效益，使得该中心今后的运营和发展面临着巨大的压力与挑战，甚至可能会影响到整个政府购买居家养老服务的运行和服务质量的有效保障。

4. 监督与管理情况

有效的监督管理是保障政策执行的有力手段，随着宿迁市社会化养老服务体系的不断健全和完善，目前，宿迁市已形成了以“线上＋线下”相结合的监督管理模式。

一方面，在线上监督上，主要由市居家养老服务中心运用“95002”热线平台展开实时动态监控，并辅助于每月 2—3 次的电话回访和畅通的电话投诉热线，以求实时了解养老服务实况并及时将信息意见反馈给相关部门，落实相关的解决方案。另一方面，线下监督，则是由各驻镇管理人员每月一次的入户面访、服务对象所在社区街道办事处人员、年度第三方调研考核小组展开社会化监督与管理组成。

从整个监督管理的主体来看，监督与管理的主体虽然实现了多样化，涵盖了从政府、社会、个人多主体、多方面参与整个政府购买居家养老服务运行的监督管理过程，切实贯彻落实好这一关乎国计民生的社会化服务。但是，据调研情况来看，当前宿迁市“线上＋线下”相结合的监督管理本质上仍是以单向自我内部监督为主，民政部门虽明文规定对各镇社区居家养老服务工作进行实地监督指导，但实际上各乡镇民政办和社区工作人员的监督形同虚设，更多在于提供信息，双向监督严重不足。

此外，在外部监督上，该市政府委托宿迁市理工学院评估组对服务效果进行的年度考核评估，本质上属于事后监督，无法替代过程监督，并且受益对象大多自主监督意识薄弱、文化程度有限等因素制约难以有效、真实地反馈出服务供给过程中的问题。外部监督不足和内部监督单向性形成的有效监督不足，必然会难以全方面地反映实际工作效果，不利于政府购买居家养老服务的良性发展。监督与管理的效力还有待进一步提升，以及监督与管理后的反馈及退出机制有待进一步建立和完善。

三、思考题

1. 思考目前地方财政在促进养老服务发展中存在哪些问题？
2. 分析我国社区居家养老的现状？
3. 分析该案例中居家养老服务取得成功的原因？

案例说明书

一、课前准备

本案例要求学生提前阅读案例正文，搜集有关我国社区居家养老现状的资料，重点关注政府参与社区居家养老的优势、困难等状况。了解国内外政府购买居家养老服务取得的成功或失败的经验。

二、课堂安排

1. 学生熟悉案例背景：结合课前预习的相关理论知识总结提炼案例的基本要点和关键问题，并结合案例后面的思考题进行讨论。此项安排时间大约20分钟。

2. 教师组织进行讨论：围绕案例后面的思考题，安排学生进行分组讨论，每个小组确定一个核心讨论问题。具体思路按照："是什么（what）"—"为什么（why）"—"怎么样（how）"的线索展开。要求每组学生完成以下工作：首先，针对四个教学目标进行资料搜集，对涉及的基本专业知识进行简要介绍；其次，结合实践进行理论分析，分析社会保障支出的重要性和必要性；最后，学生针对如何进一步提高我国社区居家养老服务水平，提出相关的政策主张或建议。此项安排时间大约45分钟。

3. 教师进行评价和点评：归纳总结小组讨论的共识，提出继续思考的问题。此项安排时间大约20分钟。

三、教学目标

1. 通过学习该案例，熟悉地方政府购买居家养老服务的方式和特点。

2. 了解地方政府社区居家养老的相关政策，体会财政的资源配置职能在现实中发挥的作用。

四、思政元素

1. 地方政府购买居家养老服务体现了公平正义的价值观。政府通过购买服务的方式，使老年人都能够享受到养老服务的便利，无论其经济条件如何。这消除了贫富差距对于养老服务获得的影响，使老年人在服务的质量和范围上得到公平对待。

2. 地方政府购买居家养老服务也涉及公共参与和民主意识。政府需要广泛听取老年人和相关利益相关方的意见和建议，以确保购买的服务真正满足老年人的需求。这种公众参与和民主决策的做法体现了政府依法行政、关注民众声音的原则，培养了公民的民主意识和参与能力。

五、要点分析

1. 社会福利

社会福利有广义和狭义之分。广义的社会福利与社会保障是同义语；狭义的社会福利是社会保障的组成部分。这里用的是狭义的概念。社会福利可以划分为三个层次：公共福利、专项福利、区域性福利。公共福利是指国家和社会团体兴办的以全体公民为对象的公益性事业，包括文化教育、公共卫生、公共娱乐、市政建设、环境保护、住房补贴等。专项福利是指国家和社会为特殊人群的特别需要举办的福利项目，如老人福利、妇女儿童福利、残疾人福利等。区域性福利是指国家和社会为改善一定范围内公民的生活状况设置的福利项目，如我国为淮河以北地区设立的冬季取暖补贴制度等。

社会福利计划旨在改善生活质量，保证公民享有一定水平的物质和精神生活，其所需资金主要来自公共财政，部分来自社会各界的善款。作为社会保障体系的最高层次，社会福利的发展与国民收入水平密切相关，规模、水平随国力的强大不断提高。

2. 政府介入社会保障的理论基础

社会保障是一项由政府引导的强制性的制度，它需要政府依法予以推动。而从中外社会保障制度的发展过程来看，社会保障体系都是在政府的主导下逐步建立起来的，当代各国都毫无例外地把提供社会保障纳入政府的职能范围。

（1）保护公民基本生活权利

基本生活权利是公民的一项经济权利，意味着人们具有摆脱贫困、拥有生活所需的基本物质财富的权利。在市场经济条件下，单靠市场的资源配置无法实现这一权利。例如，当社会成员在遭遇无法预料或人力无法抗拒的灾难（如严重疾病、自然灾害等）而导致生活困难时，只有通过政府提供的无偿援助，才能真正使这部分社会成员摆脱困境。然而，在早期市场经济体制下，政府和法律并不保障这一基本经济权利。在斯密《国富论》关于政府义务的经典论述中，也没有提到政府有保障公民不受物质匮乏的义务，人们只能靠自己的双手去摆脱贫困，获得基本的生活权利。直到 20 世纪，人们才逐步认识到人类免于贫困的基本生活权利是一项基本人权，政府有责任去保护公民的这一权利。1948 年，联合国大会通过并颁布了《世界人权宣言》，其中第 25 条明确宣称，“人人有权享受为维持他本人和家属的健康和福利所需的生活水准，包括食物、衣着、住房、医疗和必要的社会服务；在遭到失业、疾病、残废、守寡、衰老或在其他不能控制的情况下丧失谋生能力时，有权享受保障。”至此，公民的基本生活权利终于成为全人类所共同认可和追求的基本价值，保障公民的这一权利也逐渐成为世界各国政府义不容辞的责任。

（2）提供个体评价低于社会评价的优值品

社会保险是一种优值品，政府的介入体现了家长主义的观点。按照家长主义的观点，公民会时常不明智，没有远见，所以既不能在年轻时安排足够的储蓄，也不愿意为预防未来可能的风险而购买商业保险，因此，政府有必要强制地要求社会成员将现在的一部分收入存入其个人账户或存入政府的社会保险账户，并为其管理这笔资金以供未来使用。

（3）消除保险市场上的逆向选择

逆向选择是信息不对称导致的一种后果。在保险市场上，逆向选择是指保险公司面临的索赔概率大于平均概率的现象。当风险较小的投保人认为自己的付出会比可能得到的利益大，因而不愿意投保，而愿意投保的大多是风险较大的个人时，保险公司必然亏损。这时，理性的保险公司将会选择退出这一险种的市场，社会保险就会成为社会成员的共同需要。政府应对逆向选择问题一个最简单的办法就是实行强制性的全民保险。如果所有人都购买了保险，那么索赔概率必然等于平均概率，逆向选择现象也就自然消失了。

（4）调节收入分配，缩小贫富差距

市场经济向效率倾斜，在激烈的市场竞争中强者愈强、弱者愈弱，如果不加以干预，强弱两极分化会引发社会不公平感，导致社会矛盾激化。政府通过社会保障计划实现国民收入的再分配，缩小贫富差距，保障基本生活，扶助弱者，为弱者继续参与社会竞争创造条件，有利于维持社会公平。同时，社会福利计划为公民提供了减费或免费的公共服务和各类福利措施、福利津贴，方便了生活，提高了生活质量。

（5）维护宏观经济稳定，平抑经济周期波动

健全完善的社会保障体系不仅是“社会安全网”和“社会减震器”，还能够在一定程度上帮助政府调节经济、平抑经济周期波动。由于社会保障体系中的扶贫支出和失业费等支出，在经济过热时大幅度减少，在经济过冷时大幅度增加，从而促进经济回升或抑制经济衰退，因而对经济运行具有自动稳定功能。

第四章　财政管理

案例1　推进预算绩效管理助力经济合力发展

一、背景简介

随着我国进入经济新常态，经济的发展从原先的高速增长转向高质量发展。在这一背景下，财政收支矛盾加剧，地方财政问题日益突出，各地方财政面临更加严峻和复杂的局面。如何在经济新常态下缓和地方财政问题、促进地方效率的提升，从而实现地方财政的可持续，是历次中央和省级财政体制改革的重点。早在2016年，中央就在第十三个五年规划中提出了要“完善财政可持续发展机制”的目标；2021年中央经济工作会议也强调了“积极的财政政策要提质增效、更可持续”的工作方向，促进财政可持续已成为政府工作的重点。

与此同时，为应对高质量发展时代的到来，全面深化改革的战略部署逐渐落实，预算绩效管理工作也在不断渗透和推进。2017年，党的十九大报告中着重对预算制度的建立、实施的重要性与必要性进行了阐释，强调各级政府应当落实好各项绩效管理工作。2018年9月中央发布了《中共中央 国务院关于全面实施预算绩效管理的意见》，这标志着预算绩效管理在全国范围内的全面正式开展，并且对政府工作能力提出了新的要求。

绩，功也，业也，事也，成也；效，果也，用也，益也，利也。绩效是人类一切活动的共同追求，也是国家治理体系和治理能力现代化的必然要求。党的十八大以来，党中央、国务院对预算绩效管理改革作出一系列重大决策部署，全方位、全过程、全覆盖预算绩效管理改革全面实施，有效提高了财政资源配置效率和使用效益，为建立现代预算制度奠定了重要基石。“提高效率”和“加强预算管理”同样是全面实施预算绩效管理的重要目标。随着全面实施预算绩效管理在全国范围内的正式推行，地方政府预算绩效管理能力得到提高，随之而来的是预算管理水平和政府效率的提高、财政可持续能力的提高。但是实践中的全面预算绩效管理制度仍存在很多问题，财政可持续的衡量体系也需要进一步完善，因此研究全面预算绩效管理对于财政可持续的影响、为今后的政策完善和预算改革提出建议，能够有效完善政府治理体系，有助于实现资源整合配置的最优化，并且促进地方财政可持续发展。

二、案例概况

（一）深化预算绩效管理改革，“浙”份典型案例可借鉴

1. 全面推行事前绩效评估

哪些钱不该花？哪些钱要舍得花？哪些钱要花得更高效？浙江省各级财政建立事前绩效评估机制，对拟新增的重大政策和项目开展事前绩效评估，将论证结果作为预算安排的前置环节，论证不充分、设计不合理、预期绩效不理想的项目不予立项。事前绩效评估，打破了以往部门单位“先圈钱再定项目”的保基数做法，强化“先谋事再谋钱”。

（1）杭州市：以事前绩效评估为突破口，严控财政增量

杭州市财政局出台《杭州市预算事前绩效评估管理办法》，对拟新出台的重大政策和项目，就立项必要性、投入经济性、绩效目标合理性、实施方案可行性和筹资合规性等进行客观、公正的评估。2021 年预算编制中，市财政局牵头审核项目 20 余个，涉及财政资金 52.8 亿元，核减率达 33%。

A. 纳入决策程序，确立评估地位

明确对拟增加财政资金的事项，市级各主管部门应细化绩效目标和资金测算，提出资金用途、补助对象、分配办法和实施期限等建议，对新增重大政策和项目应组织开展事前绩效评估，评估意见同新增政策一并按规定提交市委、市政府决策。

B. 细化内容流程，保障评估开展

评估对象上，明确为拟新出台且需财政预算资金安排的 1 亿元及以上的基

建投资项目和 1 000 万元及以上的其他政策和项目；评估主体上，遵循“谁提出政策和项目，谁负责评估”原则；评估程序上，对评估、审核、上会等作出明确界定；评估内容上，制定事前评估报告模板和审核规则、审核条款。

C. 突破重点领域，强化基建评估

市财政局会同市发改委印发《关于试行市本级政府投资项目事前绩效评估工作的通知》，结合政府投资项目特点和杭州市前期生成决策机制，从项目可行性研究环节入手，进一步明确事前绩效评估的对象、节点、方式和结果运用，将事前绩效的要求融入前期研究的全过程，明确事前绩效评估与项目可行性研究同步开展、同步完成、同步审查。

D. 行业分类审核，严格专业把关

市发改委、市数据资源局、市商务局、市规资局、市委组织部等 5 个行业主管部门牵头组织对基建投资、信息化、会展、规划、人才等项目牵头开展事前绩效评估结果审核，其他项目由市财政局进行审核，审核意见作为预算编制的前置环节。分类审核确保审核标准、口径、流程的统一，提高审核专业性和效率。

（2）余杭市：强化事前绩效评估，提升政府项目资金质效

余杭区财政局出台重大政府投资项目事前绩效评估实施办法，2021 年对 51 个重大政府投资项目开展事前绩效评估，共节约建设资金约 18 亿元、可用土地超 12 万平方米，针对基建领域中重投入、轻绩效等问题，从源头上减少财政资源配置的低效无效。

A. 形成投资规模控制闭环，促进绩效审核科学化

一是估算控制小闭环。如教育项目，从投资规模对使用主体数核定、建设方案核定、单位建设规模核定、单方造价核定等四个环节进行把关，环环相扣，避免超标。

二是绩效管理大闭环。从效益角度对投入进行核验，形成投入—产出—效益—满意度的对照闭环。

B. 深化绩效指标管理制度，实现指标体系标准化

一是建立分类标准模板。完成学校、道路、安置房等完整版绩效指标体系和使用说明搭建，共设置各类指标 313 个。

二是将绩效目标合理性论证嵌入目标表。在目标表中写明相关标准来源、相关标准内容、指标是否优化，方便了指标合理性论证的管理。

三是加强指标审核对比。加强目标数据与可研文本数据的比对，进行数据

间逻辑验证，每个项目平均每次指出问题 5 个以上。

C. 开启事前绩效预审机制，促进评估论证专业化

一是推出预审机制。在发改部门立项所需资料的完备性审查基础上，增加对财政资料的完备性审查环节，对事前绩效评估材料进行审定。

二是引入专家机制。考虑项目实施专业性，事前绩效评估审核中，由评审专家出具余杭区重大政府投资项目事前绩效评估专家意见书，结合部门、专家评审意见综合考虑。

2. 加快推进部门整体绩效预算改革

紧紧围绕党委、政府中心工作及部门和单位职责、行业发展规划，建立可量化、可衡量、可比较的部门整体绩效指标体系，并与行政绩效考核目标相融合，从源头破解行政绩效与预算绩效“两张皮”及指标不够量化科学等问题。

（1）东阳市：加快推进部门整体绩效预算改革

东阳市财政局以预算资金管理为主线，以运行成本、管理效率、履职效能、社会效应、可持续发展能力和服务对象满意度等方面的指标设置和评价为重点，加快推进部门整体绩效预算，全面提高部门和单位整体绩效水平。2018 年以来，累计完成 24 个部门整体支出重点评价，涉及财政资金 43.74 亿元。

A. 目标先行，建立事前整体绩效目标申报机制

从部门职责、工作任务以及预算项目三个方面出发，力求期初整体绩效目标设定既能符合部门整体战略目标，又能落实到各具体的预算项目中，实现绩效目标的引导性和可评价性。按照可比可测、动态调整、共建共享的思路，理顺部门职责和重点任务，坚持“一个部门，一套指标”原则，建立“部门职责—战略目标—预算项目”三级部门整体绩效目标，指标体系根据“3 + 5 + 15 + N”统一设置 4 级指标。

B. 动态监控，形成事中跟踪机制

绩效管理系统根据预算指标系统的预算项目和重要标识信息，通过对国库集中支付系统实时取数，实现绩效目标的完成程度与预算资金执行进度的匹配性管理。建立资金时效性预警机制，按照执行进度与序时进度的对比划分设立三档反馈预警线，低于序时进度为红档、高出序时进度 10 个百分点内为黄档、高出序时进度 20 个百分点为绿档，加快部门整体预算执行进度，确保绩效目标如期实现。

C. 绩效掌握，完善事后评价机制

严把评价指标设置关，将基本运行绩效、重点履职绩效、部门综合绩效涉

及的各项指标融入整体支出绩效评价指标体系，统一设置“决策、过程、产出、效益”4个一级指标，二级指标和三级指标中，针对基本运行绩效，细化若干共性指标；针对重点履职绩效、部门综合绩效，结合部门特色设计若干个性化指标。每个指标与年初申报目标一一对应，确保评价指标能客观反映部门年度工作计划的开展情况、项目的实施落实情况、实际取得效益成果情况等整体支出绩效。

D. 结果反馈，健全评价运用机制

将评价结果与部门预算安排相挂钩，考核级次分为优良差三档，列为优档的在下年预算安排中给予公务费上浮5%，差档的核减公务费5%，从而起到奖优罚劣的作用。

（2）富阳区：“以绩效论英雄”，推进部门整体预算绩效改革

A. 强化部门预算绩效主体责任

提请区委、区政府出台《全面落实预算绩效管理实施意见》，明确各乡镇（街道）、各部门（单位）是预算绩效管理的责任主体，从制度层面上得以规范。出台《政府专项资金管理办法》，明确在政府专项管理中财政、部门、项目单位等的职责分工，真正做到理财主体责、权、利的明确、对等、统一。

B. 精准核定预算包干总额

印发《关于开展部门预算包干总额核定工作的通知》，明确预算包干总额核定的范围、内容、要求、分工和时间等。根据绩效优先的原则，全面梳理全区60个部门的所有预算项目和政府专项，对部门的预算包干总额进行核定，报经区政府同意后，形成各个部门的预算包干总额。

C. 预算列支标准规范细化

建立涵盖人员支出标准体系、经费支出标准体系、实物配备标准体系和项目支出标准体系等的预算编制标准体系，部门预算包干总额度内按照标准化、规范化和精细化的要求编制和执行预算，实现预算包干总额管理方式的螺旋式上升。

D. 建立数字化画像的全面考核机制

科学设置指标，其中：财政管理占20%、资金绩效占80%。构建部门整体预算绩效画像数字化系统，全部指标纳入系统管理。

E. 考核结果运用全面挂钩

年初设置部门整体绩效预算考核专项资金，部门整体绩效预算改革领导小组对部门上一年度的部门整体绩效预算情况进行考核，形成考核结果，当年统

筹有效运用，实行考核结果排名末位进行约谈，与部门预算包干总额、部门考核等次、领导干部经济责任审计、巡察监督安排、单位主要领导考评等挂钩。

3. 高水平构建预算绩效评价体系

根据省委、省政府总体部署及财政中心工作，建立“系统联动、重点突出、分类实施”的绩效评价工作机制，着力推动财政政策的系统集成和资金清理整合。

（1）丽水市：优化科创政策绩效评价，推动政策迭代升级

“十三五”期间，丽水市财政局积极践行“绿水青山就是金山银山”理念，针对处于经济结构调整关键时期的现状，着力进一步提升科技进步对经济增长的贡献率，以《丽水市科技发展“十三五”规划》为引领，出台一系列科创支持政策，助推科技创新发挥调整产业结构、转变经济发展方式的核心作用，支持探索以科技创新引领绿色生态发展之路。

2021 年，丽水市财政局针对科创政策实施成效，专门开展科创政策绩效评价，主要涉及创新研发支持、技术创新引导和创新条件建设等三方面内容，涉及 2019—2020 年科创扶持资金 5 945 万元。评价组着重从经济性、效率性、有效性等 3 个维度对政策进行全面评价。通过全面评价分析，本轮科创政策绩效评价得分 24. 53 分，评价等级为“良”。评价指标体系如表 4 – 1 所示。

表 4 – 1　　丽水市 2019—2020 年度科创政策绩效评价指标体系

一级指标	二级指标	三级指标
经济性（10 分）	政策合理性（10 分）	依据充分性（5 分）
		目标设立合理性（3 分）
		目标设立明确性（2 分）
效率性（10 分）	业务管理效率（4 分）	业务制度健全性（1. 2 分）
		执行有效性（1. 2 分）
		平台使用效率（0. 8 分）
		政策空转率（0. 8 分）
	资金管理效率（6 分）	财务制度健全性（1 分）
		资金结构合理性（1 分）
		预算执行率（1 分）
		预算调整率（1 分）
		资金使用合规性（2 分）

续表

一级指标	二级指标	三级指标
有效性（10分）	产出数量（2.4分）	重点研发计划立项和结转（0.6分）
		公益性技术应用研究计划立项（0.6分）
		国家高新技术企业认定（0.6分）
		省高成长科技型企业、科技型中小企业认定（0.6分）
	产出质量（0.8分）	创新券使用效率（0.4分）
		验收通过率（0.4分）
	产出时效（1.4分）	年度任务完成（0.4分）
	经济效益（宏观层面，2.4分）	高新技术产业增加值占规模以上工业增加值比重增减情况（0.6分）
		技术合同交易额增减情况（0.6分）
		R&D（研究与开发）经费支出占地区生产总值（GDP）比重增减情况（0.6分）
	经济效益（微观层面，1.2分）	受益企业经营情况（0.6分）
		项目成果转化等情况（0.6分）
	社会效益（1.2分）	万人有效发明专利拥有量（0.6分）
		创新创业氛围提升（0.6分）
	受益主体满意度（1.6分）	

A. 理顺一个绩效评价协作机制

通过此次绩效评价，进一步理顺四方面的协作关系，即财政内部处室之间的协作、财政部门与主管部门的协作、财政部门与中介机构的协作、主管部门与中介机构的协作，推动形成同心同向、协调一致的良好局面。

B. 制定一个政策绩效评价样本

从方案的制定、指标体系的构建、评价工作的组织实施、评价报告的撰写等方面，形成一个以“部门自评、第三方重点评、专家复评”为特点的财政政策绩效评价样本。

C. 完善一个评价结果应用机制

推动科创政策迭代升级、提高财政资源配置效率和财政资金使用效益是此次绩效评价工作的出发点和落脚点。评价组秉持“寓评价于服务”的理念，进一步提高政治站位，结合丽水实际，有针对性地提出当前科创政策与人才政策融合不够、产业扶持零散、部分政策条款重复补助、科技成果转化率不高等7方面问题及相关建议，并将绩效评价结果进行充分应用。针对原有政策实施中存在的“短板”，新出台的政策中突出绩效导向，将成果转化作为绩效评价重要指标，将重点实验室等平台政策支持改为“认定奖励 + 基于绩效”的持续支持，鼓励其不断提升能级。同时，废止实际效果差的 3 个条款，优化升级政策标准，并进一步加大对半导体、生物医药等重点产业的扶持力度，有效增强对重点产业发展的引导激励作用，使评价结果最终落到实处（见图 4 - 1）。

图 4 - 1　丽水市人才科技政策推进大会

（2）衢州市：完善重大财政政策绩效评价机制

A. “方案 + 模板”促进管理规范

一是统一实施方案。制定《财政政策绩效评价工作实施方案》，明确评价重点，规范评价程序和方式，确保工作有序推进。

二是统一文本规范。在总结以往绩效评价报告常见问题的基础上，制定《衢州市财政支出政策绩效评价报告（参考模板）》等参考格式，为评价人员提供范例的同时，也确保文书规范、要素齐全。

B. “框架 + 细化”优化指标体系

一是求同存异。制定评价指标时，既力求通用可比又兼顾个性需求，形成“3 + 7 + 12 + N” 4 级指标模式。即：3 个一级指标、7 个二级指标作为共性指标统一设置，12 个三级指标根据政策适度调整，四级指标基于不同政策特点具体设置。

二是立足实际。以“体系建设”为抓手，对标政策、市场等要素设置评价指标体系框架，在走访部门企业、回访受益主体、了解项目实施情况基础上，逐步细化，动态调整，并最终形成较为科学的评价指标。

三是有所侧重。聚焦政策落实，从关注政策涉及的项目资金本身成效，延伸至聚焦项目与政策落实的匹配性和贡献度等。注重结果导向，侧重考量资金投入的实际效果是否切实达到扶持目的、发挥引导作用。坚持公众满意度导向，设置不同的满意度指标对各类受众开展满意度调查，重点关注政策差异性公平。

C. “全面 + 重点”提升评价质效

一是在评价对象上“点面结合”。将评价对象拓展至政策出台、项目立项、政策实施等所有环节。在实现全过程覆盖的同时，重点突出对政策制定合理性、管理规范性、执行有效性的评价。

二是在评价方式上“统筹兼顾”。在对“四大专项”涉及的各类子政策进行全面评价的同时，选取 30% 的子政策开展重点核查，经过 3 年轮换实现全部子政策重点评价。既从面上作出客观评判，又能集中力量对重点项目绩效作出精准分析。

D. “反馈 + 落实”强化结果应用

一是运用于政策调整。充分利用绩效评价阶段性成果，通过中止、归并或新增一批政策，梳理编制次年“四大专项”政策清单，使目标更聚焦、政策更精准。

二是运用于管理改善。将反馈机制贯穿于评价全过程，及时向部门反馈问题，督促部门落实整改、加强管理。

三是运用于监督检查。评价发现违规兑现资金等问题，及时启动财政监督程序，开展财政检查，责成部门落实整改。

（二）广西创新实施“数字编办”“智慧绩效”工程

为解决绩效数据分散沉积、利用效率偏低、应用场景不够丰富的问题，广西壮族自治区党委编办（绩效办）创新开发绩效管理集成数据库和“桂绩通”App 等信息化系统。绩效管理集成数据库汇集了 2008 年以来 73 万多条绩效数据，分类别搭建数字模型，自动整合分析海量绩效数据，可直接查找分析历年绩效结果、短板弱项，建设主要经济指标发展演变、部门履职情况分析等数字应用场景，打造纵向贯通、横向融通的“数字大脑”。“桂绩通”App 一键直达联通“天眼”察访核验系统和绩效管理云平台，全面融合接入绩效数据资源，实现各市各部门历年考评、年度指标进度等绩效信息实时可查，重大项目进展全程可视，开启广西壮族自治区绩效管理“掌上应用”新篇章。

1. 主动服务指导　评出实绩实效

广西壮族自治区综合绩效考评自2012年以来已连续开展10余年，有力发挥着激励鞭策的“指挥棒”作用。区委办公厅牵头组织对全区16个州（市）、72个区级机关单位和8个民主党派区委会机关进行一年一度的全区综合绩效考评。年度考评结果经区委常委会会议审议同意后，以区委办公厅、区政府办公厅名义进行通报。

如何认真学习领会和贯彻落实习近平总书记关于树立和践行正确政绩观、推动高质量发展的重要论述，进一步把综合绩效考评工作做好，既为基层减负，又更好评价各地各部门推动发展的实绩实效？区委办公厅深化作风革命、效能革命，践行项目工作法、一线工作法、典型引路法，下沉考评重心，赴州（市）、进部门开展现场指导服务，提升考评质效。

（1）一线优化指标，力促考评指标申报“零退回”

“全区综合绩效考评工作，事关党中央、国务院决策部署和区委、区政府中心工作落地落实，事关推动作风革命、效能革命走深走实，事关州（市）和区级机关单位工作实绩的科学评价。”区委办公厅检查考评处负责同志说，综合绩效考评是一件十分严肃的事情，必须着力提升考评指标针对性和结果精准度。

区委办公厅负责研究起草考评指标体系，力求各项指标突出重点、服务全局。以2022年度州（市）综合绩效考评指标体系为例，其中一级考评指标“基础考评”项下就有地区生产总值、教育综合发展系数、城镇污水处理率等36个二级考评指标，一级考评指标“重点工作考评”项下有营商环境、数字经济、城乡绿化美化等10个二级指标，具体考评细则更加细化。

“涉及工作事项众多，如果前期调研不深入、指标设置不够科学合理，很容易让基层无所适从。”区委办公厅深入州（市）和部门听取意见建议，急基层之难，解基层之惑，推动考评工作更加科学、精准、规范，更好引导激励各地区各部门担当作为、狠抓落实。

2022年，全区综合绩效考评工作方案出台后，区委办公厅第一时间派出工作人员，主动走进考评对象单位帮助梳理职能指标、确定重点任务、确立争创目标，现场审核职能指标体系，保障各考评事项精炼清晰且具有可操作性，最终72家区级机关单位职能指标网上申报全部实现“一次过”、提交材料“零退回”。

区委办公厅推行前置审核到一线，充分运用上年度考评结果，带着问题和评议意见主动上门开展二级指标考评细则的前置审核220余次，精简考评内容约三分之一，实地考评事项控制在5项以内，集中审核备案时间比上年度压缩了10个工作日。

“我们与区委办公厅一起推进基层考核台账零报告，从区直行业部门直接提取数据，直接采用统计部门核准数据，既减轻了基层报送材料数据的负担，也实现了考评更加精准化。”作为考评责任单位的区发展改革委数字经济协调处副处长蒋龆说，“基层对一些考评项排名的争议也减少了。”

一系列的指标优化，既考出了实绩实效，也激发了干劲。2022年度，昆明市在打造一流营商环境、数字经济、高新技术企业三倍增行动等11项指标的排名上取得全区第一。曲靖市在全区综合绩效考评中实现“四连冠”。通过优化招商引资指标的考核，77.78%的区级机关在招商引资加分项中得到加分。

（2）一线释疑解惑，力促考评对象“零顾虑”

综合绩效考评涵盖全区政治经济社会文化发展方方面面，不可能全部实行量化考评，有的指标在定性考评时容易引起考评对象单位的争议。

区委办公厅通过调研发现，有少数基层干部对个别二级指标考评存在疑问，但直接向考评责任单位查询又有顾虑。针对此现象，区委办公厅利用1个月时间分组到7个州（市）、14个县（市、区）实地核验考评情况，梳理分析基层反映的问题和提出的建议，积极回应基层疑虑，督促指导考评责任单位优化完善工作方式方法，推动考评工作更加公平公正。

自治区侨联考评成绩长期落后，经过区委办公厅上门答疑解惑、动态跟进指导，各项工作不断提质增效，该单位2022年度考评从上年度的“合格”等次一跃跨过“良好”进入“优秀”等次，彻底改变了过去存在的所谓“弱势部门”的错误认知，有力调动了群团组织和参公管理事业单位争先创优的积极性、主动性。

科学考评过程也是引导考评对象单位树牢正确政绩观的过程。通过真察实考、精准考评，引导各地各部门走出重考评轻指导、视考评为“打分排名”等认识误区，真正发挥考评转作风、谋发展、促落实的导向作用。

（3）一线指导帮助，力促考评服务“零距离”

区委办公厅主动上门开展个性化业务培训和指导服务，面对面交流绩效管理经验，全力提升各级考评机构、考评人员的业务水平，对考评成绩不够理想的区级单位开展一对一指导。

“把绩效考评与日常业务工作有机结合起来，定量与定性有机结合，完善内部考评，加强督办管理，不仅实现名次大幅提升 34 位，还为其他单位做出了示范。”区国动办（区人防办）综合处副处长林建国介绍该单位的“跨越”经历。面对多年考评结果排名倒数的不利局面，区国动办（区人防办）与区委办公厅沟通后，后者迅速派出工作骨干开展面对面指导服务，一项一项共同分析梳理短板弱项，并指导制定了 3 年绩效管理规划、确定绩效考核关键指标和重点工作目标，绩效管理水平大幅提升。

“他们是主动来到地方指导服务，‘零距离’听取基层的意见建议，实地解决基层的难点、堵点、卡点。”临沧市委办考评联络科科长杨润锦从事考评工作 10 年有余，他为区委办公厅的一线工作法点赞。

2022 年度全区综合绩效考评中，85% 的州（市）和 75% 的区级单位因争创效果显著获得加分，多家区级单位实现加分事项零的突破，其中区工商联等单位历史性获得“优秀”等次。

持续推进考评工作制度化规范化建设也是一个重点努力方向。区委办公厅坚持平时考评与年终考评相结合，强化日常管理的规范性连续性，加强“云南省综合考核评价管理系统”“互联网 + 评测评议”等信息技术平台运用，极大提升了年终考评的时效性和精准度。

区委办公厅不是“一发了之”，发个文就不管了，而是深入一线，耐心倾听基层心声，“手把手”面对面答疑解惑。针对难点和痛点，加强源头管理，帮助基层解决具体难题，对基层工作非常有利。考核评价工作是推动党中央决策部署和区委、区政府中心工作落地落实的重要手段，也是激励广大干部担当作为、拼搏奋进的重要举措。

持续加强综合绩效考评工作，让“指挥棒”作用得到有效发挥，要结合开展主题教育，高站位、高标准守正创新抓下去。考评什么不考评什么，具体指标如何考核，事关工作落实，事关基层减负，要与时俱进优化完善。区委办公厅深入基层一线，大兴调查研究，优化指标，提升服务，既考出实绩，又考出服气，还减轻了基层负担，值得为之点赞。

2. 临桂区：下好绩效考核“三步棋”推动基层党建高质量发展

近年来，临桂区牢固树立大抓基层的鲜明导向，坚持把绩效管理与党建工作有机融合，着力在设置考评指标，规范考评程序、强化结果运用上狠下功夫，推动全区基层党建工作高质量发展。

（1）下好考评指标“先手棋”，压实党建责任

年初研究制定《临桂区基层党建工作量化考评方案》，对全年党建工作任务进行详细分解，细分为贯彻落实党建工作责任、抓党建促乡村振兴、落实社区、机关企事业单位党建工作、持续巩固提升两新组织党的组织和工作覆盖质量等 11 个大项 41 个小项的具体指标，明确各项任务要求和推进时间节点，把基层党建由“软指标”变成“硬杠杆”。压实区、乡、村三级党组织抓基层党建工作责任，制定区委、乡（镇）党委、区有关工委（党委、党组）和村（社区）党组织 4 项工作责任清单，明确各项任务的责任领导、牵头单位，将落实责任到人，确保各级党组织按时按质按量完成全年党建工作。

（2）下好考评程序“关键棋”，强化组织功能

以“五基三化”提升年行动为抓手，采取“平时考评 + 年终考评”的考评模式，坚持抓在日常、严在经常，强化过程管控，系统评估绩效。平时考评主要是采取不定期专项检查，通过实地核验、现场访谈、查阅资料等方式，着重对党支部标准化规范化建设、农村基层党组织星级化管理、驻村工作队管理等工作开展情况进行检查，确保将各项工作落细落实。年终考评由区委组织部牵头召开，全区各级党委（党组、工委）书记抓基层党建工作述职评议会议，按照综合考评、述职评议、专项考核测评、综合评价 4 个考核步骤依次进行，同时在工作创新、品牌打造、超额完成组工信息等方面设置一定权重的加分项，鼓励基层党组织争创先进。

（3）下好结果运用“主动棋”，激发干事活力

突出“抓好党建就是最大政绩”的鲜明导向，坚持把基层党建工作考核评价结果纳入领导班子和领导干部年度考核评价体系，作为干部实绩评价和选拔任用的重要依据。每年对各级党委（党组、工委）书记抓基层党建进行量化考评，对重视党建工作、认真履行职责、评议考评结果为“好”的，年度考核才能评为优秀等次；对思想上不重视、工作上不研究、投入精力少、不真抓实干，考评结果为“一般”的，要进行组织约谈，督促整改；对考评结果为“差”的，由区领导约谈提醒、限期整改，问题严重的要依照有关规定严肃追责问责，不断发挥绩效考评的激励和鞭策作用，助力基层党建工作迈上新台阶。

3. 龙胜县：“三措并举”优化绩效考核指标

龙胜县紧紧围绕县委、县政府当前工作重难点，围绕考核指标设定、考核指标量化，不断优化绩效考核指标，进一步激发全县干部职工工作内生动力，

助推各项工作高效落实。

（1）注重用好考核细则“计算器”，增强目标考核工作的科学性

该县结合经济发展的战略定位，针对不同乡镇、不同县直单位的工作职责、发展定位，以提高经济质量和效益为中心，乡镇重点考评农村经济发展、民营经济发展、为民办实事、特色工作等指标，结合乡镇自身优势和潜能设定目标任务。县直单位重点考评上级绩效指标、为民办实事、重点工程、履行职能职责等指标。目标考核体系涵盖党的思想、组织、作风、制度建设和经济发展、民生事业、和谐稳定等内容，注重多侧面看、多渠道听、多角度比，由“一把尺子衡量”向“多把尺子比较”，多角度、全方位的目标考核体系形成一张“数据网”。该县同时加大群众满意度、社会公认度在考核评价中的分量，把民意调查作为考核评价的“硬性”标准。在考评的方式方法上，主要采取领导测评、同级互评、公众评议三种方式，有效地将内部自身评估和外部公民和社会评估相结合，积极构建多元化评估主体。

（2）紧紧牵住重点工作“牛鼻子”，增强目标考核工作的公正性

一是注重过程与结果兼顾考核。目标考核工作不仅仅是简单的“年初下指标，年终来考核”，更重要的是关注过程考核，该县将目标完成情况实行日常考核、半年小结、年终检查，对涉及主要经济指标、重点项目、阶段性重点工作等根据工作需要，适时进行动态跟踪考核，及时了解各单位在执行目标是完成情况和存在的问题，对存在的问题做好协调沟通、督促整改，将过程执行情况考核得分按照一定比例计入年终目标考核。二是规范检查考核评比。围绕年初制定的目标考核体系，由县绩效考核领导小组牵头，将目标考核任务分解到各目标执行部门，形成党委统一领导，有关部门分工协作、共同实施的目标考核运行机制。在半年或者年终考核时，由县督查绩效办公室组织实施，从各目标执行部门抽派业务精通、工作踏实的人员经过培训后参加考核组，按照统一的部署、统一的要求，分工合作，互相协调奔赴被考核乡镇、部门开展绩效考核工作，实现了资源逐步整合，统筹整体推进。三是定性考核与定量考核相结合。对能量化的考核指标，根据完成指标的进度，采取百分制进行量化打分。对于难以定量考核的指标，采取定性考核评价方法。做到对目标执行情况既考集体作用，又考个人努力；既考纵向进展，又考横向位次。

（3）严格划出考核指标“硬杠杠”，增强目标考核工作的导向性

各考核单位定期严格各项考核指标的检查督导，聚焦过程管理和工作质量提升，优化考核流程，灵活考核方式，按照考核提报节点，确保考核简单易行

又不流于形式。每项工作都有定时限、要进度，加压推进、跟踪问效，形成了一幅“作战图”，每项工作任务分别落实到责任领导、责任单位、责任人，形成一条“责任链”。共性指标、个性指标和特色工作互相支撑、互为补充、构成了结构完整的分类考核指标体系。该县建立了目标考核体系奖惩办法，将目标考核工作与干部年度考核、奖励惩处、提拔使用、加强班子和干部队伍建设挂钩。把绩效考评结果与干部提拔使用、评优评先作为重要依据，发挥了绩效考核“指挥棒”的导向作用。

4. 七星区：党建引领+绩效为纲　网格建设得民心

七星区坚持党建引领，绩效为纲，不断探索城中村基层治理新模式，将网格管理继续向终端延伸，强化网格治理、多元参与、共建共治方针，合理划分网格，将户主或其家庭成员纳入六级网格，在疫情防控、安全排查、综治维稳等工作中取得明显成效，打通基层治理“最后一公里”。

（1）细化目标任务，压实网格管理责任

一是制定六级网格建设实施方案。以“党建+网格”的模式，搭建村（社区）党组织、网格工作站、组长、党员志愿者“四位一体”的党组织架构，通过交叉任职逐步提高五级、六级网格组长、代表中党员的比例，选优配强网格负责人，进一步夯实基层党组织的战斗堡垒作用，实现党的组织和工作全覆盖。二是细化网格目标任务。根据所辖范围、党员分布情况、人口数量、居住集散程度等情况设置网格。把基层治理中的重、难点工作纳入网格管理中，让社情民意在“网”中、便民服务在“网”中、社会治理在“网”中、矛盾化解在“网”中，做到底数清晰、目标明确，效率提高。三是压实网格管理责任。按照任务指标全分解、责任全落实、考核全覆盖的要求，实行街道领导班子“一对一”导师帮带制，由包村领导驻点指导推进六级网格化建设工作。建立以村（社区）党组织书记为第一负责人的网格管理机构，划分“责任网格”、明确“责任田”，制定网格图和公示牌，做到村（社区）网格化管理“人员、职责、任务”三到位。

（2）强化考核方式，营造创先争优浓厚氛围

以考核为抓手，突出网格管理业务工作和基础工作考核，注重工作实绩考核。规范城中村房屋安全管理，推动美丽乡村建设，深化家庭文明建设，广泛发动推出群众公认、典型性强的“文明村屯”“星级出租屋”“文明家庭”和“优秀村民小组长、优秀村民代表”。根据实绩考核结果采用激励制度，对表现优秀的网格员进行相应表彰，激发村民小组长、村民代表的干事创业热情，充

分调动参与六级网格管理的积极性，提高全民参与意识。

（3）注重结果运用，为民办实事解难题

将为民办实事项目列入绩效考核，制定考核指标和细则，以“网格管理”为依托，实现管理服务精准投送，加快党群服务中心、公厕、环保垃圾屋、村内道路硬化、路灯安装、安装微消防器材等项目建设，加大投入，扎实做好为民办实事，并定期对项目进展情况开展督促检查，确保按照指标任务要求完成。在开展为民办实事绩效考评时，及时总结各网格在为民办实事工作中取得的成效和存在问题，并将考评结果作为下一年度各网格为民办实事项目安排的重要依据，推动有效解决人民群众的忧心事、烦心事、操心事，使辖区群众生活日益富足，实现基层治理共建共治共享。

三、思考题

1. 简述全面实施预算绩效管理的关键着力点是什么?
2. 请说明在预算管理各环节开展的绩效管理活动。
3. 请讨论如何应用数字化技术加强预算绩效管理。

案例说明书

一、课前准备

本案例要求学生提前阅读案例正文，并学习我国目前预算绩效管理的理论及实践，结合预算绩效目标管理、预算绩效评价及绩效评价结果应用等方面的相关知识，查找资料，认真思考案例后的思考题。

二、课堂安排

案例教学是沟通理论与实践的桥梁，能够把认知性和感受性学习方式很好地融合起来，培养学习者的相关技能及其运用能力。本案例课堂安排如下：

1. 学生熟悉案例背景：结合课前预习的相关理论知识，总结提炼案例的基本要点和关键问题，并结合案例后面的思考题进行讨论。此项安排时间大约 30 分钟。

2. 教师组织进行讨论：大致按照“是什么（what）”—“为什么（why）”—“怎么办（how）”的线索展开。要求每组学生完成以下工作：首先，针对案例中涉及的事件进行描述，对涉及的专业知识进行简要介绍；其次，结合案例进行理论分析，分析预算绩效管理改革对我国预算管理改革的意义；最后，学生针对预算绩效目标管理、预算绩效评价和绩效评价结果应用进行探讨，提出相关政策主张或建议。此项安排时间大约45分钟。

3. 教师进行评价和点评，对预算绩效管理的实践进行梳理，归纳各方意见，进一步总结推进预算绩效管理工作的方法创新，并提出继续思考的问题。此项安排时间大约25分钟。

三、教学目标

1. 了解我国目前预算绩效管理的理论及实践。

2. 了解预算绩效目标管理、预算绩效评价及绩效评价结果应用。

3. 分析讨论并总结，预算绩效管理改革在我国预算管理改革过程中的意义。

四、思政元素

预算绩效管理集思想性、内容性、系统性、综合性于一体，绩效管理渗透于国家治理、组织管理等各个层面，中国优秀的传统文化、马克思主义中国化理论成果是预算绩效管理的思政元素源泉。厘清绩效管理相关的思政元素，并与绩效管理知识点对应、契合。其中，主要可以归纳为以下三个方面：

1. 预算绩效管理作用思政融合：预算绩效管理在管理体系中起到纽带、环节、阶梯、抓手的作用，体现其在人力资源管理中的重要地位以及影响力，促进组织、社会的联系，其意义在于实施绩效管理所带来的价值提升、观念升华、能力提高，推动组织的发展，进而促进社会发展。绩效管理作用表现为挖掘问题、传递压力、激发活力、分配利益、促进成长、培育文化、共同发展、达成目标等维度。价值引领思政元素是洞察力、承受水平、敏感度、公平合理、健康正面、积极向上、共同富裕、科学发展观、筑梦、圆梦。

2. 预算绩效管理体系思政融合：绩效管理体系是以目标分解体系、目标责任体系、绩效评价体系、结果运用体系为经纬的有机系统。目标分解体系体现了优先秩序，平衡资源分配，合理分解；目标责任体系，任务层层落实，责任到人，责权相符；绩效评价体系，细化为评价体系、评估程序和方法；结果运用体系，反映了成果分配，地位变换和发展方向调整。价值引领思政元素是整体和部分的辩证关系，责任、担当，公平、合理、规范。

3. 将习近平新时代中国特色社会主义思想融入预算绩效管理：建立全面规范透明、标准科学、约束有力的预算制度，全面实施绩效管理，“全面实施绩效管理”应用于政府运行和国家治理，绩效管理理念是以人民为中心，绩效评价取向是高质量发展，注重结果，但不唯结果，坚持正确政绩观，不简单以国内生产总值增长率论英雄。树立和践行绿水青山就是金山银山的理念，破除“唯 GDP 论”。绩效评价原则是公平、公正，合法、民主、科学、效率；评价的主体是人民，以人民是否满意为标准。“全面实施绩效管理”是习近平新时代中国特色社会主义思想指导下的新方略、新举措。

五、要点分析

（一）党的十八大吹响了我国预算绩效管理改革的号角

2003 年党的十六届三中全会明确提出“建立预算绩效评价体系”后，中央和地方财政开始探索预算项目事后绩效评价，预算绩效管理理念逐步树立，预算绩效管理改革破冰前行。党的十八大明确提出“创新行政管理方式，提高政府公信力和执行力，推进政府绩效管理”。党的十八届三中全会进一步要求，改进预算管理制度，建立现代财政制度。

按照党中央、国务院决策部署，2012 年以来，我国预算绩效管理制度体系加快建立，预算绩效管理改革正式拉开帷幕。2014 年《国务院关于深化预算管理制度改革的决定》对健全预算绩效管理机制提出明确要求。财政部研究制定《预算绩效管理工作规划（2012—2015 年）》，推动绩效管理从事后绩效评价向事前绩效目标管理拓展，逐年扩大中央部门项目绩效目标和绩效评价试点范围，建立预算绩效评价共性指标体系框架，推进预算绩效管理规范化。

从地方财政看，部分省份积极开展事后绩效评价，北京、云南在延伸管理环节、提升管理层次方面进行探索。河北、江苏、海南、辽宁等省启动实施绩效目标管理，北京市开展事前绩效评估，广东、浙江、湖北、湖南、江西、四川、黑龙江、青海等省在事后绩效评价及结果应用等方面作出尝试，尤为可贵的是广东省佛山市南海区、上海市闽行区、江苏省徐州市和无锡市等基层财政部门大胆创新，闯出了各具特色的预算绩效管理新路径。

（二）新预算法为绩效管理改革奠定了法制基础

2015 年实施的新预算法对预算绩效管理提出明确要求，将“讲求绩效”作为各级预算的基本原则，对绩效目标和绩效评价作出明确规定，要求建立中央对地方转移支付评估退出机制，强调各级人大加强预算绩效审查监督。为落实预算法要求，财政部加快完善预算绩效管理制度体系，中央部门绩效目标管理、中央对地方专项转移支付绩效目标管理制度相继出台，《预算绩效管理工作考核办法》修订实施，我国预算绩效管理改革驶入快车道。

2016 年中央财政全面推动全过程预算绩效管理各项措施扎实落地，我国预算绩效改革取得重大突破。一是绩效目标基本实现全覆盖。财政部组织专家和地方财政骨干利用近 3 个月时间，采用“面对面”“一对一”的方式全面审核中央本级 2 024 个一级项目绩效目标和所有中央对地方专项转移支付绩效目标，审核后的绩效目标随同 2016 年预算批复下达，第一次实现了绩效目标随同预算“同步上报、同步审核、同步批复”。二是绩效监控和绩效自评迅速推开。按照“先试点、后推开”的思路，2016 年起财政部组织中央部门对所有项目支出开展绩效执行监控和年终绩效自评，贯通了预算绩效管理全过程，形成了预算项目执行情况的“成绩单”和“体检表”。三是重点绩效评价形成常态化机制。2016 年起财政部每年选择贯彻落实党中央、国务院重大方针政策和决策部署，覆盖面广、影响力大、社会关注度高、实施期长的重大政策和项目，由财政部预算评审中心和财政部各地监管局组织第三方机构和专家开展重点绩效评价，评价结果作为改进管理、完善政策和安排以后年度预算的重要依据。四是绩效信息公开取得历史性突破。2016 年首次将部分重点项目绩效评价报告向人大报告、向社会公开，69 个中央部门在决算中首次公开预算绩效管理工作情况；2017 年中央财政首次公开项目绩效目标和绩效自评结果，受到社会公众的广泛关注和认可。

在中央财政的带动下，大部分地方特别是省级财政前移绩效管理关口，积极推动全过程预算绩效管理改革，加快设置预算绩效目标、开展绩效运行监控和绩效自评试点，公开绩效信息，绩效改革进程加速推进。

（三）党的十九大为全面实施预算绩效管理改革指明了方向

党的十九大明确提出“建立全面规范透明、标准科学、约束有力的预算制度，全面实施绩效管理”，标志着我国预算绩效管理上升为国家战略。2018 年印发《中共中央 国务院关于全面实施预算绩效管理的意见》（以下简称《意见》），对我国预算绩效管理改革具有里程碑意义。《中华人民共和国国民经济和社会发展第十四个五年规划和 2035 年远景目标纲要》对深化预算绩效管理改革进一步作出明确部署，推进财政支出标准化，强化预算约束和绩效管理；加快转变政府职能，健全重大政策事前评估和事后评价制度。

《意见》是党中央、国务院关于预算绩效管理的纲领性文件，是新时期预算绩效管理工作的根本遵循，标志着我国历经十几年探索和推动，正式确立“更加注重结果导向、强调成本效益、硬化责任约束”的预算绩效管理模式。《意见》围绕“全面”和“绩效”两个关键点，从“全方位、全过程、全覆盖”三个维度对全面实施预算绩效管理进行统筹谋划和顶层设计，即构建全方位预算绩效管理格局、建立全过程预算绩效管理链条、完善全覆盖预算绩效管理体系。随着《意见》的深入贯彻落实，我国预算绩效管理制度体系持续完善。自 2018 年以来，《关于推进政府购买服务第三方绩效评价工作的指导意见》《扶贫项目资金绩效管理办法》《中央部门预算绩效运行监控管理暂行办法》《政府和社会资本合作（PPP）项目绩效管理操作指引》《项目支出绩效评价管理办法》《地方政府专项债券项目资金绩效管理办法》《中央部门项目支出核心绩效目标和指标设置及取值指引（试行）》《社会保险基金预算绩效管理办法》等相继出台，重点领域和重点环节绩效管理有章可循，绩效管理专业化水平大幅提升。

围绕加快建成“全方位、全过程、全覆盖”预算绩效管理体系的目标，财政部组织中央部门和地方财政着力深化预算绩效管理改革，绩效管理的广度和深度不断拓展，“政府花钱、讲求绩效”的理念深入人心，“花钱必问效、无效必问责”的绩效管理机制初步建立。

从中央层面看，以项目支出为主的全过程绩效管理体系不断完善，中央部门实现本级项目、中央与地方共同财政事权转移支付和专项转移支付绩效管理全覆盖，绩效运行监控和绩效自评质量稳步提升，重点绩效评价和整体支出绩效管理试点范围不断扩大，绩效结果与预算安排、政策调整、改进管理的挂钩机制逐步完善，绩效信息向人大报告、向社会公开的机制不断健全。

从地方层面看，各省份将全面实施预算绩效管理作为财政工作的重点，配备专门绩效管理机构和人员力量，完善绩效管理制度和指标体系，省级财政部门积极督导市县两级全面落实预算绩效管理改革任务，绩效信息公开范围逐年扩大。28 个有扶贫任务的省实现市县层面扶贫项目资金绩效管理全覆盖，为确保 2020 年实现打赢脱贫攻坚战的战略目标提供了重要支撑。北京市实施全成本预算绩效管理，广东、福建、湖北等省绩效指标和标准体系逐步健全，湖南、四川等省建立了财政部门与同级人大、审计机关绩效管理联动机制，云南、山西、广西、贵州等省份的第三方绩效评价不断创新、绩效结果应用越来越广泛，预算绩效管理进入提质增效的新阶段。

（四）十年来预算绩效管理改革取得显著成效

在党中央、国务院的坚持领导下，在财政部党组的统筹部署和有力推动下，各级财政部门不懈努力、砥砺前行，预算绩效管理改革实现了从点到面，从中央部门到地方各级政府，从试点探索到全面实施的重大跨越，改革成效得到广泛认可。

1. 预算绩效管理从项目拓展到政策、部门、政府层面，“全方位”管理格局基本建立。在项目和政策绩效管理全面覆盖的基础上，财政部组织中央部门加快设置整体支出绩效目标，扩大所属单位整体支出绩效管理试点范围，组织第三方力量对部分中央部门开展整体支出绩效评价，逐步建立完善了定性和定量相结合的分层次、分领域的绩效指标和标准体系。云南、浙江、河南等省积极探索整体支出绩效管理，北京、山东等省市对下级财政实行综合绩效评价试点，预算绩效考核结果纳入地方党政领导班子和领导干部高质量发展考核体系，各级政府“重绩效、讲绩效、用绩效”的局面加快形成。

2. 绩效管理贯穿预算编制、执行、决算各环节，“全过程”管理链条已经打通。中央层面建立健全预算绩效全流程管理闭环系统，所有部门及其所属单位的全部预算项目资金纳入绩效管理，质量成效不断提升。地方层面全过程预算绩效管理加快实施，绩效目标管理全面覆盖省市县三级地方政府预算项目。越来越多的省份将预算绩效目标、监控和自评嵌入预算管理一体化系统，北京事前绩效评估、山东济南绩效运行监控等成功经验值得借鉴推广。与此同时，中央部门和地方财政绩效结果与预算编制、分配、调整等方面的挂钩机制日益完善，绩效评估评价在压减低效无效资金、优化支出结构方面成效愈加明显。

3. “四本预算”和政府投融资领域绩效管理全面展开，“全覆盖”管理体系初步形成。目前我国一般公共预算、政府性基金预算、国有资本经营预算已经形成规范化长效化绩效管理机制，社会保险基金预算绩效管理有了制度遵循。聚焦政府投资基金绩效管理制度建设，逐步完善“募、投、管、退”全过程绩效管理机制，中央财政和厦门等地积极开展政府投资基金绩效评价，规范基金运作。全面推动政府和社会资本合作（PPP）项目全生命周期绩效管理，努力实现 PPP 项目物有所值、按效付费、风险可控。健全地方政府专项债券项目资金绩效管理制度，建立“借、用、管、还”全过程绩效管理机制，强化“举债必问效、无效必问责”的责任和效益意识，防范化解债务风险。

4. 预算绩效管理工作考核取得新突破，“指挥棒”引导财政高质量发展。按照《意见》要求，2022 年财政部重新修订中央部门和地方财政预算绩效管理考核办法，考核指标更加全面科学，激励约束作用更加凸显。中央预算单位考核内容从预算绩效管理工作拓展到预算管理综合绩效水平，包括重大决策部署财力保障、过紧日子要求、各类资源统筹等重大政策落实情况，预算编制执行和资产管理、预算信息化和预算透明度等方面，考核结果排名通报并与部门预算安排挂钩。地方财政考核内容从财政绩效管理工作拓展到财政预算综合绩效水平，包括重大财税政策落实、省以下财政体制改革推进情况，地方政府债务管理，财政透明度，预算管理一体化建设等，考核结果纳入高质量发展综合绩效评价，与相关转移支付资金和地方政府专项债券额度分配挂钩。

5. 第三方机构、专家和社会公众广泛参与，绩效管理齐抓共管局面基本形成。积极引入并规范第三方机构参与预算绩效管理，加强第三方机构参与预算绩效评价业务监督，民主理财和社会监督的广度和深度前所未有，大大提高了预算绩效管理的专业性、客观性和公正性。各级人大预算审查监督重点向支出预算和政策实施效果拓展，2017 年以来全国人大预算工委每年审查中央决算时要求部分中央部门专题汇报预算绩效管理情况，越来越多的地方将人大监督嵌入全过程绩效管理链条。审计机关将年度预算绩效情况作为审计重点，加大对绩效目标设定及实现情况、重大项目和重大政策措施落实效果审计力度，绩效审计工作取得明显进展。

（五）以咬定青山不放松的韧劲持续深化预算绩效管理改革

1. 改革难度仍不可低估。一方面，预算绩效改革破旧立新，改变了以往的管理方式，增加了一定的工作量，在基层政府部门和单位人手紧的情况下，如找不到有效方法，容易出现预算绩效管理流于形式等问题。另一方面，通过绩效管理发现问题、削减低效无效资金，难免会触碰既得利益，阻碍和压力不容小觑。展望未来，预算绩效管理改革仍任重道远，需要各级政府、各部门和单位主要领导干部牢固树立绩效意识，更加重视绩效工作，培养懂绩效的专业人才，找到切实可行的工作方法，勇于担当作为，发扬斗争精神，坚持不懈、久久为功。

2. 绩效管理广度仍要扩大。不积跬步，无以至千里；不积小流，无以成江海。预算绩效管理只有量变到一定程度，才能达到质变，最终形成内生力量和行为习惯。目前我国社会保险基金预算、PPP 项目、地方政府债务项目、政府投资基金实施绩效管理的范围仍然偏小，全过程预算绩效管理刚刚起步，绩效指标和评价方法仍在探索过程中，下一步需结合各自业务模式特点，全力推动绩效管理，有效防范财政金融风险。

3. 改革深度还要挖掘。我国预算绩效管理起步晚、见效快，得益于中国特色社会主义制度优势。十年来的成功经验表明，通过“自下而上”的积极探索，“自上而下”的经验总结，再以制度化的形式在全国“一竿子插到底”地推进，必将事半功倍。下一步，无论是在核心绩效指标和权重设定、标准选取、成本效益分析、问卷调查等方面，还是在事前绩效评估、绩效运行监控、绩效评价、结果应用等方面，都应不断总结规律，充分运用专业化、定量化分析工具和方法，借助信息技术手段，守正创新，提高预算绩效管理科学性、实效性，让预算绩效管理改革本身创造更多价值，为节用裕民作出更大贡献。

4. 绩效信息透明度还需提升。预算绩效信息公开是打造高效透明政府、提升政府公信力的重要手段。“十三五”时期绩效信息公开成为各级政府预决算公开的亮点，得到社会广泛认可，也成为预算绩效管理改革的助推器。下一步，还应继续加大公开力度，丰富公开渠道和形式，畅通人大代表、政协委员、专家、公众和第三方机构参与渠道，通过民主参与、集体讨论等程序，进一步提升预算绩效管理公正性、责任感。

5. 绩效监督力度还需加大。全面实施预算绩效管理是一项系统性工程，既要靠财政部门、预算部门持之以恒推进，也离不开监督体系保驾护航。当前我国预算绩效管理改革已经进入攻坚期和深水区，需要贯通运用党委巡视、人大审查、政府督查、财会监督、审计监督、群众监督、舆论监督等形式，强化职能部门协作配合，凝聚监督合力，推动预算绩效管理改革向纵深发展，推进国家治理体系和治理能力现代化目标早日实现。

案例 2　预算公开模式

一、背景简介

19 世纪末，欧洲众多资本主义国家不再实行自由资本主义开始转向垄断资本主义。但是随着经济体制发生巨大的转变，处于自由资本主义时期的代议制民主制度已经无法满足公民的参政意愿，从而引发各种社会矛盾。当时是自由主义民主占据主导地位，这种消极的民主行为以精英政治为主要内容，缺乏政治技能的普通大众则没有参与政府政治活动中。在当时凯恩斯主义的盛行下，政府大范围地干预公民的政治生活中，自由主义民主无法保证公民得到平等自由的发展，在这种形势下自由主义民主在解决社会问题时就明显捉襟见肘。各种利益集团开始崭露头角，利益集团出现的本质诉求就是希望能够参与政府公共决策之中，不再只是以往传统的选举等政治权利，公民可以打破各种限制有效地参与到政府的政治生活中去。20 世纪初自由主义民主备受争议，成为了马克思主义、新左派的批评对象。新左派的代表麦克弗森曾说道：自由主义民主是建立在占有性个人主义之上的，但是垄断资本主义的出现逐渐破坏了自身存在的前提。显然，自由主义民主将公民参与推到了边缘，触动了民主的根基。

20 世纪 60 年代一种叫做参与式民主逐渐兴起，考夫曼率先提出“参与式民主”的概念，提出后随即引起了极大关注。参与式民主的出现则是对自由主义民主深刻的批判。参与式民主主张公民参与基层的、地方的政治生活比如与公民生活息息相关的基础设施以及民生工程，不再向自由主义民主那样将公民的政治参与权利压榨到仅剩下选举权利。参与式民主的代表人物汉娜·阿伦特指出政治活动的内涵在于人们的实际参与，社会成员可以在涉及公共领域进行讨论协商。参与式民主的另一个代表指出公民必须经过一定的专业化训练才能参与到政治活动中去，即“社会训练”。当公众真正参与到与自己密切相关的公共决策中，他们才感觉到主人翁的感觉。从提出至今，参与式民主一度受到欢迎，但是在实践中并没有积极推行，自由主义民主仍然大行其道。

进入 21 世纪，世界经济发生巨大变革，投资银行“雷曼兄弟”的破产使得美国财政赤字激增，带来全球金融的衰退。在面对金融风险时，以凯恩斯主义为基础的财政扩张政策推行，认为应当加大政府对市场的干预，这也为后来的参与式预算埋下了伏笔。在20世纪90年代，在世界另一个国家巴西正被贫富差距、社会腐败等问题困扰。为了提高民主程度，改善社会环境，阿雷格里港市的政府、非营利组织、政治党派开始实行参与式预算的伟大尝试。在随后的3年中公众参与的人数激增8倍，仅在一年内实行参与式预算的城市扩展到12个。巴西阿雷格里港市的成功给了世界其他各地区极大的鼓舞，目前世界上已有300多个城市进行参与式预算改革。

十一届三中全会的召开加快了我国经济发展的速度，我国经济体制不再是政府全面管控的计划经济，但是政府在公共财政方面仍占主导地位。人们越来越关注自己的钱花到什么地方去，公众财政预算透明化的诉求越来越强烈。同时国家也进行了一系列的预算管理体制改革，比如在1977—1979年，在江苏省及一些省市进行了“固定比例包干”等试点，从1985年后预算实行“划分税收、分级包干”的预算管理体制。十一届三中全会后，中国经济迅猛发展，国民收入逐年递增，随着纳税人意识的不断觉醒以及国家民主法治建设不断发展，公众希望参与基层政府预算活动的意愿日益强烈。浙江温岭在拉开了参与式预算在中国的帷幕，新河镇的“预算编制民主恳谈”以及泽国镇“预算恳谈会”都是有益的尝试。近些年，在浙江、上海、河南焦作等多地都进行了参与式预算的尝试。

二、案例概况

（一）浙江省温岭市“恳谈式民主”模式分析

参与式预算在中国起步比较晚，但是温岭市的恳谈式民主无论在民主化程度还是参与机制上都值得借鉴。温岭市创新的将本土原创的民主恳谈与外来的参与式预算进行结合，涉及预算领域广、参与公民覆盖面广并且带动各乡镇进行创新试验。基层政府通过随机选取的民意代表通过民主恳谈结合基层人民代表大会制度是参与式预算在预算编制、预算审议等环节深入的探索。有学者称“温岭参与式预算模式是在基层政府进行公共预算资金倾斜时，使得公民进行利益需求，以民主恳谈会为载体形成符合大多数人意愿的预算方案，达到公共利益最大化”。在实践中，温岭市的“预算民主恳谈”的价值追求和实施理念没有本质区分，但是在各个基层政权的实践中，不同乡镇采取的参与形式和人员选择则大相径庭。泽国和温峤主要集中在预算编制过程中，而新河镇公众主要参与到预算初审及正式审议阶段。

1. 泽国模式

公民参与预算项目种类敲定。在泽国镇，公众的意志体现集中在对有关公共预算项目的选定中，主要表现为选民代表填写民意调查问卷进行预算项目进行预算项目意见征询。在项目选择方面，泽国镇人口众多涉及民生项目数量多达 50 多个，如果让每个项目都引入公民参与，在预算年度安排中显然不符合现实情况。在这种情况下，泽国镇政府一般在预算编制前将大部分的预算项目作为恳谈议题，在财政部门选取具备专业知识的人成立专家组。专家组对预算项目的可行性以及金额安排还有是否进行公民参与进行专业论证，由此确定预算项目。同时专家组还会针对公民进行民意调查问卷编写，了解公民的利益偏好。在参与人员选择方面，泽国镇将预算民主展现得淋漓尽致。最初代表的选择采取乒乓球摇号的形式，后期随着参与式预算的推广，泽国镇的选民不限于被动选择参与，还可以通过主动报名的方式参与其中。乒乓球摇号属于泽国镇首创，以每户为一个乒乓球的分发单位，向全镇范围内的村户进行乒乓球发放。以村为选取单位，以 1 000 人数的村为分界线，1 000 人以上的村集体选取 4 名恳谈代表，然后在全村进行摇号随机抽选。被选中的那户人家可以派家中 18 周岁以上的人去参加公共预算活动。例如，2006 年的泽国镇参与式实践中，从将近 12 万的乡镇人口中选取近 120 人的恳谈代表。在参与形式方面，选民代表会在会前参加镇政府组织的财政预算知识培训会，了解当年预算编制的初步安排以及有关重大项目的选定决策。选民代表的参与方式体现在填写民意调查问卷和参加民主恳谈会。民意代表在恳谈会上和专家组成员以及镇人大代表分组和集中进行预算编制事项讨论，以抽签的方式将村民代表进行分组，在各个小组内对政府年度预算草案进行探讨，再由每个小组派出代表展开会议集中讨论。在公民参与的过程中会进行两次调查问卷的发放和收集，时间在讨论会召开之前和会议开完之后。调查问卷的结果反馈和恳谈会的有关建议都是镇政府进行预算草案编制所要参考的内容。

2. 温峤模式

公众参与预算编制及初审。温峤镇公众参与基层政府预算过程集中在预算编制和初审阶段，目的是汇聚民意、细化预算编制草案。在项目选择上，不同于泽国镇的选择上，温峤镇则是将公开的预算项目都纳入民主恳谈中包含城建、工业、农业、武装工作经费和党建等预算，主要恳谈议题是在公众最关注的农业、工业、预算以及城建方面。在代表选择方面，温峤镇是个古镇，人口只有不到 7 万，所以在参与式预算的覆盖面上较广。温峤镇的代表选择首先在村集体展开。由 45 个自然村的村民投票产生出民意代表，然后由这些选出来的代表去参加镇一级的民主恳谈会。同时在公众参与的人员中政府还邀请若干私营企业的老板以及村长等人来参与。在参与形式上，温峤镇分两级进行民主恳谈。首先会在各个村委会和居委会分别召开“乡村参与式预算民主恳谈会”，在会上可以充分讨论民众的预算资金需求，进行预算主体汇总。进而再到镇一级集中召开预算编制民主恳谈会，在恳谈会中温峤镇的人大主席团事先根据预算项目商定恳谈主题，会议围绕几个主题展开预算项目安排合理性论证，参会的人员都可以就争议点提出完善意见。会后，镇政府根据恳谈会上各个主体反馈的意见对预算草案进行适当调整。

3. 城区部门模式

公众参与到部门预算编制。受乡镇预算恳谈的启发，温岭市城区第一进行试验的公共部门是交通部门。直到 2011 年，由十个预算部门进行参与式预算的尝试，占到整个城区预算资金安排的 90%。不同于乡镇的实践，温岭市区一般是一个预算部门专门进行参与式预算，而不是由市政府进行组织多个预算部门同时展开。这样的形式使得公众参与具有针对性。在代表的选择上，温岭市政府分别从“人才库”和“参与库”中进行随机抽选。“人才库”是由全市的预算方面的专家学者组成，大约有 300 人。“参与库”是由全市符合公众参与条件的社会民众组成，大约有 3 万人。这样在代表的选取上节省了基层政府的时间消耗和人员安排。社会公众对预算项目的相关信息查阅不限制在本预算年度，时间延伸至前几年，这样公众就可以对预算情况有个通盘的了解。

（二）上海市闵行区预算听证模式分析

1. 实施背景

从 2006 年开始，上海市闵行区在领导人以及一些专家学者的推动下，进行预算改革试点。闵行区的公共预算改革围绕多个预算方面全面铺开，其中涵盖预算信息透明、预算编制以及人大审议、预算执行与监督等多个预算流程，其目的是在闵行经济快速发展的同时确保基层政府预算活动的科学性及民主性，在闵行区政府预算决策过程中体现公开透明、科学合理的基本原则。过去，区政府的公共财政预算活动的参与主体限定在人大代表和预算部门工作人员，社会公众并没有正当的参与渠道。如今，公民参与成了公共预算的不可或缺的条件。形成了以预算听证会为基本形式，基层政府、人大代表、社会公众共同进行预算决策。在2010年12月，闵行区人大常委会首次对5个预算项目召开听证会，涵盖农业、教育、公共交通、劳动关系等民生项目，涉及的预算项目分配金额多达1.9亿元。公民可以通过会前的网上报名进行参会申请，在听证会上针对涉及自身利益的预算项目进行意见表达。同时在听证会后，有一套完整的意见反馈追踪机制与之配合，参会的人大代表和社会公众对预算项目各方面的赞成理由、质疑原因以及具体预算金额的安排建议进行整合，编写成会后的听证报告在政府的门户网站上进行公示公开，负责具体预算项目的部门对听证会中反馈的情况进行适时调整，然后将编制好的预算草案提交给区人大常委会进行审议。2007年至今的闵行区公共预算改革，创新性的依托预算听证会，为预算草案的科学性与民主性保驾护航。

2. 实施程序

第一是前期评价。闵行区预算改革的重点是以结果为导向，事先进行预算项目的评议。因此，在进行公众参与的前期是对预算项目的评价。凡是预算编制的项目，必须广泛听取社会公众的意见，同时还将组织专业预算人员开展审议，并对项目使用统一的评价工具进行自评。同时预算项目会在闵行区人大的官网上进行公示公开，在首页的“预算工委”专栏就可以查阅相关预算信息，该门户网站还开通了接受市民邮件功能，社会群众对基层政府有关预算方面的问题以及意见都可以通过邮件的方式实现与人大的对话。在预算单位上报绩效预算材料和自评的基础上，闵行区财政局将组织相关专家、公民和政府官员审查这些材料。

第二是初审阶段。根据2010年通过的《闵行区人民代表大会常务委员会预算初审听证规则》，预算听证会的召开是预算过程进行到初审阶段。听证会中的参与讨论的预算项目是前期评议得出的，参与的公民分为内部推选和自愿报名。根据闵行区财政局发布的预算听证公告，闵行区人大代表和年满18周岁的居住或工作在闵行区的公民均可通过网上报名参加听证会。听证会的具体流程分为四个阶段：

首先进行预算听证的具体项目，时间一般在十一月初，同时项目每年都略微有些调整。但是总体都是围绕民生建设预算支出在500万元以上的预算项目。同时预算项目的数量也有所变动，就近几年实践一般在2—5个。闵行区进行预算改革的一个特点就是人大可以提前介入预算的编制，而不是等到审批环节才行使职权。因此人大下面的专业工作委员会成员会根据自身的专业能力去评估选定预算听证项目。确定听证的项目是进行听证会的起始环节，一般选择的预算项目具有以下特点：涉及预算金额较大占年度预算资金比重大、各方对预算项目以及金额安排比较关注或具有争议性、涉及民生与百姓利益息息相关。

在进行听证会会前筹备时，要确定好参加听证会的人选以及会议进程的敲定。一次听证会的成功举行离不开事先的精细准备。参与听证会的公众一般分为专家陈述人、社会公众、人大代表。社会公众的选取主要来源于公民的自愿报名。闵行区政府会开辟网上通道，接受公民的参会报名，同时辅助公众库的随机抽样，组成了社会公众的代表。专家是人大内部确定的财经预算等领域的专家，对应不同的预算项目。在面对部门预算很多专业性的问题时，专家陈述人发挥专业优势，向公众及人大代表陈述预算项目相关专业性问题时就显得尤为重要。一般来说，在填写参会报名表时就会进行简单的筛选，让公众选择自己关心的项目作为公众陈述人来进行发言，这样就避免了很多人扎堆对一个预算项目进行询问辩论，而有些项目则无人问津。这样不仅大大地提升了听证会的效率，也更能使公众表达自己的心声。此外还要准备参与听证预算项目的相关材料。预算工委负责统一拟定项目材料范本，明确材料的格式和必须具备的内容，一般包括：项目的目标，项目提出的法律、法规、政策依据，项目的立项、论证过程，项目实施必要性，项目的具体内容，项目的实施计划，项目所需资金以及必要性论证，项目的预期效果及评价指标。

召开听证会：听证会的参会人员不仅包括听证主持人、政府官员、听证陈述人等还设置了旁听席位，邀请记者、新闻工作者进行采访记录甚至进行现场直播。首先是由各个部门预算项目陈述人向参会人员对项目基本情况进行介绍，同时进行纸质材料信息的分发。介绍完毕后，专家对可行性进行分析，阐释所存在的问题。部门预算负责人接受社会公众的质询，公众可以自由表达观点和意见，但是跑题或扰乱听证会秩序的发言，主持人会进行打断。人大常委会在上述人员发言完毕后会进行询问，是否还有遗漏或有新的建议的地方。最后进行辩论环节。在这一过程中，不限制各方发言顺序，有什么疑问或想法都可以提出来，各方进行讨论，从而使各方的意见得到充分的表达。

听证会结果的反馈：听证会结束后，听证会主持人会对此次参会结果进行简单的评析。同时，听证会主持人在听证会 3 日内整理听证笔录，完成听证结果报告。听证结果报告是对听证会情况进行的总结，所以形式和内容必须具有规范性。内容包括听证会召开的时间、地点、参会人员以及各方发言情况及主要观点。整理完毕后，及时通过线上线下进行公示公开。最终，预算工委将各个预算项目的听证会接轨进行汇总归纳，作为后面预算草案初审意见的参考依据。

3. 实施结果

自2008年首次面向公众开放预算听证公众网上报名以来，公众参与预算项目听证会的人数逐渐上升，从最开始的只有1名公众报名到每年都在增加人数，参与式预算也取得了明显的发展。

2020年3月11日，闵行区人大常委会召开第58次会议，听取并讨论江川路街道工委关于电机适老宜居片区建设项目的听证结果的报告。这是区人大常委会第一次在街道层面召开的预算审查听证会，标志着闵行区预算审查监督工作在深度和广度上有了进一步拓展（见图4－2）。

图4－2　闵行区人大常委会第58次会议

（三）河南省焦作市“全方位预算公开”模式分析

1. 实施背景

20世纪90年代后期，随着我国经济结构发生巨大变革，河南省焦作市的经济发展动力来源主要是乡镇企业，乡镇企业占经济结构的较大部分。但是经济结构的转变使得乡镇企业逐渐衰落，入不敷出。基层政府的财政收入逐年降低，更甚者连公务人员的工资都无法按时发放。资金短缺导致许多地区的基层政府部门无法正常履行职能，甚至有些基层政府处于半工作状态。长久下来，财政收支管理上出现严重问题，一方面财政资金缺乏，另一方面公共资金严重浪费，贪污腐败行为更是缺少监管甚嚣尘上。焦作市政府的债务此时面临着极大的风险，许多政府性债券和基金面临到期无法按期兑付，贷款无法如数偿还。经济疲软、财政困顿、政府失职与公职人员贪污腐败混杂在一起，激起了尖锐的基层政府与社会群众的矛盾。人民对政府越来越不满，从信访的数量可以看出。公民信访的数量从 2001 年开始激增，主要信访行为发生在农村地区，占比高达 70%，主要是针对乡镇公职人员侵吞公共财产以及浪费财政资金。在这种背景下，新来的领导人决定改变这种困境，焦作市政府将眼光关注到国内正如火如荼进行的参与式预算中，进行财政透明公开改革，可以改善经济困境环节公民与政府之间的矛盾。

2. 实施流程

焦作市不同于浙江省温岭市主要在乡镇级别进行，焦作市公众参与主要在市级层面上推行。焦作市的参与式预算试验是由财政局牵头进行，在全市各部门的预算草案定稿之前进行两种形式的公众参与。具体流程见图 4－3。

图 4－3　焦作市预算草稿制定流程

预算项目公示。这个阶段是在各预算负责部门申报预算项目之后，尚未形成完整的预算草案之前。政府把各部门申报预算有关信息通过报纸、网络等方式向公众进行公示，使公众初步了解部门预算项目的安排，然后为下一步征集民众意见打下基础。民意测评，是根据上一阶段网上公示情况，民众进行投票，对各部门预算专项资金的优先顺序进行排序。这一阶段是基层政府对公民有关预算项目意见的初步探求。在知悉预算项目基本情况后，公众对公示预算项目的质疑、建议，借助政府的民意测评进行意见的表达。民意测评只是公众形式化的参与，并没有深入预算编制的决策，此后这一做法成了一种具有顺德区特色的参与式预算固定模式。

专家论证。专家论证主要是预算资金申请部门与对应的专家之间的质询和回答。如果社会公众预算专业能力的缺乏会影响部门预算的最终草案质量，而专家论证则正好弥补了这方面的不足，将尽可能地保障草案的科学性与合理性。专家的专业性解释和验证会使得预算项目以及金额的安排更加科学更加具有说服力。这些部门预算领域的专家都会在论证会召开半个月之前进行调研，掌握许多第一手资料，从而能对项目作出客观科学的评价，为政府的预算决策提供科学依据。

社会听证。与上海市闵行区的预算听证会不同，焦作市的听证会按照业务科室介绍、公众提问的程序进行。参与的人员构成也更加丰富，不仅有社会群众还有社会行风评议代表、财政社会监督员、财政干部等。进行社会听证的预算项目不是由焦作市政府部门决定而是由公民进行网上票选来的。票数最多的部门预算项目，最先被纳入社会听证中。听证会上采用了投影仪显示的现场互动方式，可以时时更新公众对预算项目的意见，而不是简单地停留在预算部门阐述的部分。与会的公众可以对预算项目的具体信息清楚地了解，并且可以随时对疑问的地方向编制部门进行提问，有关部门再一一进行解答。

3. 实施结果

自2004年焦作市首次进行预算社会听证实践，到现在近20年的时间焦作市政府的预算核心理念是为人民理财。在这场持久的财政预算改革尝试中，最大的受益者还是人民群众。焦作市政府致力于打造透明化财政，预算单位的预算公开意识逐渐深入，预算资金的使用效率得到提升。公众参与焦作市部门预算编制过程中，老百姓可以通过听证会知悉和决定政府在哪些项目花钱，这可是之前想也不敢想的事情。预算部门实施全方位的预算信息社会公开，在整个预算周期内，公众参与的预算项目从编制前的信息公开，再到编制过程中的公民参与网上投票到执行阶段的专家论证和社会听证，已经形成了一整套完整、规范的公众参与机制。焦作市的参与式预算浓墨重彩的一笔就是预算信息的全方位公开。以前披露的各种部门预算信息只是年度整体收支、粗枝大叶，缺乏侧重点。因此，预算编制、审批中的表决中只是走一下过场，并没有对决策进行实质性审查。2008年，焦作市已经实现了基层政府全部财政支出公众参与全覆盖，让公众了解到政府的钱去哪了，怎么花的，花了多少。而且预算编制也更加细致化，一些最基本的生活开支也会在网上详细公布（见图4-4）。

政府财政公开，保障公民的预算知情权。焦作市政府争做全国排头兵，以开放透明的姿态面向社会公众。早在2002年，焦作市政府就将预算信息编制成手册放置在办事大厅中，现如今陈列位置分布在行政服务中心、产权交易中心以及财政服务大厅等场所，有关于政府公共预算等多本有关资料供社会公众查阅。同时，焦作市政府在财政信息网上还公开了有关预算资料，焦作市电视台、新闻网站等设立了有关预算公开的专栏给公众进行展示。在人民广场、火车站、行政服务窗口等人均密集的地方摆放电子屏幕，对有关民生预算信息进

焦作市人民政府
www.jiaozuo.gov.cn

首页 走进焦作 要闻动态 政务公开 政务服务 政民互动 智慧金服 网站地图 请输入关键字

当前位置：首页>要闻动态>部门动态

我市预决算公开连续两年荣获全省第一 获省奖励资金1400万元

发布日期：2022-04-15 08:56 信息来源：财政局 分享：

近日，省财政厅对省辖市、财政直管县2019年度、2020年度市县预决算公开专项检查情况进行通报，我市分别得99.8分、98.88分，连续两年位居省辖市第一名；温县分别得98.82分、99.96分，位居财政直管县（市）第二名和第一名。省财政厅对省辖市2019年度、2020年度排名前三名的各奖励500万元，对财政直管县每年排名前三名的各奖励200万元。我市共获奖励资金1400万元，其中市财政获奖励资金1000万元、温县获奖励资金400万元。

近年来，市财政局严格按照预算法及其实施条例相关规定，认真贯彻省财政厅和市委、市政府有关要求，加强对预算单位和县（市、区）工作指导，通过完善制度体系、建立统一公开平台、明确职责分工、规范公开标准等举措，持续提升我市预决算公开水平，财政管理取得明显成效。

下一步，市财政局将全面贯彻落实党中央、国务院关于预决算公开的决策部署，深入推进预决算公开工作，进一步提高预决算管理水平，为奋力谱写全面建设社会主义现代化焦作新篇章作出新的贡献，以优异成绩迎接党的二十大胜利召开。

图 4－4　焦作市 2019—2020 年度市县预决算情况

行滚动播出，使人们来查看动态的预算信息。打开焦作市财政网站，就可以看到政务公开专栏，小到某个学校操场预算执行情况大到市级年度预算执行情况都在网站进行公开供市民查阅。焦作市的全方面预算公开为参与式预算在我国基层的推行提供了另一视角，即预算信息的透明公开将影响着公民参与的积极性和质量推进民主发展进程。事前预算信息的公示公开与后续的公众参与预算活动相辅相成，表现为项目公示、民意测评、社会听证等一系列配套形式，实现了公民预算参与的多样化。

三、思考题

1. “参与式预算”的优缺点有哪些？可以向全国推广吗？
2. “参与式预算”适用于哪些领域？
3. 还有哪些加大“预算公开”力度的举措？

案例说明书

一、课前准备

本案例要求学生提前阅读案例正文，并学习我国目前预算公开的模式，结合预算管理、预算透明度等方面的相关知识，查找资料，认真思考案例后的思考题。

二、课堂安排

案例教学是沟通理论与实践的桥梁，能够把认知性和感受性学习方式很好地融合起来，培养学习者的相关技能及其运用能力。本案例课堂安排如下：

1. 学生熟悉案例背景：结合课前预习的相关理论知识，总结提炼案例的基本要点和关键问题，并结合案例后面的思考题进行讨论。此项安排时间大约 20 分钟。

2. 教师组织进行讨论：大致按照“是什么（what）”—“为什么（why）”—“怎么办（how）”的线索展开。要求每组学生完成以下工作：首先，针对案例中涉及的事件进行描述，对涉及的专业知识进行简要介绍；其次，结合案例进行理论分析，分析预算公开对我国预算管理改革的意义；最后，学生针对预算公开的模式进行探讨，提出相关政策主张或建议。此项安排时间大约 45 分钟。

3. 教师进行评价和点评，对预算公开模式进行梳理，并提出预算公开模式的创新，归纳各方意见，进一步总结加大预算公开力度的方式，并提出继续思考的问题。此项安排时间大约 25 分钟。

三、教学目标

1. 了解我国目前预算公开的模式。
2. 了解《预算法》中有关“预算公开”的规定。
3. 分析讨论并总结，预算公开在我国预算管理改革过程中的意义。

四、思政元素

政府预算公开是政府公共管理的重要环节，也是政府实现信息公开、民主监督和社会参与的重要方式。政府预算公开涉及的思政元素主要包括以下几个方面：

民主法治：政府预算公开是推进民主法治建设的重要举措，通过公示和披露预算信息，促进政府决策透明化、合法性和公正性，从而保障公民知情权、参与权和监督权。

公信力：政府预算公开是政府信用建设的重要组成部分，有效地提升政府的公信力和可信度，增强政府与公民之间的互信关系，为政府良好形象的塑造和维护提供有力支撑。

经济效益：政府预算公开可以帮助政府实现预算执行的高效性和经济效益，促进预算资源的优化配置和利用，同时可以引导社会资源向预算所重视的领域聚焦，从而实现国家发展战略的顺利落实。

社会责任感：政府预算公开体现了政府对公共事务的责任感和承诺，使政府的管理和行政决策更具有公共利益导向，强化了政府对社会群众的责任感和服务态度。

综上所述，政府预算公开所涉及的思政元素体现了政府在民主法治、公信力、经济效益和社会责任感等方面的表现和追求，可以为政府和公民之间的信任关系和合作机制的建设提供基础。

五、要点分析

1. 基层政府预算编制公众参与的必要性

公众参与基层政府预算编制是民主在政府公共预算领域的一个具体体，无论是从参与形式还是参与程序上都彰显着民主的内在价值追求。

（1）推进基层民主进程，提升社会治理能力。十九届四中全会提出了国家治理能力现代化的目标，而财政转型则是提升社会治理能力的重要抓手。基层政府公共预算编制公众参与制度直接将民主形式落实到基层。基层政府不同于国家机关，是与人民群众接触最为密切，也最深知社会公众的利益需求。预算项目的选择则直接关系到公共需求能否得到满足。预算编制过程中的公众参与，可以通过听证会、民主恳谈等方式实现基层群众与政府之间的交流，政府从而可以全方位地了解更方的意见，平衡好不同利益群众的现实需要。加快推进基层民主进程是在乡村振兴战略下的现实需要，而参与式预算则是基层民主的重要形式之一。国家“十四五”规划对城乡基层治理体系提出新的层次要求，这是基层政府要引导公众参与基层的治理过程中，确保政府履行为人民办实事、谋发展的职责。公众预算是政府进行社会治理的一个重要手段，在保障公众公共需求的同时，协调政治、经济、民生的良性发展。曾有学者提出“为充分激发基层治理活力，未来一段时间应关注公众参与的难点堵点问题，多措并举提升公众参与水平。”从而促进公共治理的和谐；可以畅通诉求渠道，社会民众通过公众参与基层政府的预算编制，使有限的公共预算资金得到最优程度的使用，大大缓和了各个利益群体之间的矛盾，社会治理能力得到了质的提升。

（2）提升基层财政透明度，保障公民的知情权。在财政转型的关键阶段，预算制度可以算得上是核心支柱。在从公共财政向现代财政进行转型的过程中，要求财政透明是核心要义。而基层政府预算编制公众参与制度从公共预算的角度提升了政府财政的透明程度。公民参与的一个必要条件是预算信息公开机制与之相配套。在这个过程中，社会公众知道了财政资金有多少又是如何运转的，财政资金不再是被关在黑屋子不被公众所知悉。我国《保密法》中关于财政预算信息中“秘密级”信息限定模糊，各级政府具有较大的裁量权由其决定是否予以披露。长此以往，政府的信息公开限制更大程度的限缩预算信息公开内容，这使得公民与政府与预算信息的掌握程度形成巨大差距，公民的知情权遭到严重侵害。公众参与到基层政府预算编制过程中则正好弥补了法律的模糊规定缺陷，倒逼政府在公众参与过程中主动披露有关财政预算信息。我国有学者指出“财政透明是政府履行信托义务和实现有效监管的先决条件，提高财政透明度可以增强政府的公共信托责任。”公民知情权一个重要内容就是对政府公共活动的知悉和了解，公民参与预算编制则保障了公民对于财政预算资金使用的知情权。

（3）预防基层政府腐败，提升公民监督力度。在政治经济发展的进程中，每个国家都会面临财政腐败问题，而涉及基层的腐败则更为泛滥。根据财政分权抑制腐败论的观点“财政分权体制在一定程度上使得地方政府变成相对独立的经济个体，从外部制约了地方官员的腐败。”基层政府的财政权利其中主要支撑来源于预算的编制权、执行权等，而让公民参与到基层政府预算编制过程中来，预算编制权不再是政府的独有权利，一部分的权力将让渡给社会公民，这样可以一定程度的预防政府官员的腐败。在反腐的进程中，国家强调不仅要完善党内监督机制，更要注重党外监督机制，形成内外互动良性循环。社会公众作为党外监督的主力军，可以通过公众参与基层政府的预算编制活动监督政府的预算资金使用情况，最大程度地拓展监督范围。从某种程度上说基层预算体系的完善与腐败治理具有共同的价值追求。公民行使预算监督权取决于财政预算信息的透明化程度，当政府预算权完全置于社会公众的监督下，那么腐败就没了滋生的环境，拥有公共管理权力的基层政府无法进行暗箱操作。基层政府预算编制公众参与制度就是加快反腐进程，提升公民监督权的必要回应。

（4）提升预算资金使用效率，打造服务型政府。财政预算资金的优化使用需要多个环节的共同支撑，其中任何环节的偏差都可能导致预算资金使用结果不尽如人意。预算编制环节在对预算资金使用结果中起着“领头羊”的作用。孙国华曾指出“影响财政预算执行效率的主要原因之一是预算编制缺乏针对性，对于预算项目的编制缺乏充分的民众调查基础。”基层政府预算编制公众参与制度就是依据公民对涉及预算项目提出意见进行讨论评议，最终确定项目的数量、种类以及金额的多少。这样编制出来的预算项目针对性强，具有很强的民众基础。在全面预算管理的背景下，对预算编制方法提出的新的挑战。原先的预算编制都是根据之前的数据作出一定的调整，并没有将眼光放到基层群众中，而参与式预算则形成了基层群众和基层政府“自上而下又自下而上”的预算编制体系，编制的预算案的质量得到了质的飞跃。公共预算是基层政府提供公共产品和服务的主要形式，公众的参与将推动政府通过预算为社会民众办好事做实事，打造服务型基层政府。

2. 基层政府预算编制公众参与的可行性

（1）政治层面：政府执政理念转变。随着民主化的推进，基层政府预算编制公众参与制度有了其生存的政治土壤。“全心全意为人民服务”是对国家、政府更深层次的要求。我国各级政府积极破除深扎于百姓心中的“官本位”思想，树立“民本位，以民为本”的新执政理念。这表明了基层政府在进行公共活动时，着重考虑的是公民偏好，其在预算编制过程中的价值导向是围绕百姓的需求，同时要拓宽公民参与渠道，了解公民的实际需要。我国有学者提出“在全面建成小康社会倡导共建共享话语体系下，党的基本职责是为公民谋福利。”其政府执政理念的转变为公民参与基层政府预算编制提供良好的政治环境。

（2）法律层面：法律体系逐渐完善。参与式预算虽然站在《宪法》的顶层设计还是从《预算法》的角度出发都有点模糊宽泛，对基层缺乏明确性的指导。但是就基层而言，各地的参与式预算相关制度正在逐渐完善蓬勃发展。无论是从参与程序还是参与主体以及救济程序上基层都有详细的制度规范。在2019年9月，上海市闵行区人大常委会颁布了《闵行区人民代表大会常务委员会预算初审听证规则》这是国内第一个以地方性法规的形式确立听证制度。广东省财政厅颁布了《广东省省级财政投资基本建设项目预算信息公开实施办法》、江苏省无锡市人民政府发布《关于试行国有资本经营预算的意见》中关于公众参与国有资本经营预算编制有了规定。安徽省合肥市人民政府颁布了《合肥市人民政府重大行政决策听证办法》，预算编制属于市政府在管理经济事务中所做的重大决策，这样使得公众参与预算编制有了依据。

（3）技术层面：信息技术快速发展。科学技术的快速发展使得政府信息的公开不再局限于实体位置和具体时间的公开。微信小程序、公众号、微博账号等自媒体为基层政府信息公开开辟了另一种思路。大数据、云技术的发展使得人们可以运用多种方式了解政府预算情况，为参与预算编制提供了便捷。学者指出“公开的方式不应局限于传统的公告、报纸、刊物、官方网站，还可以考虑借助智慧城市、智慧政务、智慧社区建设平台，充分利用新型媒体传播手段进行预算公开。”以往公民与政府之间的信息不对称成了公民参与公共预算的一个强有力的阻碍。科学技术的发展丰富来公民参与的途径，参与形式朝着多元化发展。使得公民参与基层政府编制不再局限于现场表决现场决策等。

（4）社会层面：公民参与意识增强。社会的进步带来了公民参与公共事务意识的觉醒。这就为公民参与基层政府预算编制打下了坚实基础。虽然我国公民参与公共预算活动并没有很强的积极性，但是站在社会层面仍具有可行性。我国近年来一些学者对参与式预算的可行性边界进行探讨，曾有学者指出“参与式预算的开展不受公众参与能力的限制，制度层级并没有显著影响。”我国不同地区间贫富差距以及经济差距在慢慢拉大。这些痼疾存在的一个重要原因就在于公共预算只浮于拉高政府GDP的增长并未基于实际满足广大社会公众的真正需求。我国目前在市、县、乡镇三级都进行过参与式预算实践，一般认为公民认为预算越与自身利益相关参与意识就越强。在我国社会中，基层政府的预算主要涉及公共基础设施等，这样乡镇和街道最适合进行公民参与。

3. 公民预算编制参与权的法律规范分析

（1）宪法的原则性指引

我国宪法第二条对公众参与预算进行了原则性的规定："人民依照法律规定，通过各种途径和形式，管理国家事务，管理经济和文化事业，管理社会事务。"基层政府的公共预算活动则属于国家依法展开的经济活动范畴。将政府预算收支行为纳入国家事务的范围是宪法的应有之义。宪法作为国家法律的顶层设计，不可能将各个角度细致规定，但是对公共领域的政府行为具有原则性的指导意义。这条规定以基本原则的行使深度赋权公民参与基层政府公共预算活动。另外，我国宪法中还规定符合法定条件公民拥有选举的权利，选举权的本质是法律进行事先授权的公民参与形式。虽然宪法中的选举一般是公民选举人大代表等，但是在实行参与式预算的地区，政府将选举权延伸至公民代表的选举之中，这也是选举权的合理延伸。

（2）法律及行政法规的相关具体规定

《中华人民共和国预算法》是国家在法律的层面规制政府公共预算活动，加强对政府预算收支的监管，形成公开透明、良性发展的公共财政预算体制。我国预算法在宪法的方针下只是粗略规定了公民、法人或其他组织对政府预算行为的违法性进行监督，仍缺乏对公共参与预算活动的具体条款。由此可以看出，宪法赋予公民的参与权力在预算法中也没有找到有效的实践路径。2015 年 1 月 1 日施行的新预算法规定了政府的财政收支，在第四条和第五条中均有体现，为公众参与预算活动的范围进行延伸。表明了政府全部收支纳入预算接受人民监督。这也在一方面表现了预算法的进步，使公民的参与权进一步扩大。与原预算法的明显进步的是，新预算法首次对"预算公开"作出全面规定，首次以法律条文的形式对公开主体、公开范围和时间要求作出明确规定。并在第 92 条中规定了违反预算公开规范的法律责任。学者指出"新的预算法已经实现重大突破，以预算公开为例，从无到有，为公众参与奠定了基础。"在 2008 年 5 月 1 日，国家正式决定实施《政府信息公开条例》，从预算信息公开的角度为公民参与提供了现实可能性。2020 年 8 月 3 日国务院正式公布新修订的《预算法实施条例》以构建预算绩效格局下，完善信息公开机制。学者提出"新《预算法实施条例》拓展预算信息公开的广度、挖掘预算信息的深度、提高预算信息公开的精度、提高预算信息公开的信度。"新《预算法实施条例》对预算公开的主体进行扩充，同时将预算信息公开的地区延伸至贫困地区、边疆地区等。同时对财政部门要求公开到款、公开到项，定期向社会公众公开预算项目的资金使用情况，向公民收集有关建议。一个负责任的政府应该是主动向公民公开与公民自身利益切实相关的信息，其中就包括公共预算相关信息。例如计划实施的预算项目、正在实施的预算项目以及完成的项目以及预算实施的结果和流程的披露。

（3）地方规范性文件的规则创设

基层政府预算编制公众参与制度一般在市、县、乡镇级展开，层级越低越适合进行参与式预算实践，显然中央财政预算制度与参与式预算并不契合。基层每个地区的背景以及领导人的行事风格不同，所以在进行参与式预算时由当地人大或政府制定有关条例。在实行参与式预算具有代表性的城市温岭市，在《温岭市市级预算审查监督办法》中明确规定了在人大常委会预算初审前，预算草案编制过程中，相关预算部门要组织公民参与恳谈会，进行公民意见征询与反馈。同时该办法还对公民参与的民主恳谈会作出详细规定，比如恳谈会的参与主体包含市人大代表、参与库专家、预算部门负责人、预算审查监督人才库、主动报名的社会公众，参与的人数范围在50至100。预算恳谈会的召开形式以分组恳谈会和集中恳谈会为载体，由各个预算部门进行意见听取、民主恳谈。这一规定对公民参与基层政府预算编制具有明确性指引，从公众参与形式和参与人数等方面做了具体规定，使得公众参与预算有了现实指导意义。2003年重庆市财政局颁布了《预算追加听证会暂行制度》，严格规定了追加听证的条件、听证会前准备以及会议流程等一系列的预算追加听证会程序。2008年上海市闵行区人大常委会通过了《闵行区人民代表大会常务委员会预算审查监督办法》，该文件以保障社会公民的预算知情权和参与权为价值导向，规定了人大常委会可以通过听证会但不限于听证会的其他方式让公民参与到公共预算活动中来。该办法还就预算听证的时间、听证原因进行具体规定，从而保障公众的预算参与权。在乡镇中比较有代表性的当属上海市惠南镇的代表“点菜”制度化。在2007年，上海市惠南镇人大通过了《惠南镇实事工程实施办法》草案。从2003年底开始，上海市惠南镇在进行预算工程建设过程中确立了由代表进行“点菜”的模式，而这些代表则是广大群众的预算工程意见的集中代表，预算公众的具体实施由代表进行实时监督、实施的具体结果由代表进行检验评估。惠南镇的参与式预算模式最大程度地实现公民参与的基层化、民主化，一方面扩大了社会公众的预算参与覆盖率，另一方面增强了政府公共财政预算，降低了公民与基层政府沟通的壁垒，为打造服务型政府迈出了关键一步。

4. 我国基层政府预算编制公众参与制度的优化

（1）加强参与式预算法律体系的深度赋权

国外参与式预算都有其相应的制度化约束，对参与各方的权力和责任都有非常明确的制度化和法律规范来进行约束。这样在公民参与预算编制过程中保证了参与渠道的畅通，也保证了参与程序的公平合理。在美国，联邦在国家层面制定法律，每个州也会为了基层的预算活动制定地方预算法律。与政权结构一样，参与式预算制度贯穿联邦预算、州预算和县、市、镇预算。美国各级都会以法律的形式规定公民参与预算编制的途径方式，这就为公民参与基层政府预算编制提供了权利来源。而这种权利来源以最高形式法律的方式呈现，使公民参与预算编制具有稳定性。

通过这三个国家的实践可以看出，一套完备的预算法律体系对一个国家的财政预算体系至关重要，而公众参与预算编制又是其中重要环节，承载着公众与政府之间沟通的桥梁。在基层政府进行预算编制时，各级政府都有相应的法律规定确保公民参与预算编制的过程中。

（2）丰富公众参与预算编制的程序

第一，搭建预算征询平台。预算征询制度是保障公民知情权的重要方式。对公民意见进行征询是公民参与公共预算编制以及以后的执行监督的前期必要过程。我国目前只在《信息公开条例》以及《行政法》中对有关政府信息公开进行了制度化规定，但是缺乏信息征询制度的建立。这将成为公民对政府公共预算决策表达意见的一大阻碍。预算草案的编制是预算的起始环节，而预算编制的依据主要是来源于公民的反馈。预算项目的选择，预算项目金额的多少以及预算项目是否可行都是建立充分反映民意的基础上，以此作为预算编制的重要依据。各级政府在实施参与式预算时，要以制度化的方式确定公民意见征询。无论是线下的面谈会、听证会还是线上的问卷调查、网络调查等方式都应该建立系统的操作流程以及保障体制。

第二，完善预算听证程序。在我国最有代表性的是上海市闵行区预算初审听证制度，但是在其他地区预算听证制度还有待完善。在实践中很多听证会的举行是在预算编制阶段或者是在预算初审阶段，而预算草案能否通过这就成了政府的个人行为。预算听证制度是公众参与预算与人民代表大会制度的有机结合，既保障了公众的知情权和参与权，也为我国人民代表大会制度增添色彩。河南省焦作市在2004年首次召开了部门预算听证会，实行局内听证和社会听证并行，广泛征求各方意见，来保障预算项目编制的民主性与科学性。重庆市财政局曾经实行预算追加听证，用来规范追加预算指标的审议和确定流程。基层政府要提高站位，深刻认识开展预算听证的重要意义，指导推进预算单位加强预算编制，市人大要加强预算执行跟踪，形成合力，共同管好用好人民群众的“钱袋子”。

5. 完善财政预算信息公开制度

（1）扩大预算信息公开范围

基层政府应当扩大预算信息的公布范围，公众对预算信息的了解面就从一定程度上影响了参与预算编制的效果。在公开内容方面，要保证披露的预算项目多、预算资金大，公众关注度高，同时要确保在预算编制、初审、正式审批、执行、监督的整个过程中进行公示公开。基层预算部门不能擅自以涉及国家秘密等原因将多数预算项目关在公示公开的门外，坚持公开为常态不公开为例外的原则。预算信息的公开内容要保持完整性，符合收支平衡。在公开主体上，基层乡镇政府更要注重预算信息公开，接受社会公众的额监督，进一步提高预算透明度。

（2）拓宽预算信息公开渠道

在实践中，基层政府大多数都是通过政府或财政局门户网站公开预算信息。这也就导致了不查阅不知悉的局面。基层政府应通过多元化方式进行预算信息公布，不应简单停留在等待公民上网查阅预算信息，提升公开的主动性。可以通过报纸、手机通讯、公共场所显示屏幕、广播、政府公众号等渠道进行披露。公开的预算信息应契合大众的阅读喜好，比如设置一些生动的插图，丰富的语言描述、重点数字的标记等特色，这样使公众便于记忆，方便理解。内容中尽可能避免出现繁琐复杂的数字堆砌，尽可能采用图画、漫画等形式。条件允许的话，可以配有语音讲解，采用视觉听觉等多种感官参与其中的体验。同时基层政府还可以引导社会组织协助进行预算信息的宣传、发放财政知识读物、预算公开资料。

（3）细化预算信息公开内容

参与式预算要实现公众参与预算的编制的前提是基层政府需要向公众提供真实的、完全公开的预算信息。中国在实践中预算信息公开仍需改善。公开的预算信息内容很多都是数字的堆砌，科目专业性太强，缺乏相关财经、预算方面专业知识的公民很难去理解。大多数参与预算的公众代表都是不具备财务专业能力，很多预算数据报表和专业预算名词都不了解进而无法与预算相关部门专业人员对相关预算项目是否合理进行探讨。公布预算信息时，可以对复杂内容进行缩减，对专业名词进行标注解释，对简写内容进行补充说明。与此同时，要建立全面及时、准确客观的财政信息和资金运行情况报告制度，这是公共预算信息得以公开的前提。

很多城市在财政局网站上公布的预算信息过于宽泛笼统，应该对预算信息进行细分。例如，广东顺德财政局在披露预算信息中时，首先对部门预算的构成进行说明，依据预算项目的功能属性和经济属性对项目进行不同形式的分类，使数据一目了然。然后对部门预算情况进行说明，语言通俗，数据与上年对比清楚明了，同时还阐述了预算资金增减的原因。最后应对内容中所有的专有名词进行汇总解释，比如“用事业基金弥补收支差额”“三公经费”等。

6. 拓宽公众参与基层政府预算编制途径

（1）促进民意代表和人大代表的互动

基层人大代表权力在基层政府公共预算领域并没有进行很好的行使，这就弱化了人大代表在预算领域的职能和角色。人大代表是基层民意表达最基础的方式，而人大代表职能的弱化这也就导致了人大代表并不能发挥代表人民反映民意的作用。温岭市的参与式预算，以民主恳谈会为切入点激活了人大功能，使得预算民主有了实质性进展。人大代表代表社会公众的民意和利益，通过参与式预算可以约束和制衡基层政府的公共预算。但是在实践中，参与预算的人大代表并不是社会公众选举得来的，而是由政府确定或推荐得来。所以应当加强社会公众与人大代表的互动。

在预算过程中，人大代表可以在预算活动之前收集社会民众有关想法和意见，召集人大代表和社会公众进行沟通交流，畅所欲言。人大代表在充分了解社会公众需要什么，想要什么，缺少什么，才能够更好地发挥作用，促进参与式预算的良性发展。在乡镇人大中没有设立常设机构，可以通过定期召开会议或者增加会议的次数来促进人大代表与民众之间的互动。

（2）丰富公众参与预算编制形式

第一，听证会。听证会是世界各国公众参与应用最多的形式之一。上海市闵行区的人大预算初审听证是听证制度在预算领域的一次新的尝试。实践中越来越多的基层政府召开预算听证会。预算听证会的召开必须具备两点：规范性文件的赋权和具体流程的规制。基层政府必须以正式文件的形式赋予公众参与预算听证进行畅所欲言的权利。社会公众的参与依靠规范性文件，而不是政府的自己内部决定。公民参与听证会形成一种稳定的、规范的公众参与形式，而不是朝令夕改、随意变动。其次在具体流程中，基层政府必须在听证会召开之前就有关时间、地点、具体事项向社会公众进行披露，并保证公民有充足的报名商议时间。在听证会的进行中，要注重公民代表的多样性，对各个预算项目有充分的意见表达权，同时允许报社、电视台相关人员进行旁听。听证主持人在听证会中要对发言的顺序以及时间和注意事项进行核对，对恶意扰乱会场秩序的行为和言语进行及时阻止，确保听证会有序进行。这是一种非常传统的参与式预算的方式，公众听证会对于诸如增加税收、减少公共服务之类的热点民生问题往往关注度很高，并愿意积极参与，但是在实践中对于政府还是公众，这都并不是一种很好的参与模式。无论是闵行区的听证会还是广东顺德的，公民在听证会上发表的意见对于政府预算的决策并没有任何影响，同时政府官员在听证会上碰到愤怒对预算项目不了解的公民需要花更多时间向其解释说明，因此他们也不愿意采取听证会的方式直接面对公众。

听证会的成功举行需要各个环节的严密配合和保障。在听证会的准备阶段，要确定听证会会议议程保障会议顺利进行。根据各部门提交的预算项目金额大小、涉及民生等方面确定具体预算项目。同时要着手进行公众代表的筛选和培训。如何从众多报名中的公民中选择能够代表民意的公民代表是听证会成功的关键。听证会举行过程包括听取意见、研究辩论、初步确定等程序，主持人要确保现场的秩序，听取各方的意见，确保各项流程按规定进行。听证会结束后，要完善相关的复议程序。如果对听证会公布的结果有异议，可以提出复议，陈述复议理由，相关人员应该进行研究，及时回应。

第二，问卷调查。调查问卷是通过发放问卷的形式让公民进行填写从而表达自己对预算项目意见的方式。问卷的内容和选项涉及非常关键，通常在初始环节就可以影响后续意见的收集。要设计出一份既能涵盖公众最关心的问题又能让公众自由表达其意见的问卷是非常重要的。如果这份问卷调查只是走形式主义，那这样就没有任何意义。在广东顺德参与式预算模式中的调查问卷，其回答预算项目多达 30 个，而且在选项设置中还有“不了解”一项，这样可以直观地了解哪些公民对参与式预算不了解，从而更好地改进工作。然后按照人口比例发放问卷。但在实践中践行得并不好。村委会居委会接到通知只是负责把问卷发下去，并没有确保公民填写问卷调查，这就导致了很多问卷调查作废，不能准确地反映数据。这种形式的缺点是公民在与政府之间取法面对面的沟通交流，并且问卷调查的结果能否作为决策依据也是不确定的。

7. 培育参与基层政府预算编制的主体

（1）加强基层政府预算编制参与权的法制教育

在我国人们思想中一直有“官本位”，在政治参与中一直不积极，缺乏预算参与意识。尽管近些年来有了很大的进步，但是参与式预算理论与我国的实践还存在的很大程度的脱节，使得实践中只是形式化的过场，大部分公众还是选择消极的服从态度。美国曾经在实行参与式预算前期花费了很多精力教育公民接受参与式预算，通过新闻报道、预算展览宣传等还针对不同阶层的人制定了不同的方案。因此我们要加强预算意识的宣传和普及，营造社会公众普遍参与预算编制的良好社会氛围。

基层政府可以围绕社区或工作单位等在村委会、居委会或者社会组织的协助下向社会公众分发参与式预算教育资料和预算法制宣传手册等材料。宣传资料要生动简单，便于公众理解。此外，基层政府可以利用网络媒体等手段，在公众号、微博账号以及电视台举行预算参与宣传专栏面向广大居民进行普及，这样打破了时间和地区之间的阻隔。基层政府可以定期举办参与式预算知识竞赛，鼓励各个阶层的公民积极参与，对表现优秀的公民进行适当奖励，激发社会公众的主人翁意识。

（2）普及公民预算编制相关专业化知识

我国可以借鉴国内外行之有效的方法，运用多种媒体方式组织有关社会工作人员、专家学者参与公民的预算专业知识培训，从而提升公民参与预算编制的专业能力。面向社会公众可以组织主动式学习和被动式学习。针对对政府公共预算事务感兴趣的公民，可以组织一些预算知识讲座、讨论会等方式，同时对主动学习的公民进行激励，比如颁发荣誉证书，给予一些物质奖励等。同时可以把公民参与预算活动纳入年度绩效考核之中，这样可以大大激发公民参与预算编制的热情。对于已经筛选参加预算编制的公民，应该在参与前进行强制性的培训，这样就不会出现对预算项目一无所知的公民参与预算编制。该种做法有助于提升参与式预算的效果和提高预算编制草案的质量。对于人大代表，要定期对他们进行预算编制知识的考核和培训，考核通过是代表公众参与预算编制的基本条件。

当今已经进入互联网高速发展的时代，基层政府可以顺应这一趋势，将互联网技术与普及公民参与预算编制专业化知识结合起来。利用互联网进行知识普及不仅可以大大降低基层政府人力成本，还可以不受时间空间的阻隔。基层政府可以随时随地通过互联网进行相关预算知识的普及，对于政治参与热情度较低的年轻人也更愿意通过这种方式参与其中。

案例3　问责违规举债，稳步构建从严管债治债新格局

一、背景简介

为贯彻落实党中央、国务院关于地方政府隐性债务问题终身问责、倒查责任的要求，财政部会同相关部门持续加强监管力度，严肃查处新增隐性债务和隐性债务化解不实等违法违规行为，推动有关地方和部门切实开展问责工作，形成有效震慑。

2022 年 5 月 18 日，财政部通报 8 个隐性债务问责典型案例，其中河南 2 个案例，湖南、贵州等城投出险高发区均有案例被点名。7 月 29 日，财政部再次通报 8 起融资平台公司违法违规融资新增地方政府隐性债务问责典型案例，包括山西、黑龙江、贵州、江苏、安徽、山东、江西、重庆等多地平台公司，进一步严肃财经纪律，发挥警示教育作用。

在通报案例中，各地融资平台公司通过代政府借款、政府承诺、政府部门担保、抵押公益性资产发债、质押政府购买服务协议约定的应收账款、抵押储备土地和公益性资产、财政担保、政府购买服务、医院等事业单位等方式违法违规融资，严重影响了隐性债务风险防范化解工作成效。

二、案例概况

（一）信阳、孟州因隐性债务被问责

2022 年 5 月 18 日，财政部通报 8 个隐性债务问责典型案例，其中河南省 2 个案例，涉及信阳市和孟州市。

河南省信阳市浉河区假借医院采购药品名义新增隐性债务。2018 年 3 月，信阳市第三人民医院根据浉河区政府常务会议纪要，以采购药品为由向中信银行股份有限公司信阳分行贷款 2.5 亿元，用于支付应由财政预算安排的新院项目工程款，造成新增隐性债务。中共河南省纪律检查委员会、河南省监察委员会依纪依规组织对相关责任人予以问责。对时任浉河区委副书记、区长于某某

给予诫勉；对时任浉河区财政局局长李某给予党内严重警告处分；对时任浉河区卫生和计划生育委员会党组书记、主任陈某某给予党内严重警告处分；对时任信阳市第三人民医院院长张某某给予党内严重警告处分。

河南省孟州市借政府购买服务名义新增隐性债务。2016 年 8 月，孟州市水利局根据孟州市人民政府授权，与孟州市国投贸易有限公司签订政府购买服务合同，实施孟州市水系暨配套设施建设项目，合同金额 9.08 亿元，约定到期需偿还的贷款本息列入孟州市中长期财政预算。当月，孟州市人大常委会、孟州市人民政府、孟州市财政局分别出具决议、批复、承诺书等文件，明确将 9.08 亿元资金列入孟州市中长期财政预算。2016 年 9 月，孟州市国投贸易有限公司与银行签订合同，贷款 4 亿元用于该项目建设，造成新增隐性债务。河南省人民政府依纪依规组织对相关责任人予以问责。时任孟州市委书记李某某由于其他违纪问题已于 2017 年 5 月被立案调查，并于 2018 年 3 月给予撤职处分；对时任孟州市委常委、副市长卢某某给予党内警告处分；对时任孟州市财政局党组书记、局长王某某给予政务记过处分；对时任孟州市人大常委会党组成员、财经委主任尚某某给予党内警告处分；对时任孟州市水利局党组书记、局长党某某给予政务记过处分；对时任孟州市财政经济技术开发中心主任李某某给予党内严重警告、政务记大过处分；对时任孟州市国投贸易有限公司董事长、总经理，中共孟州市投资开发有限公司支部委员会委员闫某某给予撤销党内职务、政务撤职处分。

（二）什么是隐性债务

世界银行专家布雷克斯把政府承担的所有债务分为两类，即直接债务（direct liabilities）和或有债务（contingent liabilities）。直接债务是指在任何情况下都要承担的债务，不依附于任何事件，是可以根据某些特定的因素来预测和控制的负债，如政府的内外债及由法律规定的养老金负债等。或有债务是指由某一或有事项引发的债务，是否会成为现实，要看或有事项是否发生以及由此引发的债务是否最终要由政府来承担。或有债务的特点说明，或有债务不是政府能够完全控制的，同时也不是最终完全转化为财政负担，而是取决于转化的面和转化的概率（见图 4－5）。

直接债务和或有债务又可以从债务风险的角度进一步划分为两种类别：显性债务（即被法律或者合同所认可的政府债务）和隐性债务（即反映公众和利益集团压力的政府道义上的债务），因而进一步明确分为四种类型的债务：直接显性债务、直接隐性债务，或有显性债务，或有隐性债务。这种划分实际上指明了两类债务风险：一是直接债务风险，即由财政直接承担的债务，相当于世界银行所讲的直接显性债务；二是间接财政风险，即由财政间接承担的国家预算体系以外的债务，包括直接隐性债务，或有显性债务和或有隐性债务。相对于直接债务风险而言，后三种债务出现与否，取决于特定事件发生与否以及发生的概率，既外生于政府的政策（如自然灾害），也内生于政府的政策和其他各种因素（如政府的担保和决策失误），虽说这类债务可能要由国家财政来承担，但究竟最终是否会承担以及最终要承担多少是事先无法清楚知道的。特别是或有隐性债务，尽管不受法律约束，但由于公众的期望和政治压力以及政府的道义责任，政府可能被要求出面承担部分或全部，因而可能构成财政的一个很大的风险源。

政府债务	直接债务 （在任何情况下都存在的债务）	或有债务 （只在特定事件发生时才产生的债务）
显性债务：法律或合同所确定的政府债务	• 国外和国内主权借款（中央政府的合同贷款和其发行的有价证券） • 由预算法律规定的支出 • 受长期法律约束的预算支出（公务员工资和公务员养老金）	• 政府对非主权借款以及地方政府、公共部门和私营部门实体（如开发银行）债务的担保 • 对不同类型贷款（诸如抵押贷款、对学习农业的学生的贷款和小型企业贷款）的保护性政府担保 • 对贸易与汇率、国外主权政府借款、私人投资的政府担保 • 有关存款、私营养老金基金最低收益、农作物、水灾、战争风险的政府保险体系
隐性债务：反映公众和利益集团压力的政府道义上的债务	• 公共投资项目的未来经常性费用 • 法律未做规定的未来公共养老金（而不是公务员的养老金） • 法律未做规定的社会保障计划 • 法律未做规定的未来医疗保健筹资	• 地方政府和公共或私营实体的非担保债务及其他负债的违约 • 对私营实体负债的清理 • 银行倒闭（处于政府保险的范围之外） • 非担保养老金基金、就业基金、社会保障基金（对小投资者的社会保护）的投资失败 • 中央银行不能履行其职责（外汇合约、保卫币值、国际收支稳定） • 私人资本流向改变之后采取的紧急救援行动 • 环境灾害后果的清理、救灾、军事筹资等

图 4－5　政府债务的风险矩阵图

资料来源：Hana Polackova Brixi and Allen Schick，Government at Risk，World Bank Publications，2022.

我国 1994 年《预算法》规定地方政府不得借债编制赤字预算，但地方政府早已存在大量的债务是不争的现实。当时的地方政府债务主要是指地方政府融资平台公司向银行的借款。融资平台公司是指由地方政府及其部门和机构等通过财政拨款或注入土地与股权等资产设立，承担政府投资项目融资功能并拥有独立法人资格的经济实体。公司债务大体分为三类：一是融资平台公司因承担公益性项目建设举借的，主要依靠财政性资金偿还的债务；二是融资平台公司因承担公益性项目建设举借的，项目本身有稳定经营性收入并主要依靠自身收益偿还的债务；三是融资平台公司因承担非公益性项目建设举借的债务。由于公司是地方政府通过财政拨款和注入国有资产注册的，是为地方政府投资项目融资的，因此这些公司债务属于政府直接隐性债务和或有隐性债务。

改革开放以来，随着工业化、城镇化进程的加快，地方建设性融资需求快速增长，从 20 世纪 90 年代起，一些地方政府开始尝试通过设立融资平台公司来对外融资，并很快向全国普及，逐渐形成了相当规模的融资平台公司债务。融资平台公司债务具有如下特点：一是普遍性。全国各个地方政府都存在这种债务，只是多少的差别。二是融资数额巨大，增长快。三是管理不统一，运作不规范，不仅未纳入预算，甚至有的地方财政部门根本无权过问公司债务。融资平台公司通过举债为地方经济和社会发展筹集资金，无疑对加强基础设施建设以及应对国际金融危机的冲击发挥了积极作用。但与此同时，也存在和积累了社会各界高度关注的巨大债务风险问题。

（三）建立健全应对预案、处置机制，实行联防联控，防止债务风险

财政部要求，各地区、各单位要把防范化解隐性债务风险作为重要的政治纪律和政治规矩，牢固树立底线意识和“红线”意识，坚决杜绝新增隐性债务；持续加强融资平台公司管理，严禁与地方政府信用挂钩，严禁新设立融资平台公司，持续清理“空壳类”融资平台公司，加快剥离融资平台公司政府融资职能。

2022 年 4 月 28 日，河南省出台《关于进一步深化预算管理制度改革的实施意见》，确定 7 个方面 22 条重点改革任务，明确河南省深化预算管理制度改革“路线图”。

1. 提高财政资源配置效率

一是加强重大决策部署财力保障。各级预算安排要将落实党中央、国务院决策部署及省委、省政府工作安排作为首要任务，合理确定保障重点和保障顺序。二是调整优化财政支出结构。不折不扣落实过紧日子要求，持续压减非重点非刚性非生产性支出，严格控制竞争性领域财政投入及政府性楼堂馆所和信息化项目建设。三是推进支出标准体系建设。建立基本公共服务保障标准体系，加快完善预算项目支出标准体系并进行动态调整，加强对项目执行情况的分析和结果运用。

2. 加大财政资源统筹力度

一是加强财政收入统筹管理。加大预算统筹力度，统筹配置政府债券资金，完善收费基金清单管理并实行动态更新，科学确定国有资本收益上交比例。二是推进财政支出政策统筹。加强本级预算和上级补助资金统筹，推进同一领域有关支出的整合归并，避免交叉重复。三是强化部门收入统筹管理。加强对部门所属单位事业收入等非财政拨款收入管理，行政事业性国有资产出租、处置等收入纳入部门预算统一核算、统一管理。四是盘活存量资金资源。严格执行盘活财政存量资金有关政策规定，严格执行资产配置标准，严格各类资产登记、核算和使用管理，推动国有资产共享共用。

3. 加强预算编制管理

一是改进政府收支预算编制。全部收入和支出依法纳入预算，严禁将非税收入与征收单位支出挂钩，加大零基预算实施力度，加强跨年度预算平衡。二是改进转移支付预算编制。依法依规提前下达转移支付，进一步优化转移支付体系，完善转移支付资金分配方法，健全转移支付定期评估和动态调整、退出机制。三是加强部门预算管理。财政部门加大宣传培训力度、强化指导督促，各部门承担预算管理主体责任，科学合理确定预算支出需求，实行项目标准化分类，突出保障重点。四是强化政府采购政策功能。建立政府采购需求标准体系，加强政府采购预算编制管理，依法依规实施政府购买服务。

4. 强化预算执行约束

一是严格预算执行管理。依法依规加强收入征管，着力提高收入质量，严禁虚收空转、收取过头税费、违规设置收费项目或提高收费标准，严禁超预算、无预算安排支出或开展政府采购。二是优化国库集中收付管理。完善国库集中支付控制体系和集中校验机制，根据预算和项目实施进度拨付资金，合理控制库款规模，优先保障“三保”和政府债券还本付息支出，建立健全库款风险预警机制，加强财政暂付性款项管理。三是完善财政资金直达机制。稳步扩大直达资金范围，加强对直达资金分配使用情况监督，建立健全直达资金监控体系。四是推动预算绩效管理提质增效。推动运用成本效益分析等方法开展事前绩效评估，分类明确转移支付绩效管理重点，推动绩效目标、绩效评价结果向社会公开。

5. 严格政府债务管控

一是加强政府债务预算管理。完善地方政府债务限额分配机制，完善专项债券管理机制，依法落实到期法定债券偿还责任，研究建立政府偿债备付金制度。二是强化政府债务预警管控。完善政府债务风险评估和预警机制，加强风险评估预警结果应用，健全地方政府债务信息公开及债券信息披露机制，打通地方政府债券管理全链条，促进形成市场化融资自律约束机制。

6. 防范财政运行风险隐患

一是加强财政可持续风险防控。完善县级“三保”预算审核、运行监控、风险处置等管理机制，坚持“三保”支出在财政支出中的优先顺序，强化市级保障监管及指导责任和县级保障职责，加大省对市县财力性转移支付力度，坚决兜牢“三保”底线。二是防范化解隐性债务风险。坚决遏制增量、妥善处置和化解存量，强化债务常态化监管，严禁违规融资或变相举债，清理规范地方融资平台公司，严格落实政府举债终身问责制和债务问题倒查机制。

7. 提高预算管理信息透明度

一是改进预决算信息公开。加大预决算公开力度，推进财政预算政策公开，建立民生项目信息公示制度，推进政府投资基金、收费基金、国有资本收益、政府采购意向等信息向社会公开。二是推进财政信息共享共用。严格落实预算管理一体化业务规范要求，完善全覆盖、全链条监控机制，实现财政部门与主管部门单位基础信息和会计、资产、账户等预算信息共享共用。三是发挥监督协同效应。强化监管管理职责，推进财会监督与其他形式监督协同发力，推进人大预算联网监督工作，强化监督结果运用，加大处理结果公开力度。

2022 年 5 月 20 日，财政部河南监管局指出，基层财政部门应多措并举防范化解财政风险。根据河南监管局调研了解，近年来，河南省多个县财政部门紧紧围绕中央和省、市决策部署，紧密结合财政业务坚决扛牢财政责任，特别是针对财政统筹发展和安全工作，采取积极措施，有效防范化解财政风险，保障财政资金安全规范高效运行。

针对政府债务风险，要切实做好风险防范，确保不发生系统性风险。为加强财政领域风险防范，统筹财政发展和安全，严把政府举债、融资关，杜绝各类违法违规融资行为，坚决遏制政府债务规模，特别是不新增政府隐性债务。对以前年度遗留政府隐性债务，按照“制止新债、摸清旧债、明确责任、分类处理、逐步化解”要求，彻底核实政府债务底数，认真分析债务形成原因，通过采取拓宽税源、压减非必要开支、加大土地出让等举措，开展债务清理化解，守牢不发生区域性系统性风险底线。

同时，还要强化会计信息质量检查，加大预算单位财务监管。会计监督检查是《会计法》赋予财政监督部门预算单位会计工作的重要职责，也是财政部门贯彻实施《会计法》，保障财经秩序良好运转的重要监督方式。财政部门充分发挥财政监督职能作用，整合相关监督力量，持续开展会计信息质量检查，进一步规范财政管理，严肃财经纪律，发挥财政会计监督服务宏观经济调控的重要职责，保障积极的财政政策提质增效，更加注重精准、更可持续，为扎实做好“六稳”工作，全面落实“六保”任务保驾护航。

最后，要加强财政内部业务管理，保障财政安全平稳运行。一是建立严格的对账制度。财政部门内部预算、国库、各业务部门与预算单位定期进行指标对账，确保账证、账账、账实相符；对财政专户资金收付业务实行周对账和月传递票据制度，财政与金融机构实行月定期对账制度和单位月份报表制。二是加强印章管理。拨款印鉴实行分人分印管理，做到人走章锁，印鉴使用、临时代管实行登记制度，资金拨付做到相互监督、相互制约。三是建立银行账户管理档案制度。对财政开设、撤销、归并账户实行审批制度，并建立台账登记，严格财政账户管理，从源头上管控，用制度约束，保障财政资金安全。

三、思考题

1. 查找资料，谈谈你对政府隐性债务的认识。
2. 结合案例，谈谈为什么国家要严肃查处隐性债务问题？
3. 你认为处理隐性债务问题应该从哪几个方面入手？
4. 查找资料，谈谈你对我国政府隐性债务现状及未来发展的看法。

案例说明书

一、课前准备

本案例要求学生提前阅读案例正文，并学习政府隐性债务风险与防范等方面的相关知识，查找资料，认真思考案例后的思考题。

二、课堂安排

案例教学是沟通理论与实践的桥梁，能够把认知性和感受性学习方式很好地融合起来，培养学习者的相关技能及其运用能力。本案例课堂安排如下：

1. 学生熟悉案例背景：结合课前预习的相关理论知识，总结提炼案例的基本要点和关键问题，并结合案例后面的思考题进行讨论。此项安排时间大约 20 分钟。

2. 教师组织进行讨论：大致按照“是什么（what）”—“为什么（why）”—“怎么办（how）”的线索展开。要求每组学生完成以下工作：首先，针对案例中涉及的事件进行描述，对涉及的专业知识进行简要介绍；其次，结合案例进行理论分析，分析政府隐性债务产生的根本原因；最后，学生针对案例中隐性债务问题进行探讨，提出相关政策主张或建议。此项安排时间大约 45 分钟。

3. 教师进行评价和点评，对政府隐性债务产生的原因进行梳理，归纳各方意见并在选择中达成共识，提出继续思考的问题。此项安排时间大约 25 分钟。

三、教学目标

1. 掌握隐性债务方面的相关知识。
2. 了解河南省政府隐性债务现状。
3. 针对隐性债务问题，提出合理的解决措施。

四、思政元素

地方政府隐性债务问题所涉及的思政元素主要包括以下几个方面：

1. 政治纪律：地方政府隐性债务问题是一种典型的违反政治纪律的行为，属于一些官员或政府机构滥用职权、侵吞公共资源和利益的严重违法行为。因此，解决隐性债务问题需要在坚持政治纪律方面下工夫，进一步强化政治监督和惩处机制。

2. 财经道德：隐性债务问题不仅带来了政治风险和经济风险，更涉及财经道德问题。政府官员和机构应该在财经活动中注重诚信、规范和遵纪守法，维护国家财政秩序和市场竞争基本规则，并做到问责和透明度。

3. 公共利益导向：地方政府隐性债务问题也与公共利益导向有关。政府投资应当以长远利益为导向，加强对重点领域和民生事业的投入，而不是为涨 GDP 数值和虚高政绩而追求量化指标和短期经济发展。因此，政府要更好地考虑社会公正和民生福祉。

4. 可持续发展：隐性债务问题与可持续发展之间的关系十分密切。隐性债务是一种借贷行为，如果未来无法清偿，将对国家和社会的可持续发展带来重大影响。因此，政府应当制定合理的债务管理政策，加强风险控制和审计监管，确保债务对经济发展和社会稳定的支撑作用。

综上所述，地方政府隐性债务问题涉及政治纪律、财经道德、公共利益导向以及可持续发展等多个有关思政元素的问题，解决这些问题需要在思想理念和制度机制上下工夫，同时加大监督力度和问责力度，让政府行为更加透明和规范，为社会稳定和经济可持续发展提供坚实的保障。

五、要点分析

近些年来，地方政府债务问题已成为我国系统性风险的重要隐患，成为国内外关注的焦点，而其中尤其值得关注的是地方政府隐性债务。根据多家研究机构对我国地方政府债务规模及风险的估算结果，我国地方政府显性债务风险总体未突破安全边界，尚可把控，但叠加隐性债务后的总债务风险已处于突破安全边界的较高水平，隐性债务是显性债务的2—3倍。与公开透明的显性债务相比，未被纳入预算管理的隐性债务具有很强的隐蔽性，尽管其目前尚未体现在政府的资产负债表中，但其会随着时间的推移和特定条件的发生而逐渐显性化，风险逐渐被暴露出来。因此，防范处置隐性债务应是化解地方政府债务风险的主要方面。

为了防范化解地方政府隐性债务风险，我国已先后实施多项政策规范地方政府的发债行为。一方面“开前门”，实施新预算法允许地方政府在限额内发行地方政府债券。另一方面“堵后门”，严禁地方政府的违规担保行为。尽管如此，由于我国财政体制和投融资体制中固有的缺陷，以及隐性债务成因复杂，治理隐性债务并非易事。2018年12月，全国财政工作会议强调要“严格控制地方政府隐性债务，有效防范化解财政金融风险”。这些政策信号表明，在当前经济下行压力下，防范和化解隐性债务风险已迫在眉睫。

1. 地方政府隐性债务风险

地方政府债务风险是指地方政府无法偿还到期债务而出现违约行为的可能性。从债权人的角度来看，地方政府债务风险是债权人面临的一种信用风险，而从地方政府债务管理的角度来看，地方政府债务风险是地方政府债务管理不力而造成的无法按时偿还到期债务的可能性。

影响地方政府债务按时偿付的因素有很多，按照影响地方政府债务偿还因素的不同可以将地方政府债务风险分为规模风险、结构风险、效率风险、市场风险、流动性风险和政策风险。规模风险是指由于地方政府债务规模与财政负担能力不匹配造成的债务无法偿还的风险，规模风险的大小与地方政府对债务规模的约束程度和偿还能力有关；效率风险是指由于地方政府债务资金使用效率低下导致政府长期偿债能力不足的风险，效率风险的大小与地方政府债务资金的运用效率有关；结构风险是由于债务期限结构或资金来源结构的不合理造成的风险，与融资主体的融资方式有关；流动性风险指债务无法按时偿还的风险，通常由其他风险形成，例如，债务规模过大、期限结构不合理造成债务无法偿还，市场风险和政策风险往往通过作用于债务资金成本和财政收入影响地方政府债务风险。

2. 地方政府隐性债务成因

地方政府隐性债务的成因十分复杂，涉及财政分权制度、官员晋升激励机制、政府的公共服务职能等多重因素。

（1）财政收支矛盾

根据公共产品理论，由于一些物品具有非竞争性或非排他性，因此即便生产该产品有利可图，也没有私人愿意提供该物品，只有由政府提供此类物品才能弥补市场机制的失灵。由此，财政被认为不仅应承担维护市场机制正常运转的责任，还应具备提供公共物品和准公共物品的职能。现实中，地方政府通过统筹财政收入，为社会公众提供公共服务并进行基础设施建设投资。由于基建项目往往具有投资金额大、建设周期长的特点，地方政府不得不对外举借债务进行融资。我国 1994 年的分税制改革基本确立了财政分权制度。但是，财权的上收和事权的下放使得地方政府长期面临收不抵支的状况。在我国预算软约束的背景下，地方政府不得不在体制外进行各种投融资体制的创新，由此造成了大量的政府隐性债务。

（2）激励机制不完善

在我国，为了促进地方官员积极工作，国家制定了以 GDP 为考核标准的激励机制，但却没有制定以财政风险为考核标准的惩罚机制。在此背景下，地方官员为了提高业绩，产生了在不考虑地方财政承受能力的情况下过度举债发展地方经济的行为，由此造成了地方政府债务的扩张。

（3）预算管理不完善

在中国现行的经济体制下，地方政府对本地资源拥有控制权，而一旦项目投资失败导致资金无法回收，中央政府会出于对社会稳定的考量对地方政府实施救助。在这种情况下，地方政府往往会形成中央政府会对其危机进行救助的预期，而为地方政府提供建设资金的商业银行又往往会形成地方政府对不良资产进行救助的预期。这就造成了预算软约束现象。自社会主义市场经济体制建立伊始，大规模投资和土地财政成为我国经济发展的主要推动要素，土地开发就成为预算外收入的主要来源。一方面，地方政府在土地转让中获得大量收入，另一方面，地方政府又通过财政担保和土地抵押等方式获取大量银行贷款。地方政府为确保其土地收益，不仅使地方债务“绑架”了土地财政，同时也使土地财政“绑架”了高价位的房价。在这样的环境下，地方政府的土地财政收益会因房价的下滑而大幅减少，若地方政府失去土地财政这笔巨额收益的话，很多地方政府就会面临破产的风险，并出现严峻的债务危机。

案例 4　收紧税收洼地，严堵偷税漏税

一、背景简介

税收是一个国家和城市主要的收入来源之一。偷税漏税最直接、最显著的后果是国家税收收入的减少和应上缴国库金额的流失，这将导致国家的财政支出计划和民众的生活都得不到保障，危害社会公众的利益。国家征税的本意是调节经济、造福百姓，而偷税漏税行为不仅直接导致国家财政收入来源的减少，而且间接影响公民对科、教、文、卫等公共服务的福利享受。明星作为高收入人群和公众人物，言行举止具有很强的模范作用和社会效应，然而，近些年来，以“明星”为代表的公众人物偷税漏税行为屡有发生。

2021 年 9 月，国家税务总局发布通知，要求进一步加强文娱领域从业人员税收管理，对明星艺人、网络主播成立的个人工作室和企业，要辅导其依法依规建账建制，并采用查账征收方式申报纳税。随着大数据技术的应用，特别是金税四期和发票电子化的实施，以及政府信息化平台的搭建，税务部门对纳税人涉税信息的查询更加便捷，征纳双方信息不对称状况有了较大变化，为实现查账征收、遏制税收流失奠定了基础。查账征税既避免了偷税漏税，也避免了多征税，做到实事求是、依法依规征收。堵住高收入者避税漏洞，用税收调节劳动和资本要素分配，有利于税收公平、共同富裕。

2021 年 12 月 30 日，全国税务工作会议中明确指出，2022 年将落实好常态长效打击“三假”工作机制，对各种偷逃税行为，一律严惩不贷。推进精准性监管，深入开展“双随机、一公开”稽查并适当提高抽查比例。着力推动建立健全跨部门协同监管机制，持续加大典型案件曝光力度，不断提高税法遵从度。2022 年 1 月，李克强总理主持召开减税降费座谈会，会上强调，要坚决打击偷税漏税。我国在实践中不断加强税收监管。

二、案例概况

（一）范冰冰阴阳合同事件

2018 年 5 月，知名主持人崔永元通过微博晒出多份拍戏合同，其中有的涉及明星与制片方逃税签订的“大小合同”。所发布的图片中，依稀可见“范冰冰”字样。这条微博的发布，揭开了娱乐圈“阴阳合同”的丑陋面纱。事件发生后，范冰冰工作室迅速做出回应，发布声明称“4 天 6 千万”是未经证实的谣言。不过，工作室并不愿意对崔永元曝光的合同中的细节再多加回应。

2018 年 6 月，国家税务总局网站通告，针对近日网上反映有关影视从业人员签订“阴阳合同”中的涉税问题，税务总局高度重视，已责成江苏等地税务机关依法开展调查核实。如发现违反税收法律法规的行为，将严格依法处理。范冰冰工作室负责人称范冰冰及其工作室从未通过“阴阳合同”方式签约，并表示接下来会全力配合相关部门依法核查。

2018 年 10 月，江苏等地税务机关依法开展调查核实，查清案件事实。从调查核实情况看，范冰冰在电影《大轰炸》剧组拍摄过程中实际取得片酬 3 000 万元，其中 1 000 万元已经申报纳税，其余 2 000 万元以拆分合同方式偷逃个人所得税 618 万元，少缴营业税及附加 112 万元，合计 730 万元。此外，还查出范冰冰及其担任法定代表人的企业少缴税款 2. 48 亿元，其中偷逃税款 1. 34 亿元。

对于上述违法行为，江苏省税务局对范冰冰及其担任法定代表人的企业追缴税款 2. 55 亿元，加收滞纳金 0. 33 亿元；对范冰冰采取拆分合同手段隐瞒真实收入偷逃税款处 4 倍罚款计 2. 4 亿元，对其利用工作室账户隐匿个人报酬的真实性质偷逃税款处 3 倍罚款计 2. 39 亿元；对其担任法定代表人的企业少计收入偷逃税款处 1 倍罚款计 94. 6 万元；对其担任法定代表人的两户企业未代扣代缴个人所得税和非法提供便利协助少缴税款各处 0.5 倍罚款，分别计 0.51 亿元、0.65 亿元。本次“阴阳合同”案件中，涉及追缴并处罚金共计 8.84 亿元。

2018 年 10 月，国家税务总局下发通知，部署开展规范影视行业税收秩序工作。

（二）郑爽偷逃税事件

范冰冰“阴阳合同”事件发生后，国家加大对影视行业税收秩序的管理工作。无独有偶，2021 年 1 月，张恒在微博发布视频，内容涉及郑爽索要天价片酬、签订阴阳合同、偷税漏税等行为。2021 年 4 月，郑爽通过工作室的微博声明愿意接受并配合一切调查。

调查结果显示：2018 年，规范影视行业税收秩序后，郑爽有其他演艺收入 3 507 万元，以企业收入名义改变个人收入性质、进行虚假申报（见图 4－6）。

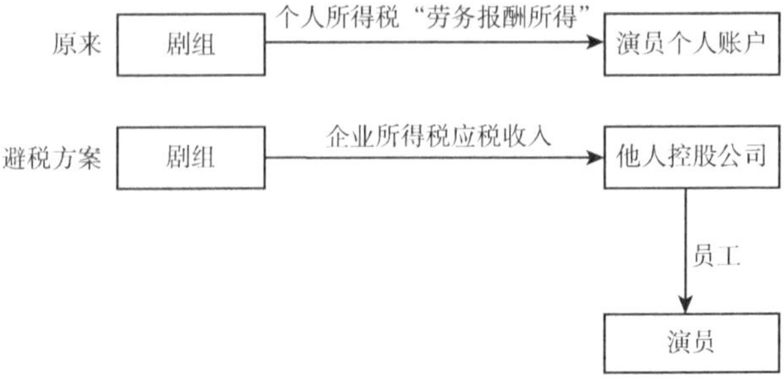

图 4－6　郑爽避税方案

2019 年，郑爽主演电视剧《倩女幽魂》，与制片人约定片酬为 1.6 亿元，实际取得 1.56 亿元，分为两个部分收取。第一部分是 4 800 万元，将个人片酬收入改变为企业收入进行虚假申报、偷逃税款。

第二部分是 1.08 亿元，制片人与郑爽实际控制公司签订虚假合同，以“增资”的形式支付，包装成对上海晶焰沙科技有限公司的增资款。上海晶焰沙公司 2019 年 3 月成立，注册资本 8 000 万元，名义出资人为张丽敏，实际出资人为刘艳，郑爽母亲刘艳是公司的唯一实际股东。郑爽的 1.08 亿元增资远超过 8 000 万元的注册资本，却只换了 10% 的股份，也就是说 1.08 亿元有 1 亿元作为资本公积，增资款无须缴纳其他税款，仅需缴纳万分之二点五的印花税。通过“增资”方式，规避行业监管获取“天价片酬”，隐瞒收入进行虚假申报、偷逃税款。

表4-2　　郑爽偷漏税金额

时间	偷税	少交税款
2018年	224.26万元	1 034.29万元
2019年	4 302.7万元	1 617.78万元

以上合计，郑爽2019年至2020年未依法申报个人收入1.91亿元，偷税4 526.96万元，其他少缴税款2 652.07万元。

郑爽上述行为违反了2018年以来中央宣传部、文化和旅游部、国家税务总局、国家广播电视总局、国家电影局等部门三令五申严禁影视行业“天价片酬”“阴阳合同”等要求，偷逃税主观故意明显，严重扰乱税收征管秩序，违反了相关税收法律法规，税务部门依法予以从严处理。其中，对改变收入性质偷税部分，处以4倍罚款，计3 069.57万元；对收取所谓“增资款”完全隐瞒收入偷税部分，由于情节更为严重，处以5倍“顶格”罚款，计1.88亿元，共计对郑爽追缴税款、加收滞纳金并处罚款2.99亿元。

（三）公众人物偷税漏税案件频发

除范冰冰、郑爽外，演艺圈公众人物偷税漏税事件并不少见。北京晓庆文化艺术有限责任公司1996年以来采取不列或少列收入、多列支出、虚假申报等手段偷税漏税达1 458.3万元。因数额巨大，刘晓庆蹲了1年多的大狱。作为在中国影坛金字塔尖的女星，刘晓庆过去的成就有目共睹，盛名之下，因为偷税漏税，刘晓庆依旧没能逃脱牢狱之灾。

1989年，毛阿敏在黑龙江演出5天，赚了6万元，偷税漏税近4万元，经报道后，引起全国公愤，并被原单位关了3个月的“禁闭”。当时的罚款总额达到60万元。5年后，毛阿敏再次陷入税案风波，因漏税，毛阿敏需补缴27万税款。

2008年初，“台湾第一名模”林志玲首次登上台湾艺人补税榜，补税额高达千万新台币。林志玲的妈妈坚称女儿不会漏税，而林志玲也一直不出面澄清。终因涉嫌报税不实，税务部门要求其补税及罚款共近千万元新台币。虽然法官没有传讯林志玲，但她曾亲自到台北法院出庭。

2006年7月，台湾艺人大S徐熙媛、小S徐熙娣被台湾税务部门列为头号追税对象。5年来两人少报收入近亿元新台币，按条文规定计算，两人须补缴税款高达3 000万元新台币。

2021 年 11 月，国家税务总局杭州市税务局通报了朱宸慧（雪梨）、林珊珊两名网络主播偷逃税款案件。其中朱宸慧虚构业务，把个人工资薪金和劳务报酬所得 8 445. 61 万元，转换为个人独资企业的经营所得，偷逃个人所得税 3 036. 95 万元，被依法追缴税款、加收滞纳金并处罚款计 6 555. 31 万元；林珊珊通过设立个人独资企业，虚构业务把从有关企业取得的个人工资薪金和劳务报酬所得 4 199. 5 万元，转换为个人独资企业的经营所得，偷逃个人所得税 1 311. 94 万元，被依法追缴税款、加收滞纳金并处罚款计 2 767. 25 万元。

2021 年 12 月，浙江省杭州市税务局稽查局经税收大数据分析发现，网络主播黄薇（网名：薇娅）在 2019 年至 2020 年，通过隐匿个人收入、虚构业务转换收入性质虚假申报等方式偷逃税款 6. 43 亿元，其他少缴税款 0. 6 亿元，依法对黄薇做出税务行政处理处罚决定，追缴税款、加收滞纳金并处罚款共计 13. 41 亿元。

2022 年 3 月，根据税收监管中的线索，上海市税务局第四稽查局经税收大数据进一步分析，发现邓伦涉嫌偷逃税款，依法对其开展了全面深入的税务检查。经查，邓伦在 2019 年至 2020 年，通过虚构业务转换收入性质进行虚假申报，偷逃个人所得税 4 765. 82 万元，其他少缴个人所得税 1 399. 32 万元，被追缴并罚款共计 1. 06 亿元。

（四）偷税漏税案件背后的反思

贪婪是人性之恶，如果贪欲不加节制，最终都会自己一念之差而买单，得不偿失。法律面前，人人平等。在成为一个优秀人物之前，还是要先守好一个公民的基本道德底线，否则所有外在的优秀都是“空中楼阁”，一着不慎，满盘皆输。

作为比较有影响力的公众人物，一个错误决定，就会颠覆曾经所有的辉煌。这些拥有“超高流量”的公众人物偷逃税，不仅危害了国家税收安全，更对社会风气特别是青少年的价值观带来不良影响。

税法遵从，不是一场儿戏，也没有空子可钻。不能让“阴阳合同”沦为潜规则。作为公众人物，有无签订“阴阳合同”，有无逃税，应公正调查，用事实说话。一旦逃税，少数人占了便宜，挑战的却是税法，危害的是国家利益。法律面前人人平等，不管名气再大、“粉丝”再多、人脉再广，谁都不能享受法外特权。

我们必须以案示警，更需警钟长鸣。规范影视行业税收秩序，既要向偷逃税行为亮剑，也要拧紧责任链条，严肃查处失职失责者，用严明法纪整治乱象，促进行业健康发展。

三、思考题

1. 查找资料，谈谈你对公众人物偷税漏税行为的看法。
2. 结合案例，分析国家要从严惩处偷税漏税现象的原因。
3. 查找资料，谈谈国家应该从哪些方面入手，杜绝偷税漏税现象发生。

案例说明书

一、课前准备

本案例要求学生提前阅读案例正文，并学习偷税漏税行为带来的危害以及背后深层次原因剖析等方面的相关知识，查找资料，认真思考案例后的思考题。

二、课堂安排

案例教学是沟通理论与实践的桥梁，能够把认知性和感受性学习方式很好地融合起来，培养学习者的相关技能及其运用能力。本案例课堂安排如下：

1. 学生熟悉案例背景：结合课前预习的相关理论知识，总结提炼案例的基本要点和关键问题，并结合案例后面的思考题进行讨论。此项安排时间大约 20 分钟。

2. 教师组织进行讨论：大致按照“是什么（what）”—“为什么（why）”—“怎么办（how）”的线索展开。要求每组学生完成以下工作：首先，针对案例中涉及的事件进行描述，对涉及的专业知识进行简要介绍；其次，结合案例进行理论分析，分析偷税漏税行为产生的根本原因；最后，学生针对案例中隐性债务问题进行探讨，提出相关政策主张或建议。此项安排时间大约 45 分钟。

3. 教师进行评价和点评，对偷税漏税行为产生的原因进行梳理，归纳各方意见并在选择中达成共识，提出继续思考的问题。此项安排时间大约 25 分钟。

三、教学目标

1. 掌握税收方面的相关知识。
2. 了解公众人物偷税漏税现象带来的危害。
3. 针对偷税漏税问题，提出合理的解决措施。

四、思政元素

案例中的偷税漏税问题所涉及的思政元素主要包括以下几个方面：

1. 遵纪守法：偷税漏税是违反税收法律法规的行为。因此，这个问题需要在遵纪守法方面下工夫，加强税收执法和监管，严格打击违法行为，保证国家财政安全。

2. 社会公正：偷税漏税会使得少数人通过不正当手段获取巨额财富，增加社会贫困和贫富差距，对社会公正产生影响。因此，解决偷税漏税问题需要倡导公平、公正和合理的税收制度，落实所得分配的公平原则，促进社会公正发展。

3. 财经道德：偷税漏税问题也涉及财经道德。企业应遵守商业诚信规则，不因逃税而获取暴利，同时，政府应以公共利益为导向，创造更为有利于企业可持续发展的营商环境，鼓励企业按规定缴纳税款。

4. 政治纪律：为了确保税收制度的完整性、稳定性，需要有坚韧不拔的政治纪律和严密的责任体系。督促政府和企业管理层遵守税收制度，并对违法行为进行彻底调查和严厉打击。

综上所述，解决偷税漏税问题需要在遵纪守法、社会公正、财经道德、政治纪律等方面下功夫，建立合理、透明的税收制度，落实税收的公平原则和缴税义务，增强政府和企业的社会责任感，加大税收执法力度和监管力度，使税收制度更具有公平、公正、有效性。

五、要点分析

税收本意为“取之于民，用之于民”，因此任何偷税漏税行为不仅直接造成国家财政收入来源减少，而且间接影响公民对教育、卫生、医疗等公共服务的享受。影视明星等属于社会高收入群体。他们交纳的税款一般较高。高额的税款会直接影响明星经济收入。因此，那些纳税意识淡薄的影视明星往往通过合法手段掩盖非法目的等方式偷税漏税，从而逃避公司或个人应当交纳的税款。这种非法行为不仅导致税收部门统计信息失真，而且直接侵蚀国家财政税收收入。

从将近20年前的刘晓庆偷税案到如今范冰冰“阴阳合同”我们不难意识到：对税法规制的真正完善不是一蹴而就的事情。相反，我们更应该与时俱进，把其视作一个长期的动态调整。同时，只有时间与实践才能真正检验出相关税法规制改善合理与否。国家税法部门对税法进行不断完善，公民也能真正走入对高收入者以及对每一个纳税人的监督的大门，社会中的每一份不可或缺的力量的真正凝聚起来。如此，我国立法水平将更高，也将更有利于社会的和谐稳定。

案例5　欧美数字税大战

一、背景简介

数字税也称为“数字服务税”，数字税可以理解为国家对境内因销售互联网业务而产生了有效利润进行征收的一种税，其征收对象多为大型互联网公司。数字税的第一层含义就是电子商务征税，其性质为流转税，这是针对国内税的概念。第二层为数字税涉及跨国性质的互联网公司、数字巨头所创造的巨额利润在不同国家、地区之间分配问题，其性质为所得税。“数字税”是欧洲联盟对大型互联网企业的征税规则。2018年3月，欧盟委员会发布立法提案，拟调整对大型互联网企业的征税规则。依据这项提案，任何一个欧盟成员国均可对境内发生的互联网业务所产生的利润征税。而依据现行规则，互联网企业只需在总部所在地一次性交税。2018年6月，德国原则性同意征收“数字税”，继而对相关细节犹豫不决，招致力推“数字税”的法国不满。2019年3月，法国财政部长勒梅尔向政府提交征收数字税的法律草案，计划对约30家互联网巨头征收3%的数字税。7月11日，法国参议院通过了数字税法案。OECD/G20包容性框架下，有137个国家和地区在一起平等工作，探寻多边解决之道，这无疑有利于避免国家之间无益的税收竞争。但是多边合作的一个缺点在于国家之间的意见分歧极大，达成共识困难重重。

二、案例概况

（一）欧美税收冲突

近30年来，数字技术行业为社会带来了一场宏大的科技革命，同时也给世界经济带来了重大影响。根据世界银行的数据，到2021年，数字经济占全球GDP的15.5%，并且在过去15年中的数字经济的增长速度是全球GDP的两倍半。但其同时，也催生出了苹果、亚马逊、谷歌、脸书等寡头式企业垄断。长期以来，以这些美国巨头为代表的互联网科技企业在几乎没有实体机构的情况下，牢牢把持着欧洲数字市场。而现有税收体系的基础是传统经济，欧盟对数字经济企业调整税收政策，是希望这些企业更合理地纳税，不要避免本该承担的责任。

考虑到现有企业所得税制已经过时，各国决策者都在努力寻找解决方案，以确保随着经济数字化转型的加速而实现公平、有效地征税。自2013年起，在OECD/G20层面建立了BEPS项目小组，目标是在2020年底提出数字经济下应对税基侵蚀和利润转移问题的全球统一解决方案。

2018年3月，欧盟出台针对数字经济的公开征税提案，紧密围绕欧盟市场数字经济发展现状，提出以下两套解决方案。一是针对企业所得税规则中数字经济活动做出的税制改革。这一方案从税制机理层面对数字税作出规定，是解决数字经济征税难题的长效方案。根据方案内容，对于符合特定条件的大型跨国数字平台，其将被视为在欧盟境内拥有“数字常设机构”，并需向相关成员国缴纳数字税。二是针对特定数字经济活动收入征收的过渡税。这一方案从数字经济活动切入，针对符合一定条件的跨国数字企业特定商业行为进行纳税识别和确认。该方案的征税对象为符合特定年收入标准的数字企业，税基为数字企业开展的特定数字经济活动，征收方案兼顾数字利润来源地及纳税地各方利益，保证欧盟成员国既能从相关企业获得收入，又能有效避免个别成员国单方面征税对欧盟统一市场造成的损害，因而具有较强的操作性。

该提案公布后，欧盟内部出现严重分歧。经济体量较大的国家（法国、英国等）普遍予以支持，因为其一直认为自己在数字经济发展过程中遭遇了严重的税收流失问题。如在亚马逊等互联网巨头实现的在线广告收入中，法国用户在价值创造过程中扮演了重要角色，但这些企业却没有向法国政府缴税，这是不公平的。但国土面积较小的成员国多数持反对意见。其中，部分低税率国（如卢森堡、爱尔兰等）担忧此举会降低本国外资吸引力，部分成员国（芬兰、瑞典、丹麦等）出于“逆全球化”等担忧持保留态度。最终，经过近一年磋商，欧盟于2019年3月宣布暂不在全欧盟范围内推行数字税计划。

法国本来试图通过欧盟层面的税收安排来解决BEPS问题，但欧盟相关协议迟迟未能达成。于是，法国开始单独行动。2019年3月，法国在借鉴欧盟方案主体框架的基础上提出法案，拟针对大型跨国数字企业征收3%的数字服务税。该法案于4月8日由法国国民议会通过，5月21日由法国参议院表决并提出修订文本的再调整版，最终于7月获参议院批准施行。成为全球首个开征数字税的国家。该法案追溯至2019年1月1日生效。该法案征税对象为全球范围内年收入至少在7.5亿欧元（8.45亿美元），并且其中至少有2 500万欧元（2 800万美元）收入来自于法国的互联网公司；税率为3%，税基为特定销售收入，如互联网企业通过精准广告投放获得的收入。

尽管开征新税种是法国的内部事务，美国却一直对此持强烈反对态度。从而引发美国政府强烈不满并发出贸易报复威胁。美国的应对说来也简单，采取的是一贯的套路：通过301调查宣布对方“有罪”，再威胁给予关税惩罚。2019年7月10日，美国贸易代表办公室启动了针对法国数字税的301条款调查，美国贸易代表办公室（United States Trade Representative，USTR）发表声明称，因法国数字税“歧视”美国互联网科技企业，同现行国际税收原则之间不相吻合。301调查报告显示，法国数字服务税由于征收门槛很高，大约只会覆盖全球27家公司，但其中约2/3，即17家则是美国公司，其中，谷歌、苹果、脸书、亚马逊四家美国互联网公司首当其冲。因而美国认定法国数字服务税是专门瞄准美国公司而设计的。USTR发出关税威胁，提议美国政府对包括香槟、奶酪、手袋、化妆品等在内的价值24亿美元的法国商品加征最高100%的关税。这正是在调查报告作出“法国的数字服务税与国际税收政策的普遍原则不一致，对受影响美国公司带来不同寻常的负担”结论之后采取的惩罚措施。8月26日，美法两国在G7峰会上就数字税问题达成一致，同意在经济合作和发展组织（OECD）框架下解决问题。两国围绕这一问题的贸易紧张局势得到部分缓解。2020年1月，法国同意暂停数字服务税征收直到2020年12月，以换取美国同意暂缓对法国商品征收报复性关税。

2020年4月，英国宣布开征数字税。英国政府对大型科技公司征收数字服务税，对全球范围内应税数字服务的总收入超过5亿英镑且其中超过2 500万英镑的收入来自英国用户参与的应税数字服务科技公司征收2%的数字服务税。法国政府也于2020年底恢复对亚马逊、谷歌、脸书等大型科技企业征收数字服务税。

（二）征收数字税的动因

数字税，又称数字服务税，是一国政府向数字服务企业就社交平台、在线广告、搜索引擎、电子商务、移动支付等领域的经营活动所征收的税款。

按照现行国际税收标准，企业向其物理位置所在国家纳税，企业跨国经营需在经营业务发生地设立固定经营场所或指定代理人，按照经济联结度的原则判断一国对非居民企业是否具有企业征税的合理性。然而，数字经济交易活动突破了管理机构、工厂等经济实体的限制，导致价值创造地国家对该互联网企业没有税收管辖权。另外，即使在价值创造国设立常设机构，缴纳税额也未必充分考虑了该国用户创造的价值，互联网平台企业更容易跨国重组价值链，将更多的收入和利润向低税率国家和地区转移，进一步影响国际利益分配格局。

1. 加大税收征管难度

数字经济的运营方式与传统经济的商业模式有明显区别。数字平台企业的主要盈利模式有以下三类：第一，数字平台企业可以利用平台信息优势撮合交易，通过居间业务获得服务收入，比如Uber、携程等；第二，数字平台企业可以通过营销引流的方式积累用户，间接增加收入；第三，数字平台企业可以通过分析用户数据，定向推送广告而获利。从数字平台企业的获利方式可以看出，数字平台企业提供的商品或服务仅为数据，不是有形的实物。而数据具有开放性、虚拟性、流动性等特征，在互联网时代，大型互联网企业可以开展跨境经营活动，从世界各地获得收入，而完全不需要在业务发生地成立经济实体，这导致价值创造来源地和纳税实际发生地存在错位。随着数字经济规模不断扩大，税源和税基的控制难度不断加大，根据现行的国际税收征税原则以属地原则为主，但由于数字服务摆脱了实物运输、物理店铺、邮政服务等，交易参与者被虚拟化，交易内容被数字化，交易空间被无界化，涉税活动的隐蔽性提高，可追踪性降低，导致税务部门难以通过传统税收监测体系跟踪相关交易，税收执行管辖权被削弱。更何况，数字经济依赖无形资产，可以从免费产品的外部性中获得有价值的商业模式，更为税务机关确定价值生产地管辖权增加了困难。数字服务对基于传统商业模式建立的税收征管制度带来挑战，导致数字服务接受方所在国和数字服务提供方所属国税收利益受损。

因此，在国际税收新的联结度规则确立之前，对在市场地国开展业务的非居民数字企业开征数字税，无疑是欧盟等市场地国政府的一种选择。从技术层面考量，数字税的征管方式相对较为简单，市场地国直接针对数字企业的与数字交易相关的某几类收入开征，而不是针对利润开征，计税依据更加简单，计算更加简便，税收征管难度相对较小。

2. 防止税基侵蚀与利润转移

数字服务对于经营实体依赖度较低，用户和数据价值创造作用巨大，因此，跨境数字服务企业利润来源国税务部门难以按照作为现行所得税征管规则的"显著物理存在"标准征收所得税。部分跨境数字服务企业经常采用"双层爱尔兰——荷兰三明治"的避税结构，导致欧盟等多个经济体的税基被严重侵蚀。根据欧盟现有规定，其范围内营业的跨国互联网科技企业，只需在区域总部所在地一次性缴税即可。为此，几乎所有的互联网科技巨头企业都将其区域总部设在了卢森堡、爱尔兰等欧洲低赋税国家。通过这种做法，巨头企业们只需要缴纳极为低廉的税款，但却可通过互联网向高税收国家的用户提供服务，并赚取利润，从而实现其"合理避税"的目的。以谷歌为例，谷歌在英国的分公司，曾连续很多年把自己的经营额在会计账簿上做成亏损状态，亏损不多，只有 1 英镑。不过既然企业亏损，政府是无法收税的。英国的税务部门就针对这件事情启动了调查，但是在英国，每一级公司的上级公司可以合并下级公司的财务报表。谷歌在英国的公司，是其在卢森堡公司的分公司，英国的税务部门还真的查到卢森堡去了，结果发现，谷歌在卢森堡的公司也是亏损状态。英国相关部门就继续调查，发现卢森堡公司的上一级公司是谷歌在根西岛的公司，可根西岛没人可以管。上述一套操作方式，早在数字经济广泛发展起来以前就成熟了。数字经济企业避税的方式不止于此。"转让定价"也是大型科技公司常用的避税手段。"转让定价"经常和关联交易在一起，就是跨国公司内部的母公司与子公司、子公司之间相互提供产品、劳务或技术，以"高进出"或"低进高出"的方式调度国际资金，躲避东道国设置的税收政策，降低交易成本。比如说，母公司向子公司高价出售产品，增加子公司的产品成本，以降低子公司利润，减少后者的计税额。

3. 改变不公平竞争行为

首先，传统企业面临着比数字企业更高的税负压力。境内外的数字企业利用税收征管漏洞，使得采用传统商业模式经营的企业面临着不公平的竞争局面。欧盟委员会数据显示，当前欧盟传统行业企业平均有效税率为 23.3%，跨境数字服务企业平均税率仅为9.5%。国外数字企业的平均有效税率不及传统行业税负的一半。这种不公平的竞争环境扭曲了市场资源配置功能，一些传统行业的企业因为不公平的税收制度在竞争中处于下风，逐渐走向衰落甚至被迫退出市场。数字服务税的出台有望带来一个更加公平的经营环境，使传统企业和数字企业能够更加平等地开展竞争。其次，数字税之所以在欧盟迅速发酵，主要因为欧盟市场相对割裂、统一市场整合水平较低，并未孕育出具有全球影响力的大型互联网企业，数字经济产业在全球发展中逐步丧失了竞争力。根据普华永道发布的《2019全球市值百大企业排名》报告，全球市值前十的数字企业中，美国的微软、苹果、亚马逊、Alphabet（谷歌）包揽前四位，中国的阿里巴巴、腾讯占据第七、第八位，无一家来自欧盟国家的企业上榜，他们迫切希望改变本国数字企业在竞争中的不利地位，因此有必要对进入本土发展的外资公司开征数字税，为本土数字产业的快速崛起与成长营造良好的公平竞争环境。

4. 增加国内财政收入

2008年金融危机引爆了欧洲债务危机。2018年，不少欧洲国家开始新一轮大规模降税，企业所得税收入持续降低。2020年的新冠疫情更是导致世界各国主权债务持续增长，财政赤字居高不下。对于面临财政压力的一些国家，开征数字税被认为是一种可尝试的选择，部分发达国家和发展中国家都意欲将其作为财政收入来源。经历了“黄背心”事件的法国，国内财力吃紧，财政赤字达到历史峰值，社会矛盾较为突出，为了应对财政收入的压力，开征数字税成为法国的解决方案之一。2020年数字税征收可为法国带来大约6.5亿欧元的税收收入，较大地缓解财政压力。据欧盟预测，如果欧盟成功开征数字税，将为欧盟每年带来50亿欧元的额外税收收入。印度、土耳其、墨西哥等国也拟开征数字税，以确保联邦和地方层面的有效税收。

（三）全球数字经济税收规则调整最新动态

1. 法、意等国推出单边征税措施

由于多边的数字税收规则进展缓慢，数字经济规模的扩大和全球贸易保护主义的抬头，在数字经济领域相对缺乏竞争力的主要经济体陆续单方面开征数字税或类似税种以应对跨国数字企业进入本地市场对原有税制的挑战。目前已经开征或准备实施数字服务税的国家已多达40多个。旨在应对全球数字经济背景下国际税收规则的转变，也是为了增加财政收入、封堵互联网巨头企业的避税行为（见表4-3、表4-4）。

表 4－3　各国数字税涵盖的数字服务类别

数字服务类别	法国	英国	意大利	西班牙	土耳其	印度
广告	√	√	√	√	√	√
平台服务	√	√	√	√		√
数据相关服务	√	√	√	√	√	√
内容发布					√	√
教育服务						√
软件服务						√
云服务						√
金融服务						√

表 4－4　欧洲国家数字税实践现状

国家	税率	主要内容	生效时间
法国	3%	对全球年经营收入超 7.5 亿欧元且来源于法国境内的收入超过 2 500 万欧元企业征收，征税范围为定向广告相关的数字销售收入、基于广告用途的个人信息数据营销收入以及基于数据的在线平台中介服务收入	2019 年 1 月
意大利	3%	对全球年营业收入超 7.5 亿欧元，在意大利的年营业额超 550 万欧元的大型科技企业征收，征税范围为在线广告以及经过数字接口的数据的传输	2020 年 1 月
奥地利	5%	对全球年营业收入超 7.5 亿欧元，在奥地利的年营业额超 1 000 万欧元的企业提供的在线广告等数字业务征收	2020 年 1 月
英国	2%	对全球年销售额超 5 亿英镑，其中在英国收入超 2 500 万英镑的企业，征税范围为搜索引擎、在线市场平台及社交媒体服务等数字业务的收入	2020 年 4 月
西班牙	3%	对全球年营业收入超 7.5 亿欧元、其中在西班牙年营业额超 300 万欧元的企业征税	2019 年 1 月
希腊	2%	对广告、促销收入以及数字装置的价值征税	2019 年
斯洛伐克	21%	对通过数字平台反复进行调解运输和住宿服务的外国企业提供的交通运输与住宿中介业务征税	2018 年
匈牙利	7.5%	对全球年营业收入超 1 亿福林的企业所提供的在线广告等数字业务征税	2014 年 8 月
德国	15%	对外资企业平台中的在线广告征收预提税	待定

续表

国家	税率	主要内容	生效时间
捷克	5%	对亚马逊、谷歌等全球互联网巨头企业的广告服务、用户数据以及多边数字接口服务的销售所取得的收入征收数字服务税	待定
比利时	3%	对年营业额超 7.5 亿欧元，在比利时年销售额超 5 000 万欧元的企业销售用户数据等数字业务征税。但是，比利时于 2019 年 1 月提出该项提议，但该项提议却于 2019 年 3 月被否定	

资料来源：根据欧盟、各国政府网站发布的相关数据整理。

已开征或拟开征数字税国家是将数字税作为一种临时性措施，用以解决数字经济下国际税收管辖权问题，其开征时间将持续到国际新的税收管辖权规则和利润分配规则生效为止。

2. 一些国家将数字服务纳入商品与服务税

2020 年 1 月，新加坡规定，海外数字服务提供商在其境内销售“数字服务”的行为缴纳商品与服务税。其中，“数字服务”是指通过互联网或电子网络提供的服务，如提供可下载的数字内容、基于订阅的数字媒体、软件项目、电子数据管理等。每年全球营业额超过 100 万新加坡元且其中包括对新加坡用户销售数字服务达 10 万元以上者，需要在新加坡注册并缴纳商品与服务税。此外，日本、新西兰、塞尔维亚等国家对非居民企业（跨国公司）向当地提供的进口数字服务征收了相关增值税。

3. OECD 方案

自 2013 年启动税基侵蚀和利润转移（BEPS）行动计划以来，OECD 始终认为，随着“数字经济”向“经济数字化”发展，应对这一挑战不能仅靠引入特殊的数字税，而是要改变现有的税收规则。2018 年，OECD 发布《数字化带来的税收挑战中期报告》，阐述了营销型无形资产（marketing intangibles）、用户参与（user participation）、显著经济存在（significant economic presence）三种方案。“营销型无形资产”由美国提出，主张跨国公司与消费者所在国的联结纽带是“营销型无形资产”，认为消费者所在国有权对互联网公司及传统消费品公司由营销型无形资产创造的利润征税。“用户参与”方案由英国提出，后得到欧盟采纳，认为“用户参与”是联结跨国公司和消费者所在国的新纽带，主张消费者所在国有权对因用户参与而产生的额外利润征税，征税对象包括主营社交媒体、搜索引擎和在线交易平台的大型跨国科技公司。“显著经济存在”方案由印度提出，如果跨国公司通过数字技术与消费者所在国保持着“有目的性和持续性的”互动，则跨国公司在消费者所在国具有“显著经济存在”（视同于在海外设置实体机构）。比较上述三种方案可以发现：一是美国、英国方案均基于数字经济的特点，提出了新的税收联结度规则。二是美国的征税对象更广，不仅包含互联网公司，而且包括传统跨国消费品公司；英国和印度方案仅对大型科技公司征税。三是印度方案更为简单且易操作，适用于税收征管能力较差的新兴经济体。

几经讨论和修改，OECD 于 2021 年 10 月 OECD 发布了“双支柱”方案。该方案已非单纯的数字税方案，而是针对更广泛跨国公司的企业所得税方案。目前，在参与谈判的 141 个经济体中，已有 137 个认可了该方案。2021 年 10 月，OECD 将最终方案提交给 G20 财长和央行行长会议审批，计划于 2023 年开始实施。

“支柱一”重在解决“由谁征税”问题，主要包含以下两方面。一是提出适应数字经济特征的税收联结度规则，规定即便不在海外设置实体机构，跨国公司的自动化数字服务（automated digital service）和面向消费者业务（consumer-facing business）创造的利润也应由常设机构所在地和消费者所在地共享。这是对传统国际税收规则的“常设机构”规则的改革，是重新划分税收管辖权、分配税收利益的初步尝试，以“用户参与价值创造”为核心，考察用户生成内容的交互功能和引流作用，分析用户对品牌的贡献度，进而确认征税范围和计税依据。二是明确应税门槛和利润分配方案。出于成本收益考虑，方案建议若跨国公司全年总营收高于 200 亿欧元、利润率超过 10%，且在消费者所在地营收超过 100 万欧元，则消费者所在地有权对其 10% 以上利润的 25% 征税。符合上述门槛值的公司大约有 100 家，既包括美国的谷歌、脸书等大型科技公司，也包括欧洲的大众汽车、香奈儿等传统消费品公司。同时，各国也要在适用新税收规则与取消现行单边数字税之间做好协调。根据 OECD 的测算，“支柱一”下每年将有超过 1 250 亿美元利润的征税权从跨国公司母国重新分配至消费者所在地。“支柱二”重在解决跨国公司避税问题。为解决国际税收“逐底竞争”问题，防止科技公司通过低税率辖区避税，OECD 建议设定“全球最低所得税税率”，以削弱跨国公司向低税率国家或地区转移利润的动机，避免全球税收恶性竞争。“支柱二”主要包括如下内容：一是明确全球最低所得税税率为 15%，但各经济体可在此基础上视情况加点（top up），覆盖总收入超 7.5 亿欧元的跨国公司。二是规定刚开始全球展业的跨国公司（海外有形资产不超过

5 000 万欧元、营业地不超过 5 个），可在满足总收入门槛值五年内暂不适用全球最低税率。OECD 预计在“支柱二”下，全球税收每年可新增 1 500 亿美元。相比“支柱一”，美国更看重“支柱二”，这是因为：一方面，“支柱二”的经济效益更显著，预计可为美国增加 500 亿～800 亿美元的税收收入，而“支柱一”仅能增加 50 亿～120 亿美元的税收收入；另一方面，“支柱二”更有利于解决跨国公司的利润转移和逃税问题。

三、思考题

1. 什么是国际税收？它的本质是什么？
2. 中国应该如何参与国际税收体系改革？
3. 随着数字经济发展，你认为我国税制应该怎样改革以适应新经济模式对税收制度带来的挑战？
4. 你认为数字经济的发展会改变我国现行的政府间财政收入分配关系吗？请说明理由。

案例说明书

一、课前准备

本案例要求学生提前阅读案例正文，并学习国际税收、税收制度和财政体制等相关专业知识，认真思考案例后的思考题。

二、课堂安排

1. 学生熟悉案例背景，结合课前预习的相关理论知识总结提炼案例的基本要点和关键问题，并结合案例后面的思考题进行讨论。此项安排时间大约 20 分钟。

2. 教师组织进行讨论：围绕案例后面的思考题，安排学生进行分组讨论，每个小组确定一个核心讨论问题。具体思路按照：“是什么（what）”—“为什么（why）”—“怎么样（how）”的线索展开。要求每组学生完成以下工作：

首先，针对案件中涉及的事件进行描述，对涉及的基本专业知识进行简要介绍；其次，结合实践进行理论分析，分析对数字经济征税的关键问题；最后，学生针对案例中的问题进行探讨，提出相关的政策主张或建议。此项安排时间大约45分钟。

3. 教师进行评价和点评：对数字税制度变革历程进行梳理，并归纳总结小组讨论的共识，提出继续思考的问题。此项安排时间大约20分钟。

三、教学目标

1. 通过学习该案例，了解什么是数字税以及OECD的“双支柱”方案。
2. 了解国际避税产生的条件以及跨国企业常用的避税措施，思考我国该如何进一步完善反避税措施。
3. 正确认识随着经济发展方式的转变，税制应该怎样改革？
4. 思考经济发展方式的转变如何改变地方政府的行为方式，如何调整我国的财政体制。

四、思政元素

国际税收所涉及的思政元素主要包括以下几个方面：

1. 公平正义：国际税收问题关系到不同国家之间资源的分配以及贫富差距的缩小。这就需要在实现全球经济发展的同时，保证税收体系的公平性和正义性，避免因为不同国家对外商投资课征过高税率导致跨国公司和利益集团在全球范围内的税避行为。

2. 合作共赢：国际税收问题是跨国合作和国际社会共同治理的重要领域。各国应该加强合作、协商和谐去解决税收安排中产生的争议，实现税收制度的一体化和标准化，使所有国家都能从中受益。

3. 国家主权：国际税收问题涉及国家主权，各国政府有权订立本国的税收政策，并对自己的税收安排进行管理和调整。同时，在处理国际税收问题时，各国也应该尊重其他国家的主权和在税收政策上的权利。

4. 公共利益：国际税收必须考虑非税收因素如环境、劳工权益、消费者权益等公共利益因素，以避免出现恶性竞争和不公平市场环境。税收政策必须在保障公共利益的同时也要照顾到企业等税收缴纳者的合法利益。

综上所述，国际税收所涉及的思政元素与全球治理、公平正义、合作共赢、国家主权和公共利益等相关，需要重视在全球范围内的协作、沟通和合作，以实现税收制度和政策的合理化和规范化。

五、要点分析

1. 数字经济

从农业经济到工业经济，从工业经济到数字经济，新一轮的科技革命、产业变革如火如荼，崛起的数字经济势头强劲，世界正全面步入数字经济时代。美国抓住数字革命的机遇，构筑了一段较长时期的经济繁荣，欧洲、日本等国紧跟其后。2018 年美国在数字经济领域发布《数据科学战略计划》，且在《美国先进制造业领导力战略》《美国国家网络战略》中提及促进数字经济发展的内容，以期继续巩固美国数字经济霸主的地位。我国亦是高度重视数字经济发展，党的十九大提出建设数字中国、加快建设创新型国家的部署，吹响从数字大国迈进数字强国的号角；2019 年政府工作报告明确培育新一代信息技术壮大数字经济目标；中央经济工作会议将“着力推动高质量发展，大力发展数字经济”列为 2020 年六大重点工作之一。“分享经济、数字中国”朝气蓬勃，数字产业化、产业数字化正成为重要方略，我国数字经济规模持续扩大、应用不断深入，呈现增长快速、动力强劲、结构优化等特点，连续多年稳居世界第二位（仅次于美国 12. 34 万亿美元），且年均增长约 20%，远超美国 6% 的增速。我国数字经济规模由 2012 年的 11 万亿元人民币增长到 2021 年的 45. 5 万亿元，占 GDP 比重由 21. 6% 提升到 39. 8%，对 GDP 增长的贡献率为 67. 7%。电商交易额、移动支付交易规模全球第一位。工业 4. 0 浪潮正席卷全球，数字经济正加速渗透到各个领域，与传统产业不断融合，数字化转型浪潮涌动，释放出巨大的创新活力以及效率的提升和质量的改善，日益成为驱动经济高质量发展的新引擎，由此数字化信息和服务必将成为未来的重要税源。

我国也是数字经济的重要输出国，“走出去”的步伐不断加快。在全球市值 20 强的互联网企业中，我国占了 7 席；阿里巴巴、腾讯平台企业更是占据全球市值前十名的席位。近年来，我国通过市场应用带动本土数字产业发展，利用短视频和移动直播平台实现数字产品创新，不断实现数字经济产业向外输出。例如，抖音的海外版 TikTok 业务已覆盖 150 个国家和地区，并在 2020 年 2 月位列全球应用收入排行榜单第二名。突如其来的新冠疫情牵动着社会运行模式和居民行为模式的转变，也催生出了更多“无接触”线上消费需求，使数字经济的非接触特性与优势充分彰显。线上协同办公、网络教育、远程诊断等新数字消费形式的服务需求迅速扩大。在原有产业链断裂的情况下，一些电商企业也积极发挥其数字平台的优势，协调消费品流通、弥合供需。可以预见在未来一段时间，我国仍要坚持疫情防控常态化并防范全球疫情持续蔓延与反弹带来的负面影响，我国数字经济的受众面也将会更加广泛，对数字经济的发展需求会更加凸显。从目前我国数字经济的发展现状及其表现出的能效来看，数字经济将成为带动我国居民消费、拉动社会经济增长的关键引擎，成为推动我国实现“双循环”新发展格局的重要抓手。

2. 数字税的国际实践对我国的启示

（1）积极参与国际税收规则的制定，提升我国的竞争力和话语权

数字经济税收问题持续引发全球关注，各国在数字经济征税领域的展开了激烈的博弈。比如，从征税对象来看，法国的征税对象是全球年经营收入超7.5亿欧元且来源于法国境内的收入超过2 500万欧元企业、英国的征税对象是全球年销售额超5亿英镑，其中在英国收入超2 500万英镑的企业，各国数字服务税几乎避开本土数字企业，纳税义务人主要是境外大型跨国互联网企业，事实上针对了美国和中国等数字经济大国。作为兼具互联网企业大国、数据大国和跨境电商贸易与劳务大国身份的中国必须积极应对经济数字化税收挑战，重视国际数字税收制度的变更，密切关注OECD数字经济工作组的研究工作，警惕美欧在我国话语权较少的OECD达成对我国不利的协议。关注各国数字税收规则的发展趋势，主动参与数字经济国际税收立法进程，为我国数字企业发声，为全球税收治理贡献中国方案，维护我国税收权益；不断提升参与国际税收征管合作的广度和深度，进而为中国数字经济的发展以及中国企业参与全球数字市场竞争赢得更有利的国际税收环境。

（2）加快推进国内税收制度改革，完善我国税收制度

我国是数字经济大国，国内统一巨大的消费市场为数字经济创新融合发展提供丰富的应用场景，在完善本国税收体系的同时，为应对国际税收制度变革做好制度和政策储备。我国应该广泛征求企业界相关人员和专家学者的意见与建议，研究改进我国现行税收制度在利润所得判定、常设机构认定、数据价值认定、反跨国避税等方面的规定，以便及时与调整后的国际税收规则接轨，为相关产业及企业的发展创造良好的国际国内环境。在所得税和增值税框架下，加强数字经济下纳税主体确定、交易新模式、交易产品定价、税收管辖权等问

题的研究，推动数字经济下本国税收制度完善。

（3）形成数字经济下的税收征管体系。

加快税务部门的信息化建设，深化大数据、云计算、区块链等新一代信息技术在税收征管中的应用，强化税务机关信息收集、检索、分类、存储、传输、挖掘、分析等能力，提高“信息管税”“数据管税”的能力和水平。加快建设税务部门与其他政府部门之间的数据共享机制，加强税务系统与企业数据库的对接，实现政企间、部门间涉税数据的高度共享，构建全面协同、综合治税的新型税收征管模式，提升税收征管的及时性、全面性、准确性，为开征数字税做好准备。

3. 数字经济时代的我国税权分配

数字经济的核心是用户流量、生态与数据。网络用户越多，价值越高。一张几亿人网络一旦结成，商业价值极其惊人。马太效应之下，越来越多的市场份额向互联网头部企业集中。谷歌拥有大约90%的互联网搜索市场。脸书占据了全球三分之二的社交媒体市场。亚马逊在全球在线零售活动中占近40%的份额。就中国而言，阿里巴巴拥有中国电子商务市场近60%的份额，微信支付与支付宝占中国移动支付市场90%以上。这些互联网头部企业不仅在细分领域占据不可撼动的市场地位，而且通过收购、战略投资、商业合作，扩展进入互补或关联领域，从上游到下游，从线上到线下，从C端到B端，从科技到金融，广泛布局。据新财富统计，十年时间，阿里、腾讯已各自铸就10万亿元市值生态圈。2009年，全球市值前十大公司主要是石油公司、银行，而2019年市值前十家中有七家是互联网平台企业：微软、苹果、亚马逊、谷歌、脸书、腾讯、阿里巴巴。互联网平台企业在数字经济乃至整个国民经济中的影响力可见一斑。

平台经济企业连接着供应方和需求方，从中获得了大量的用户数据，它是平台经济企业巨大价值的来源。因此，平台经济是数字经济发展的核心，而平台经济会引发税源背离问题。数字企业通过互联网平台点对点联结交易双方，购买方来自全国各地，而相关收入产生的税收一般都在互联网平台企业所在地统一缴纳。平台企业往往注册在经济发达地区或税收洼地，由于收入产生地和收入实现地不一致，使得收入来源地没有相应的税收收入，进一步扩大了我国区域性差异。如滴滴出行，其连接的供需双方分布在我国境内多个城市，但滴滴总部设立在天津经济技术开发区，有大量税收优惠政策，企业在汇总纳税时，全部利润都可以享受优惠的税收待遇，将大部分收入归属于税收洼地，使天津征得相对多的税收，但事实上，这些所得是来源于全国各省市的，税收和税源严重背离。长此以往，大量税收集中在平台企业所在地区，进一步拉大地区间的经济差异，导致地区分配不公，影响区域协调和社会稳定。

因此，国家需要解决税收分配问题，这直接关系到相应地区的财政状况。对不同省份合理划分税收收入，是保障地区经济公平发展的重要前提。过去按照企业生产地和注册地来划分税收管辖地的政策，已经不适用于当前的数字时代。经济合作与发展组织（OECD）主导设计的“双支柱”方案已逐步获得各国共识，该方案很大程度上是基于数字经济挑战而改变国家之间税收分配规则，特别是“支柱一方案”，它认可市场为价值创造作出贡献，数据与劳动力、资本、技术等其他生产要素一样可以获得利润回报，提出赋予市场国新征税权的规则条件。在国内也一样，全国各地的消费者创造了巨大的用户价值，消费者所在地有权对其征税，获得财政收入，所以日后也需要考虑根据消费品零售总额来划分税务征收，而非互联网企业所在地。

参考文献

[1] 邱峰．数字税的国际实践及启示［J］．西南金融，2020（03）：13－24.

[2] 沈楠．全球数字服务税的征管进展和争议本质［J］．新经济，2021（10）：104－105.

[3] 张琦．数字经济下税收征管的挑战与应对［J］．湖南税务高等专科学校学报，2021，34（05）：44－50.

[4] 姚前．数字经济与数字税［J］．清华金融评论，2020（12）：55－57

[5] 蔡昌，马燕妮，刘万敏．平台经济的税收治理难点与治理方略［J］．财会月刊，2020（21）：120－127. DOI：10.19641/j.cnki.42－1290/f. 2020. 21.019.

第五章　财政政策

案例1　财政政策助力河南精准扶贫

一、背景简介

贫困问题是人类社会发展进程中需要解决的首要问题，党的十八大以来，以习近平同志为核心的党中央对扶贫工作进行了全面、系统的设计，提出了“精准扶贫”的重要思想，强调要“扶持对象精准、项目安排精准、资金使用精准、措施到户精准、因村派人精准、脱贫成效精准”。经过8年的持续奋斗，我国832个国家级贫困县全部摘帽，9 899万贫困人口全部脱贫，中国如期完成第一个百年奋斗目标，取得了脱贫攻坚战的全面胜利，提前10年实现了《联合国2030年可持续发展议程》相关减贫目标，创造了世界扶贫史上的奇迹。

河南是人口大省、农业大省，也是全国脱贫攻坚的一个主战场。2013年初，河南省有38个国定贫困县和15个省定贫困县，占全省县级行政区划数量的近一半；有9 237个贫困村，占全省行政村总数的五分之一；有764万农村贫困人口，居全国第4位。经过8年精准扶贫、5年脱贫攻坚，河南省53个贫困县全部脱贫摘帽，现行标准下河南省764万贫困人口全部脱贫、年均减贫人口95.5万人、9 484个贫困村退出，贫困发生率下降至0.41%。河南省如期完成目标任务，在这场伟大的战役中交出了精彩的答卷。

二、案例概况

（一）河南精准扶贫模式

1. 产业扶贫模式

产业扶贫是根据当地实际，以贫困地区的特色资源为基础，以市场需求为导向，以扶贫政策为支撑，建立可持续发展型特色产业。把贫困户纳入产业的各个环节中，带动贫困户在产业发展中增收，让贫困户在发展中受益。

牧原集团和河南省内乡县政府探索了“党委政府 + 金融机构 + 龙头企业 + 合作社 + 贫困户”的“5 +”资产收益扶贫模式，目前这一模式已覆盖全国 13 个省份的 53 个贫困县，帮扶贫困人口超过 37 万。

滑县县政府与国家电网公司联合开发光伏发电项目，充分利用太阳能光伏发电解决贫困问题。光伏扶贫是一种新的能源扶贫模式，就是利用闲置的空地、荒坡以及农户屋顶等为符合扶持标准的贫困户安装光伏发电系统，贫困户通过上网售电，直接增加收入，体现了能源精准扶贫，实现了扶贫开发由“输血式”扶贫向“造血式”扶贫的转变。

到 2020 年底，河南省共建成光伏扶贫电站 20 005 座，总规模容量 267. 6 万千瓦，年均收益约 25 亿元，使 1 万多个村集体有了持续 20 年的稳定收入。

2. 搬迁扶贫模式

由于一些贫困地区的自然环境与居住格局，不利于现代产业布局、公共产品规模化提供与生态环境保护的共赢发展，限制了当地民众生产生活环境的改善，因此只能通过搬迁扶贫的模式，将贫困人口迁出原有居住地，为其彻底摆脱贫困提供可能。

河南省三门峡市卢氏县是河南省面积最大、平均海拔最高、人口密度最小的深山区县，是国家秦巴山区特困连片地区扶贫开发工作重点县、革命老区县、国家级贫困县，也是河南省 4 个深度贫困县之一，贫困发生率为 18. 9%，居全省之首。由于山区居住条件差，当地又是国家生态主体功能区，“一方水土养不起一方人”的现象尤为突出，实施易地搬迁成为贫困深山区群众脱贫的必由之路。“十三五”期间，卢氏县精准识别易地扶贫搬迁对象 3. 38 万人，规模约占河南省搬迁总量的八分之一。全县共建设集中安置点 55 个，按照“座座有特色，处处皆风景”的原则，建设多层楼宇 186 栋、农家院落 193 套、景区民宿 89 套。同时在 55 个搬迁安置点建设产业基地 71 个，带动 2 583 户 10 539 人受益。建成扶贫车间 23 个，提供就业岗位 6 026 个；建设光伏电站 8 个，使 502 户搬迁户稳定收益，实现了产业配套全覆盖。

3. 生态补偿脱贫模式

部分贫困地区的生态环境基础良好，但由于当地的地形与地理位置限制，当地发展现代工业和旅游业的先天条件不足，存在低收入生计方式与水土植被破坏恶性循环的现象。为了实现脱贫攻坚与生态文明建设目标的共同实现，生态扶贫这种方式便应运而生。

桐柏县是千里淮河发源地、国家级生态功能区，位于南阳桐柏山腹地，“七山一水二分田”是当地生态环境的真实写照。桐柏县以“一人护林，全家脱贫”为战略目标，助力贫困户脱贫。例如，桐柏县朱庄镇粉坊村贫困户吴传生，既当护林员，又养珍珠花，年收入突破 16 万元。2016 年，河南全面落实国家生态护林员政策，设立护林员公益岗位，将有劳动能力的贫困人口就地转成护林员。2017 年以来，累计争取国家生态护林员补助资金 6.83 亿元，累计聘用生态护林员 12.5 万人次，人均年收入 6 200 余元。2017 年以来，落实退耕还林补助资金 10.9 亿元，受益贫困户 8 000 户。落实公益林生态效益补偿资金 9.42 亿元，受益贫困户 8.42 万户。创新建立宅基地复垦券制度，将贫困地区复垦的建设用地指标在全省范围内进行交易，2017 年以来累计交易宅基地复垦券 18.91 万亩，为贫困地区筹集资金 351.98 亿元，交易面积和收益均居全国第一，以真金白银助推脱贫攻坚。

4. 发展教育脱贫模式

教育扶贫是发展式扶贫的重要方式，在整个精准扶贫实施战略中占据着基础性的作用。以习近平同志为核心的党中央高度重视教育扶贫开发工作，把“发展教育脱贫一批”作为脱贫攻坚“五个一批”的重要途径之一。社旗县严格落实国家政策，保证资金及时发放。全县贫困学生从学前教育到高等教育各项资助政策精准落实，2016 年以来，全县累计资助建档立卡贫困学生 8.35 万人次，发放资助资金 4 750.17 万元，确保了贫困学生“应助尽助，不漏一人”。其中，2016 年资助建档立卡贫困学生 12 818 人次，资助资金 615.24 万元。2017 年资助建档立卡贫困学生 23 968 人次，资助资金 1 307.13 万元。2018 年资助建档立卡贫困学生 20 094 人次，资助资金 1 290.98 万元。2019 年资助建档立卡贫困学生 26 614 人次，资助资金 1 536.82 万元。

2016 年秋季学期以来，河南省累计资助建档立卡家庭义务教育阶段学生

759.03 万人次，发放资助金 33.19 亿元。2020 年疫情防控期间，河南省提前发放资助资金 1 350 万元，资助学生 16 万人次，延缓贫困家庭学生贷款还款期限。教育扶贫守护了农村发展希望，落实使贫困家庭“孩子有出息，生活有希望，未来有奔头”的教育脱贫方针，激发了贫困户脱贫致富的精气神。

5. 社会保障脱贫模式

社会保障扶贫是国家针对部分丧失劳动能力或完全丧失劳动能力的贫困人口，通过社会福利、社会保险以及社会救助等社会保障手段来实现兜底扶贫的扶贫方式。社会保障是国家进行精准扶贫脱贫攻坚的重要手段，在保障贫困人口的基本生存和生活需求方面发挥着不可替代的作用。

2016 年底，河南省建档立卡贫困人口为 317.4 万人，其中因病致贫、因病返贫人口为 162.1 万人，占比达到 51%，患病成为河南省农村家庭致贫返贫的首要因素。2016 年河南省政府办公厅印发《河南省医疗卫生脱贫专项方案》，启动实施健康扶贫工程，着力解决因病致贫、因病返贫难题，构建了健康扶贫“三重医保、三重救助、各地托底保障”的“3 + 3 + N”医疗医保救助保障体系，三重医保即基本医保、大病保险和困难群众大病补充医疗保险，三重救助即医疗救助、疾病应急救助和慈善救助，为贫困人口织起了医疗托底保障网。全省贫困人口合规医疗费用报销比例由 2016 年的 52.25%，提高到 2020 年 10 月底的 92.78%，贫困人口医疗费用负担明显减轻，有效解决了贫困人口“不敢看病”“看不起病”的难题。

（二）河南财政政策支持脱贫

为全力落实精准扶贫这项重大政治任务和第一民生工程，河南省创新“制度 + 技术”模式，加大财政扶贫资金投入，强化资金使用管理，发挥财政资金的引导带动作用，提高脱贫资金使用的精准度，财政支持脱贫攻坚成效进一步提升。

1. 引入金融“活水”

河南省综合运用贴息、风险补偿、担保保费补贴等财政政策，依托金融服务、信用评价、风险防控、产业支撑四大体系，建立“政银联动、风险共担、多方参与、合作共赢”的金融助推扶贫机制，并在全省 53 个贫困县全面推广，缓解带贫企业和贫困户融资难题。2020 年底河南省金融扶贫贷款余额为 1 900 多亿元。

2. 助力农业保险全覆盖

河南省财政厅制定出台了农业保险助推脱贫的财政措施，将贫困人口参保的农房、农机具等财产保险，以及短期意外伤害保险等，纳入河南省财政以奖代补范围，实现贫困人口大宗农产品保险、地方特色险等保险需求的全覆盖。积极推进“党建引领+干部推荐+融资支农+保险保障+财政贴息”为主要模式的“政融保”产业扶贫项目，进一步解决贫困群众“融资难、融资贵、融资慢”等问题。财政部门对参与“政融保”项目的农业经营主体予以财政贴息支持，建档立卡贫困户按照银行基准利率融资，融资期限为12个月，涉农企业按照融资利率不超过6%，由财政按融资利率的50%提供贴息，融资主体在6个月至3年内可循环使用。截至2018年5月，“政融保”项目在河南省内已完成授信25亿元，审理项目451个，落实融资额8.04亿元，支持9 619个贫困户有效脱贫。

3. 探索资产收益扶贫新路径

2016年河南省率先参与央企扶贫基金的运行，并成立了央企扶贫基金河南开发子基金。首期规模5亿元，支持贫困地区发展特色优势产业，增强贫困地区的内生动力，完成投资2.8亿元，扶持了宜阳县民正农牧等6家贫困地区企业；运用现代农业发展基金、农业综合开发股权投资基金，投资2.4亿元扶持贫困县龙头企业做大带动脱贫。2017年河南省政府出台了《央企河南扶贫基金助推脱贫攻坚实施方案（暂行）》，省农业综合开发公司与中央企业贫困地区产业投资基金股份有限公司在河南共同设立中央企业贫困地区河南产业投资基金（简称央企河南扶贫基金），通过股权投资方式探索河南省产业扶贫新模式，支持贫困县产业发展。截至2020年河南省共实施了9 929个产业扶贫项目，贫困地区农村居民人均可支配收入增速比全省平均水平高出1个百分点左右。

4. 统筹整合涉农资金

为了推进行业内涉农资金整合，推进行业间涉农资金统筹，改革完善涉农资金管理体制机制，2017年河南省财政在省内38个国家级贫困县和15个省定贫困县同步开展统筹整合试点工作，将33类89项中央和省级专项资金同步纳入整合范围，实行清单化管理，在全省形成“多个渠道引水，一个池子蓄水，一个龙头出水”的统筹整合相关涉农资金支持脱贫攻坚管理模式。避免了资金使用“碎片化”，盘活各领域“沉睡”的财政资金，把“零钱”变成“整钱”，统筹用于脱贫攻坚急需的重点领域，增加了资金的有效供给。2019年河南省人民政府印发的《关于探索建立涉农资金统筹整合长效机制的实施意见》，探索建立涉农资金统筹整合长效机制，进一步发挥财税体制改革的牵引作用，提升支农政策效果和支农资金使用效益。截至 2020 年 6 月，全省 63 个试点县共整合各级财政相关涉农资金 1 009. 7 亿元。

5. 规范扶贫资金的使用

河南省建立了扶贫资金动态监控系统，对财政扶贫资金管理使用进行流程追踪、问题预警、动态监控。及时出台政策，加快扶贫项目实施和资金支出进度，规范扶贫项目实施和资金使用管理，提高扶贫资金使用效率。建立扶贫项目资金进度日报制度，扶贫项目和扶贫资金一一匹配，项目实施进度和资金支付进度一一匹配。

三、思考题

1. 什么是精准扶贫？它是什么类型的公共产品？
2. 谈谈我国的各级政府在我国精准扶贫过程应该承担的事权和支出责任。
3. 你认为我国应该怎样提高财政扶贫支农资金的使用效益？
4. 你认为精准扶贫完成后我国应该采取什么政策减少或防止返贫现象出现？

案例说明书

一、课前准备

本案例要求学生提前阅读案例正文，并学习公共产品和财政支出相关专业知识，认真思考案例后的思考题。

二、课堂安排

1. 学生熟悉案例背景，结合课前预习的相关理论知识总结提炼案例的基本要点和关键问题，并结合案例后面的思考题进行讨论。此项安排时间大约 20 分钟。

2. 教师组织进行讨论：围绕案例后面的思考题，安排学生进行分组讨论，每个小组确定一个核心讨论问题。具体思路按照："是什么（what）"—"为什么（why）"—"怎么样（how）"的线索展开。要求每组学生完成以下工作：首先，针对案件中涉及的事件进行描述，对涉及的基本专业知识进行简要介绍；其次，结合实践进行理论分析，分析影响脱贫攻坚长期成效的关键因素；最后，学生针对案例中的问题进行探讨，提出相关的政策主张或建议。此项安排时间大约45分钟。

3. 教师进行评价和点评：对我国扶贫历程和财政助力减贫的方式进行梳理，并归纳总结小组讨论的共识，提出继续思考的问题。此项安排时间大约20分钟。

三、教学目标

1. 通过学习该案例，了解什么是精准扶贫以及精准扶贫的模式。

2. 了解我国是如何通过财政政策助力精准扶贫的，思考我国财政政策该如何进一步巩固脱贫的成果并与推进乡村振兴有效衔接，最终实现共同富裕。

3. 了解精准扶贫是政府应该提供的准公共产品的原因，思考分级财政下中央政府与地方政府提供公共产品的有效分工问题。

四、思政元素

通过让学生了解我国减贫事业的伟大成就，增强学生的"四个自信"，培养学生的家国情怀与社会主义核心价值观，引导学生关注贫困地区与弱势群体的生存问题，让学生在理想信念、职业选择与品行操守方面，能心怀经世济民之志、忧公忘私、积极承担社会责任，在今后的学习与工作中主动学习、堪担大任。

五、要点分析

1. 我国扶贫政策的发展历程

中国共产党引领人民在实现民族独立、实现民族解放的过程之中，始终把解决贫穷问题、提高人民生活质量作为自己的奋斗目标。不同的经济社会发展时期，我国因时度势地制定扶贫目标，并适时调整扶贫对象和扶贫方式，逐步建立了扶贫开发政策体系，稳步推进扶贫工作向前发展。新中国成立后我国主要经历以下 4 个贫困治理阶段：

（1）救济扶贫时期（1949—1977 年）。新中国成立初期，我国贫困人口为 2.5 亿人左右，是世界贫困国家之一。扶贫方式主要是安排生产提高收入、集体补助和国家救济。国家救济主要是采取临时救济的补助方式，给予生活和房屋等救济物款。此时，国家财力、物力都相对不足，没有设定扶贫组织机构和扶贫制度，扶贫物款大多是社会捐助，少部分来自集体经济收入，多为临时资助形式。

（2）体制改革推进式扶贫时期（1978—1985 年）。主要以“输血式”扶贫为主，扶贫单位是县级贫困区域，以农村经济改革和小规模的区域扶贫为主。中央政府自上而下地向各基层政府发放一些维持基本生存的物质资料与扶贫资金，并由基层政府直接分配给贫困农户，以求达到扶贫的目的。这种扶贫方式极易引致贫困人口对救济过度依赖而放弃自身脱贫能力的开发，不仅无法达到长期脱贫的目标，而且会加重财政负担。

（3）开发式扶贫时期（1986—2011 年）。大部分贫困地区得到因地制宜的开发，逐步实现脱贫致富。然而，少数边远地区受地形地理等自然条件制约，经济增长和生活水平相对滞后，甚至陷入贫困陷阱。此外，城乡二元经济结构体制使得地区差距不断扩大，区域经济发展不平衡问题突显。1986 年全国人大六届四次会议颁布的《国民经济和社会发展“七五”计划》指出：我国正式进入“开发式扶贫”阶段；确定对国家级贫困县实施重点扶贫政策，将市县作为基本单元进行扶持。

到 2001 年，扶贫对象转向 15 万个村级贫困区域，同时，中央提出“以工促农，以城带乡”的方针，实施定点扶贫，创新扶贫方式。2011 年，中央划定了 14 个集中连片特困地区进行重点扶贫，通过社保兜底维持生存，通过扶贫开发促进发展。这一阶段扶贫工作仅瞄准到区域，并没有识别到户。

（4）全面消除绝对贫困的精准扶贫时期（2012—2020 年）。自 2012 年起，我国进入中国特色社会主义新时代，社会的主要矛盾已经发生转变，与此相适应，扶贫开发及时调整了思路和创新了扶贫机制，因时度势地提出扶贫开发的新路径，并实行精准扶贫战略。所谓精准扶贫是指针对不同贫困区域环境、不同贫困农户状况，运用科学有效程序对扶贫对象实施精确识别、精确帮扶、精确管理的治贫方式。它变过去“大水漫灌”的粗放式扶贫方式为“精准滴灌”方式，从而实现了“扶真贫、真扶贫”的目标。

2020年我国历史性地消除了绝对贫困，取得了脱贫攻坚的全面胜利，不仅实现了全面小康路上一个都不掉队，而且带动了整个农村的发展，探索了乡村治理的成功方式和有效途径。但是，受多方面因素影响，老、少、边、山等地区脱贫成效较为薄弱，边缘脱贫人口面临一定返贫致贫风险；另一方面，中国仍然有30%—40%的人属于低收入群体，是“橄榄型”社会结构能否形成的重要因素。因此，未来5年的脱贫攻坚过渡期非常关键，必须在巩固拓展脱贫攻坚成果的基础上全面推进乡村振兴，顺应了亿万农民对美好生活的向往，加快推进共同富裕目标的实现。

2. 扶贫是政府应该提供的一种公共产品

公共产品包括纯公共产品和准公共产品，纯公共产品同时具有非排他性和非竞争性，一般由政府提供；准公共产品具有一定程度的排他性或竞争性。精准扶贫作为一项准公共产品，以贫困地区的贫困人口为救助对象，而非过去的以贫困地区所有人口为对象的扶贫，具有一定程度的排他性。同时精准扶贫具有一定程度的竞争性，在国家既定的扶贫资源投入情况下，某一贫困户享受扶贫资源时会造成其他贫困户获得贫困资源的减损；再者，随着贫困户数量的增加，政府财政支出负担会加重，供给成本增加。

新中国成立与改革开放初期，广大中西部地区与群众为经济建设提供了大量低于正常价格的原料、劳动力等资源，为东部沿海地区与众多产业企业在国际市场经济竞争中建立优势做出了巨大贡献。另外，出于规模经济考虑，更多的公共产品与服务被提供给发达地区与城市，而广大中西部地区由于位置偏远和交通成本高昂，基础设施、公共服务、人才资源严重不足，经济长期得不到有效的发展。唯有政府为贫困地区提供具有更多的公共产品和服务，才能使广大贫困人口共享改革发展的成果。

作为世界人口大国，中国脱贫攻坚成就显著，不仅为全球减贫事业做出了重要贡献，而且中国在解决自身发展问题的同时，更加积极地参与减贫国际合作，让中国发展红利惠及世界更多国家和人民。近年来，中国通过“一带一路”等主动参与国际减贫事业，积极提供减贫等重要的全球性公共产品。通过对接联合国2030年可持续发展议程和各国宏观发展规划，致力于在国际减贫事业中更好地分享中国经验、提供中国方案和贡献中国力量。中国的减贫理念、经验和方案逐步受到国际社会的广泛认可，减贫国际合作也开始被视为中国为开展国际发展合作和参与全球治理所提供的重要公共产品。

3. 政府扶贫责任理论分析

（1）蒂布特模型

蒂布特分析了各级政府提供公共产品的最佳效益问题，认为地方政府之间的相互“竞争”会促使其更有效地提供人们所需要的公共产品和服务。地方政府竞争是地方政府之间在资源、控制权分配和制度创新方面的相互竞争，包括直接竞争和间接竞争，也包括横向竞争和纵向竞争。蒂布特通过对辖区公共物品提供和地方支出的模型假设，提出地方政府间竞争的“用脚投票”理论。

（2）斯蒂格勒的最优分权理论

斯蒂格勒在《地方政府功能的适当范围》一文中论证了最优分权条件下地方政府提供地方公共产品和服务的有效性问题。他认为，一方面，地方政府相较于中央政府来说，更接近于自己辖区内的选民，了解其效用与需求。另一方面，不同地区的居民有权通过投票表决，选择自己所需的不同种类、不同数量的公共产品和公共服务。因而，地方政府的存在有利于提高资源的配置效率。

（3）奥茨分权理论

奥茨在《财政联邦主义》中，基于偏好差异和中央政府等量提供公共产品的假定，提出了分散化提供公共产品的比较优势。基于帕累托改进和社会福利最大化，奥茨认为中央政府只应提供具有广泛相同偏好的公共产品，以满足同质性的公共需求；地方政府则应满足本区域居民的特殊需求。

结合我国精准扶贫实践，只有实现精准识别在前，才能进一步实现精准帮扶在后，而这也是精准扶贫阶段不同于传统扶贫阶段的重要方面。精准的识别需要借助建档立卡方案的执行，而地方政府特别是基层政府作为传递政策与收集数据的“最后一公里”，恰当地发挥地方政府所具备的信息优势显得格外重要。另外，鉴于贫困原因的多样性、地域性与复杂性，若要达到因人施策、对症下药，必然要求地方政府充分发挥自身的信息与管理优势，提供有针对性的帮扶措施。以河南产业扶贫模式为例，河南各县吸收经验、因地制宜，探索了适合本县的农业产业扶贫模式：洛宁县的农业品牌扶贫模式，叶县的集体经济联村共建扶贫模式、内乡县牧原集“5 +”扶贫模式和睢县的田间学校与科技兴农扶贫模式等十大典型模式。由此可见，充分发挥各级政府的扶贫优势，促进各级政府提高扶贫支出效率，有利于扶贫目标的实现。

参考文献

［1］河南省财政厅，我省精准使用扶贫资金　财政支持脱贫攻坚成效不断

提升，河南省财政厅 2018－02－08.

［2］唐丽霞，赵文杰，李小云．全球公共产品视角下的中国国际发展合作［J］．国际展望，2022，14（01）：95－114，160－161.

［3］徐涛，闫姝雅．中国“政融保”金融扶贫模式研究［J］．保险理论与实践，2020（01）：35－44.

［4］夏嘉聪．精准扶贫背景下的财政事权和支出责任划分研究［J］．中国集体经济，2018（12）：74－75.

［5］韩金晓．精准扶贫进程中的事权与支出责任问题研究［D］．大连：东北财经大学，2018.

［6］李重新．精准扶贫：准公共产品的内生变革［J］．三峡大学学报（人文社会科学版），2020，42（02）：54－56，62.

［7］刘玉杰：《脱资攻坚决胜中原》，《河南日报》2020 年 3 日 8 日．第 2 版．

［8］https：//www. henan. gov. cn/2020/10－12/1820251. html.

［9］https：//www. henan. gov. cn/2019/02－12/733938. html.

案例 2　三门峡增值税留抵退税政策效应分析

一、背景简介

2020 年突如其来的新冠疫情给我国经济带来了诸多的困难和不利影响。2020 年第一季度和第二季度经济呈现负增长，但从第三季度开始，经济开始保持强劲的增长态势，领先于发达国家和其他发展中国家。这来之不易的成绩与党中央的一系列战略部署密不可分。进入 2022 年以来，1、2 月开局良好，经济数据释放积极信号；但从 3 月开始，国内疫情反弹、俄乌冲突等超预期因素冲击陡然增加，经济运行出现较大波动；4 月以后，主要经济指标回落，就业、工业生产、用电货运等指标明显走低。

面对如此复杂严峻的国际环境和艰巨繁重的国内改革发展稳定任务，我国实行更加积极的财政政策。2022 年实施新的组合式税费支持政策，继续坚持阶段性措施和制度性安排有效结合，特别突出减税与退税并举，退税减税约 2.5 万亿元，规模为历史之最，其中 1.5 万亿元来自增值税留抵退税。从行业看，留抵退税将重点支持制造业，全面解决制造业、科研和技术服务、生态环保、电力燃气、交通运输行业留抵退税问题。从企业规模看，将优先安排小微企业。由于小微企业数量众多，相应的有留抵税额的户数也多，此次增值税留抵退税将有效减轻其资金压力，缓解中小微企业融资难等问题，激发小微企业活力。一系列组合式支持政策极大增强了小微企业的发展信心和底气，帮助小微企业和个体工商户渡难关、复元气，进一步保障和促进经济平稳恢复。

二、案例概况

（一）三门峡市基本概况

三门峡隶属于河南省，位于河南省最西侧，是1957年伴随着万里黄河第一坝——三门峡大坝的兴建而崛起的一座新兴城市，也是沿黄城市中距黄河最近的一座城市。相传大禹治水时，凿龙门，开砥柱，在黄河中游这一段形成了“人门”“鬼门”“神门”三道峡谷，三门峡即由此得名。三门峡市现辖2区（湖滨区、陕州区）、2市（灵宝市、义马市）、2县（卢氏县、渑池县），及1个经济开发区、1个城乡一体化示范区，62个乡（镇）（33个乡，29个镇）。2021年，年末全市常住人口203.8万人，其中城镇常住人口118.27万人，乡村常住人口85.53万人；常住人口城镇化率为58.03%。三门峡2021年GDP总量1 582.5亿元，在全省18个地市的排位处于15位，仅高于鹤壁和济源，属于省内经济体量比较小的城市。2020年产业结构为10.1∶47.4∶42.5，第二产业占比较大。有色金属冶炼和压延加工业、装备制造业、化学原料和化学制品业、食品制造、汽车制造业是三门峡的五大优势行业。2021年，三门峡市数字经济核心产业销售收入同比增长29.2%，两年平均增长34.5%，数字经济发展态势向好，正逐步成为助推经济发展的新引擎和稳定经济增长的重要动力。2021年三门峡税收收入89.01亿元，财政自给率52.4%。截至2021年底全市正常生产经营纳税人数量8.2万户，一般纳税人总户数9 617户。

（二）三门峡市增值税留抵退税政策实施情况

三门峡市税务局按照2022年4月1日起正式实施的大规模增值税留抵退税政策，4月聚焦微型企业存量留抵退税，5月聚焦符合条件的制造业等行业中型企业存量留抵退税，迅速筛选出符合留抵退税企业名单，主动联系、提前服务、精准辅导，全力帮助企业尽快享受政策红利，力争做到“应享尽享、应享快享”。帮助中小微市场主体渡过难关、稳定发展。

1. 退税规模大

仅政策实施的4月、5月，已有14.4亿元新增留抵税额退至582户纳税人账户，规模是2021年全市办理留抵退税2.7亿元的5.3倍，是2021年全市新增减税降费总额5.2亿元的2.8倍；政策惠及582户纳税人，是2021年全市享受留抵退税纳税人27户的21.6倍，占全市一般纳税人总户数9 617户的6.1%。

2. 退税对象精准，重点向小微企业倾斜

小微企业是创造就业的重要主体，帮助小微企业存续发展有利于缓解社会就业压力，发挥小微企业在稳就业方面的积极作用。同时，小微企业量大面广，抗风险能力比较弱。2022年减税降费政策的重点是小微企业和个体工商户。留抵退税直接给小微企业增加现金流，能够有效帮助小微企业渡过难关，缓解社会就业压力。其次，相较于无差距、大面积的财政补贴，本轮的留抵退税政策通过精准结转的方式，聚焦于急需资金支持的六类企业，起到帮一把、渡难关、扶一程的作用，退税资金全部直达企业。为市场主体“输血活血”纾困解难。4月，三门峡市微型企业退税305户，占总退税户数的62.2%，退税额1.5亿元，占总退税额的21.2%，户均退税50.2万元。5月，中型企业退税26户，占比18.6%，退税额2.2亿元，占比30%，户均退税829.7万元。

3. 聚焦重点行业、地区，政策导向性强

从行业上来看，本次留抵退税政策三门峡房地产和制造业受益最大。房地产和制造业上下游关联度高，对服务业和就业的带动能力强。大规模增值税留抵退税政策精准锚定国民经济运行和产业链、供应链中的关键环节，充分体现助力稳增长、保就业、惠民生的鲜明导向。4—5月，三门峡市增值税留抵退税金额排前六的行业分别是房地产业（4.7亿元）、制造业（4.5亿元）、租赁和商务服务业（2.2亿元）、电力、热力、燃气及水生产和供应业（1.6亿元）、采矿业（0.3亿元）、科学研究和技术服务业（0.3亿元），6个行业共退税13.7亿元，占全部新增留抵退税额的94.9%。其中制造业中又以三门峡的支柱产业有色金属冶炼和压延加工业、化学原料和化学制品制造业为主，2个行业大类退税金额占制造业退税金额的84.8%（见图5－1）。

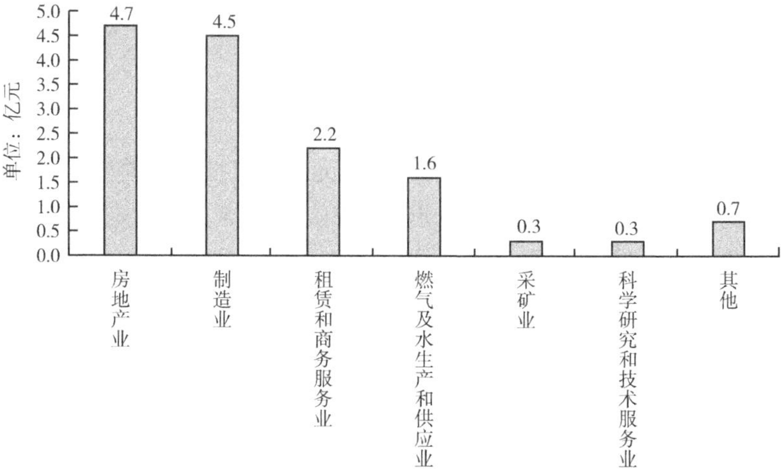

图5－1　增值税留抵退税金额图

分地区看，4—5月留抵退税金额最多的是开发区，共2.8亿元，占全市留抵退税总额的19.5%，户均退税802.3万元，其次是渑池县留抵退税2.8亿元和灵宝市2.0亿元，户均分别退税448.5万元和286.3万元。另外，留抵退税企业最多的是湖滨区，共计122户，占全市退税企业的21%。

（三）留抵退税政策的积极效应

依托税收大数据，三门峡税务局对全市企业进行了调查分析。调查数据显示，多数企业将退税款用于扩大生产、加大研发、稳定就业，国家助实体、扩投资、促创新等政策积极效应已经开始显现。

1. 缓解企业资金压力

受疫情影响，三门峡各大中小企业资金缺乏，营业收入呈下降态势。但是企业成本支出增高，生产经营压力不断加大。增值税留抵退税资金直达企业，增加了企业的流动资金，解决企业的燃眉之急，有效助力市场主体渡难关、复元气、稳发展。东方希望（三门峡）铝业有限公司是三门峡渑池县的一家老牌工业企业，连续三年获评A级纳税人，但是2022年以来，面临运输成本上升、原材料价格上涨以及环保设备升级多重压力，企业资金周转困难。该企业今年收到4 756万元的留抵退税款。目前，该笔退税款已全部投入购进新升级环保设备及原材料，且第一批环保设备已投入使用，“老厂房”焕发了新生机，企业有了新希望。卢氏县因其特殊的地理地貌，盛产连翘、山茱萸、丹参、黄精等 1 200 多种地道中药材，是河南省十大优质药材生产基地县之一，被誉为“天然药库”。新冠肺炎疫情发生以来，当地中药材企业发展受阻，面临着销售、资金等重重困难。三门峡玉皇山制药有限公司，作为卢氏县成立已久的老企业，在此次疫情中受到极大的影响，国家的增值税留抵退政策玉皇山制药有限公司能享受 20 余万元的退税款，有力地缓解了企业的资金压力。

2. 完成企业的技术升级和扩大再生产

2022 年，三门峡有大量的企业需要扩大再生产、技术改造和开发新产品，所有这些都需要大量的资金投入。1—5 月，全市共 130 户制造业企业收到了增值税留抵退税 6.2 亿元。留抵退税资金如同“及时雨”直接缓解了企业的资金压力，企业可以立即投入到技术改造和扩大再生产当中。据调查，三门峡有近一半的企业选择将退税资金用于购买原材料和设备、改造升级和扩大再生产。三门峡赛诺维制药有限公司是三门峡市“专精特新”企业，今年收到 1 287 万元留抵退税后，全部用来购买原材料，扩大再生产，以提高公司的市场占有率。宝武铝业科技有限公司是生产国内重点领域急需的高、精、尖铝板带产品的高端制造业，是东部央企中国宝武集团与河南省深度结合、共谋发展的重点项目，也是三门峡市做好铝工业升级、实现转型创新发展的龙头项目。今年，宝武铝业将收到的 1.4 亿元留抵退税用于扩大规模、改造升级以及铝基新材料的研发，以提升产品竞争力。这是该公司自投产以来，第四次收到税务部门的退税“大礼包”，大规模留抵退税政策助力了三门峡市制造业的转型升级。

3. 激发市场主体活力，稳增长稳就业保基本民生

退税减税，是用政府收入的“减法”，换取企业效益的“加法”和市场活力的“乘法”，用政府的“紧日子”让百姓过上“好日子”。增值税留抵退税政策的实施，实现了“放水养鱼、水深鱼归、水多鱼多”的良性循环，培育壮大了市场主体，为稳增长稳就业保基本民生提供坚实的支撑。河南仰韶酒业有限公司是三门峡市渑池县一家白酒生产企业。2021 年实现销售额 35 亿元、入库税收 5.1 亿元，有力提升了省产白酒在省内市场的占有率和利税贡献，并带动了渑池县域经济结构转型。近年来，仰韶酒业积极拓展产业链，以实现原材料自给自足。每年 4 月是高粱的种植期，而企业春季销售款尚未回笼，难以兼顾生产与种植。今年 4 月税务部门共为仰韶酒业审核留抵退税 834 万元，留抵退税资金为其缓解了生产压力，周边农民忙完春耕就到高粱种植园里务工，既解决了仰韶酒业原材料问题，又解决了周边农民的就业问题。仰韶酒业积极前延后伸产业链，规划投建集农业、工业、文旅业于一体的“一庄五园”，然而仰韶仙门山洞藏景区因疫情影响，游客稀少，二期建设因资金困难几近停工。前期建设产生的大量的留抵税额无法消耗。今年的增值税留抵退税政策使仰韶酒业快速、充分地享受到了退税红利。收到留抵退税资金后，企业不仅员工工资有了着落，该景区二期工程也恢复了建设，餐饮、客服、导游等工作人员的招聘工作也在同步进行中。

三、思考题

1. 你认为我国的增值税制度还有哪些方面需要完善？
2. 你认为增值税留抵退税政策会给地方财政带来压力吗？试说明理由。
3. 谈谈你对我国新的组合式税费支持政策的认识。

案例说明书

一、课前准备

本案例要求学生提前阅读案例正文，并学习增值税、财政政策等相关专业知识，认真思考案例后的思考题。

二、课堂安排

1. 学生熟悉案例背景：结合课前预习的相关理论知识总结提炼案例的基本要点和关键问题，并结合案例后面的思考题进行讨论。此项安排时间大约 20 分钟。

2. 教师组织进行讨论：围绕案例后面的思考题，安排学生进行分组讨论，每个小组确定一个核心讨论问题。具体思路按照：“是什么（what）”—“为什么（why）”—“怎么样（how）”的线索展开。要求每组学生完成以下工作：首先，针对案例中涉及的事件进行描述，对涉及的基本专业知识进行简要介绍；其次，结合实践进行理论分析，分析组合式税费支持政策的几个关键问题；最后，学生针对案例中的问题进行探讨，提出相关的政策主张或建议。此项安排时间大约45分钟。

3. 教师进行评价和点评：对组合式税费支持政策进行梳理，并归纳总结小组讨论的共识，提出继续思考的问题。此项安排时间大约20分钟。

三、教学目标

1. 通过学习该案例，熟悉我国增值税制度。
2. 对我国组合式税费支持政策有较为清晰的认识。
3. 对国家运用税收手段进行跨周期和逆周期调节经济有较为清晰的认识。

四、思政元素

本案例介绍了在疫情冲击、经济下行的挑战下，中央政府与三门峡地方政府实施积极的留抵退税政策，一方面体现了税收实践的复杂性，引导学生关注现实，了解国情与税收实践；另一方面展现了地方政府财政政策的目标导向、企业与政府的良性互动，以及短期税收收入下降与长期经济、税收收入共赢增长的辩证关系，培养学生的全局观和辩证思维能力。

五、要点分析

1. 留抵退税政策实践历程

增值税留抵退税制度，是指纳税人当期允许抵扣的进项税额超过了当期销项税额，税务机关就超额的进项税额予以退还的一项制度。到目前为止，国际上大多数采用增值税的国家都选取当期退还的方式解决留抵税额，因此不存在留抵税额占用资金行为。我国改革前一直采用当期留抵额结转下期抵扣的办法，近几年有了分步调整变化，将留抵分为存量留抵和增量留抵，先解决部分行业中存量留抵问题，采取一次性退还政策，再对所有行业未来产生的增量留抵进行有条件地退还。

（1）部分行业实行常态化留抵退税

为解决集成电路重大项目企业采购机器设备出现的增值税进项留抵现象，2011年11月，我国发布《财政部国家税务总局关于退还集成电路企业采购设备增值税期末留抵税额的通知》（财税〔2011〕107号），要求对国家批准的集成电路重大项目企业因购进设备形成的增值税期末留抵税额准予退还，并明晰可抵扣的购进固定资产范围、准予退还留抵税额的计算方法、退税的申请审批流程、中央和地方政府对留抵退税的分担比例及开始执行时间，并以附件方式列示了适用政策的29家集成电路重大项目企业。本次政策特点是退税对象行业单一、可退税进项税额来源单一、退税对象数量有限。

2014年，财政部国家税务总局进一步对购买或进口石脑油、燃料油生产乙烯、芳香烃等化工产品的企业实行增值税退税政策（财税〔2014〕17号），其中包括退还符合条件的企业在2014年2月以前形成的增值税留抵税额。

2016年财政部国家税务总局发布通知（财税〔2016〕141号），退还从事大型客机、大型客机发动机研制及销售支线飞机项目而形成的增值税留抵税额。从退税范围看，2016年前的退税政策只针对政策扶持的特定行业和部分纳税人，行业范围窄，行业门槛高，享受政策的纳税人较少，具有较大的局限性。

2018年6月，我国发布《财政部税务总局关于2018年退还部分行业增值税留抵税额有关税收政策的通知》（财税〔2018〕70号），要求对装备制造等先进制造业、研发等现代服务业、电网企业按比例退还2015—2017年增值税期末留抵税额，并明晰可退还留抵税额上限、可申请留抵退税纳税人的纳税信用等级、准予退还留抵税额的计算方法。此次留抵退税一共包括18个行业，其中有12个行业属于制造业，符合我国制造业转型升级的战略背景，促进了制造业高质量发展。另外为避免部分不良企业骗取退税金，纳税人除需满足行业要求之外，还需要满足A或B信用等级的条件。

综上可以看出，2018年前的退税政策只针对政策扶持的特定行业和部分纳税人，行业范围窄，行业门槛高，享受政策的纳税人较少，具有较大的局限性。

（2）全行业试行增量留抵退税制度

2019年政府工作报告提出实施更大规模的减税降费政策，其中深化增值税改革是重头戏。2019年3月，我国发布《财政部税务总局海关总署关于深化增值税改革有关政策的公告》（财税海关总署公告2019年第39号）规定："自2019年4月1日起，试行增值税期末留抵税额退税制度"，对同时符合公告规定的5项条件的所有行业实行留抵税额增量部分退税60%。虽然已将留抵退税政策扩展覆盖到所有行业，但在企业范围上，只有与2019年3月底相比连续六个月增量留抵税额均大于零，且第六个月增量留抵税额不低于50万元的企业，纳税信用等级符合标准、未出现骗取退税或虚开发票、未被处罚两次以上、未享受即征即退等条件的纳税义务人，才可以申请退税。与此前颁布的留抵退税政策相比，本次政策有以下特点：退税对象行业全面、增量留抵退税、退税规模限制、退税倾向于纳税信用等级优良企业、退税条件严格。

2019 年 8 月，为进一步推进制造业高质量发展，我国发布《财政部税务总局关于明确部分先进制造业增值税期末留抵退税政策的公告》（财政部税务总局公告 2019 年第 84 号），要求对符合条件的部分先进制造业纳税人可就依据政策计算得出的增量留抵税额申请退税。明晰了部分先进制造业的认定标准、可申请留抵增量留抵退税纳税人的各项条件要求、增量留抵税额中增量的时间基点、当期允许退还增量留抵税额的计算方法。与 39 号公告相比，对部分先进制造业的留抵退税力度进一步加大。一是放宽留抵退税时间、取消留抵金额限制。取消了“连续六个月（或两个季度）增量留抵税额均大于零，且第六个月增量留抵税额不低于 50 万元”的要求；二是取消留抵退税比例限制。取消了 39 号公告中 60% 的退税比例限制，规定在计算允许退还增量留抵税额时，按照增量留抵税额乘以进项构成比例后全额退还；三是申请退税时间条件放宽。对符合条件的部分先进现代制造业自 2019 年 7 月及以后纳税申报期可向主管税务机关申请退还增量留抵税额。

2020 年为支持新冠疫情防控和服务企业发展，财政部、税务总局于 2020 年 2 月 6 日联合出台了《关于支持新型冠状病毒感染的肺炎疫情防控有关税收政策的公告》（财政部税务总局公告 2020 年第 8 号，以下简称“8 号公告”）规定：“疫情防控重点保障物资生产企业可以按月向主管税务机关申请全额退还增值税增量留抵税额”。8 号公告与 39 号公告、84 号公告相比，从范围和退税的计算时限上又有新突破。一是明确规定了享受政策纳税人的具体范围，由省级及以上发展改革部门、工业和信息化部门确定疫情防控重点保障物资生产企业名单；二是增量留抵税额计算也调整为与 2019 年 12 月底相比新增加的期末留抵税额。

2021 年 4 月，我国发布《财政部税务总局关于明确先进制造业增值税期末留抵退税政策的公告》（财政部税务总局公告 2021 年第 15 号），要求对符合条件的部分先进制造业纳税人可就依据政策计算得出的增量留抵税额申请退税。同样明确了部分先进制造业的认定标准、可申请留抵增量留抵退税纳税人的各项条件要求、增量留抵税额中增量的时间基点、当期允许退还增量留抵税额的计算方法、纳税人申请留抵退税的一些注意事项。本次政策有以下主要特点：

退税规模限制、退税对象行业及标准特定、退税行业范围扩大。本次政策是对2019年8月颁布的留抵退税政策的补充与拓展，扩大了可退税的先进制造业的行业范围，由四类行业扩大到了九类行业，并增加了部分先进制造业的退税金额。

2022年3月21日，财政部和国家税务总局联合发布2022年第14号公告，明确了小微企业和制造业等行业留抵退税政策。4月以前，我国的留抵退税主要集中在增量留抵税额，即退还2019年4月以来新增加的部分。其中，对先进制造业的增量留抵税额全部予以退还，对其他行业退还60%，还没有涉及退还2019年3月以前形成的存量留抵税额。4月1日开始实施的大规模增值税留抵退税政策特点是聚焦小微企业和重点支持行业；增量留抵和存量留抵并退，既有增量，也有存量，留抵退税的力度明显加大。

2. 留抵税额产生的原因

企业当期增值税进项税额大于当期增值税销项税额是留抵税额的直接成因。我国增值税对不同的商品使用不同税率，当企业存在进项税和销项税的税率不一致，对外出售商品或提供服务时适用的税率低于采购原料适用的税率就会出现留抵税额。

企业采购或投资和销售存在时间差等情况就很可能导致企业出现当期进项税额大于销项税额、应纳增值税额为负的情况。例如当以农副产品进行生产加工的制造类企业，就会由于在原材料的成熟时期购进大量的原材料而产生大量的增值税进项税额，当期的销项税额较小时就会形成留抵税金。

留抵税额的出现跟企业的生产经营周期有密切的关系，在企业的成立初期往往要进行大量的固定资产和设备购入，且成立初期的企业销售额相对较小，会形成较大金额的留抵税金。企业发展中期，由于设备老化等原因会进行设备更新、研发投入，这些均可能导致形成较大的进项税额，但企业往往在短时间又难以得到对应的实质性产出，造成企业无法立即通过销售商品产生销项税额来抵扣掉这些较大的进项税额。

留抵税额实际上就是企业多缴纳的税，而税务机关无法及时退税，留抵税额会持续积累导致各企业每年末的留抵税额越来越大，造成企业资金大量被占用，成为企业实际的税收负担，从而影响企业的生产经营，降低企业竞争力。留抵税额的存在既影响了“营改增”后增值税的减税效应，又不利于国家经济的发展。

3. 退税资金来源

（1）2019 年国务院印发了《实施更大规模减税降费后调整中央与地方收入划分改革推进方案》（国发〔2019〕21 号），明确规定调整留抵退税中央与地方财政分担机制，对于全口径留抵退税额，中央和地方政府应当各承担 50%。为缓解部分地区退税压力，财预〔2019〕205 号文件规定，从 2019 年 9 月 1 日起，地方政府承担的 50% 退税额中，企业所在地应分担 15%，其他地区按照增值税分享额占总额的比重分担。具体操作时，企业所在省份直接退还 15%，省级财政先垫付 35% 后，再由中央财政向省级财政调库。若垫付比应分担的部分少，则企业所在地省级财政按月向中央财政调库；若垫付部分大于应分担部分，则中央财政要按月向企业所在省级财政调库。

（2）2022 年以前的增值税留抵退税是中央承担 50%，地方承担 50%，今年实施的留抵退税中央安排专项转移支付，中央除了承担自己的部分，还通过安排专项转移支付为地方承担部分给予支持，确保不因为地方财力的影响使退税政策打折扣。

中央财政在按现行税制负担 50% 退税资金的基础上，再通过安排 1.2 万亿元转移支付资金设立 3 个专项，支持基层落实退税减税降费、保就业和保基本民生等。其中，对新增留抵退税中的地方负担部分，中央财政补助平均超过 82% 并向中西部倾斜。专家据此估算，地方承担的 7 500 亿元退税资金中，中央财政补助平均超过 82%，即中央负担超过 6 150 亿元，地方实际承担的退税资金不超过 1 350 亿元。

根据财政部公布的《关于下达 2022 年支持小微企业留抵退税有关专项资金预算的通知》（下称《通知》），4 000 亿元退税专项资金预算指标已经分配给 31 个省份、5 个计划单列市和新疆生产建设兵团。比如，江苏省获得 378.71 亿元，广东省（含深圳市）获得 364.84 亿元。此外，首批支持小微企业留抵退税的专项转移支付 4 000 亿元已于 3 月 21 日下午下达。为了管好这笔巨额专项资金，目前财政部制定印发相关办法，明确专项资金分配备案、预算下达、资金调拨等管理要求，完善政府收支分类科目，做到留抵退税政策可细化、可统计、可分析。

另外，包括上述 4 000 亿元在内的专项资金，均纳入财政直达资金范围，实行动态监控，防止闲置挪用，确保退税资金直达市场主体、对地方的补助直达市县基层。财政部还建立资金预拨机制，逐月预拨、滚动清算，保障地方国库动态存有半个月的退税所需资金，并压实省级财政部门主体责任，保障退税

“红包”及时落袋。

之前社会各界担心增值税留抵退税制度会增加地方政府的财政压力，使得地方政府在执行留抵退税过程中做不到尽心尽力，甚至可能会产生拖延、征收过头税等问题。对此，中央财政承担了增值税留抵退税的大头，对于顺利推进增值税留抵退税工作意义重大。

4. 组合式税费支持政策

减税降费是近年来积极财政政策的主题词，也是每年全国两会期间社会各界关注的重点。在2021年全年新增减税降费规模达到1.1万亿元的基础上，2022年的政府工作报告又提出，将实施新的组合式税费支持政策，预计全年退税减税2.5万亿元。

组合式税费支持政策是2022年的新提法，主要是在以往减税降费的基础上又组合了退税，特别是留抵退税，通过减税、退税这套组合拳来支持企业发展。今年的组合式税费支持政策和往年的减税降费最大的不同就在于，往年聚焦于“减”和“降”，主要是降低税率、费率，让市场主体少交一点钱；而今年的组合式税费支持政策，在以往“减”和“降”的基础之上又加上“退”。换言之，今年的组合式税费支持政策，不仅着眼于让市场主体少交钱，政府部门还要给它们退钱，把已经收上来的税退回去。通过“减”和“退”的组合手段，可以有效地充实市场主体的现金流。

除了减税、退税，2022年政府工作报告还提出，要降低企业生产经营成本、加强金融对实体经济的支持，这些组合式的政策措施出发点都是要保障企业的现金流，要给市场主体真金白银的支持。组合式税费支持政策找准了当前企业经营的痛点和难点，真正做到了对症下药、精准施策。通过这一系列组合式的税费政策，给企业真金白银的支持，归根结底便是政府工作报告中的两句话：为企业雪中送炭，助企业焕发生机。

参考文献

[1] 汪文正.1.5万亿元留抵退税，谁受益？[N]. 人民日报海外版，2022-03-17 (004).

[2] 梁僮丹. 完善我国增值税留抵退税政策的研究 [D]. 南昌：江西财经大学，2021.

[3] 王伟，田莎莎. 增值税留抵退税政策效应分析 [J]. 税收经济调研，2022 (3).

案例 3　从需求到供给：河南煤炭行业供给侧结构性改革

一、背景简介

2012 年以来，我国的消费和投资的增长率不断下滑，拉动经济增长的“三驾马车”出现了疲软迹象。同时，以发债增支为主要手段的财政政策并没有促成经济的同期增长，宏观经济与财政中的滞胀特征（高赤字、低增长）开始显现，导致财政赤字率不断上升，从 2011 年的 1.1% 至 2016 年的超过 3%，但是 GDP 增速却连续多年下降。这意味着实行积极的财政政策可以在短期内扭转经济衰弱，但在整体经济下行的背景下，继续沿用此前的积极财政政策效果开始弱化，长期的需求刺激无法保证经济持续平稳增长。

从生产要素来看，劳动力成本、企业融资成本、科技创新水平对于高质量的发展产生了严重的约束；从供需结构来看，既存在部分行业，如钢铁、煤炭、房地产等行业产能过剩、库存过多的问题，也存在产品档次，如中低端产品和高端产品供给不匹配的问题。面对这种结构性问题，仅仅通过增加投资和刺激消费是不够的，更需要从要素端和供给端进行调控，因此，我国积极财政政策的着力点从需求侧向供给侧转移。

党的十八大以及 2013 年《中共中央关于全面深化改革若干重大问题的决定》意味着我国宏观调控进入了新的阶段。“在适度扩大总需求的同时，着力加强供给侧结构性改革，着力提高供给体系质量和效率，增强经济持续增长动力。”2015 年 11 月，中央财经领导小组第十一次会议首提供给侧结构性改革，供给侧结构性改革成为促进我国经济发展的战略举措。随后，2015 年 12 月 18—21 日中央经济工作会议，确定将去产能、去库存、去杠杆、降成本、补短板作为 2016 年中国供给侧结构性改革的五大任务。2017 年 10 月 18—24 日在北京召开的中国共产党第十九次全国代表大会指出，要深化供给侧结构性改革，坚持去产能、去库存、去杠杆、降成本、补短板，优化存量资源配置，扩大优质增量供给，实现供需动态平衡。推动供给侧结构性改革，已成为当前适应、引领经济新常态的重大创新和必由之路。

二、案例概况

煤炭行业是国民经济与社会发展的基础产业和支柱产业，2012 年开始，受全球经济低迷和国内经济进入新常态等因素影响，煤炭供过于求，库存急剧增加，价格大幅下降，企业大面积陷入亏损。在此背景下，煤炭行业作为试点行业，先行开始了以去产能为核心目标的供给侧结构性改革。河南省政府积极响应中央号召，在 2016 年 3 月份发布了《河南省人民政府关于促进煤炭行业解困的意见》。6 月，出台《推进供给侧结构性改革降成本专项行动方案》，8 月 11 日，河南省委常委会召开会议，讨论并通过了《河南省推进供给侧结构性改革总体方案（2016—2018）》和去产能专项行动方案，推进煤炭行业供给侧改革。

（一）河南煤炭行业与企业现状

河南是中国重要的产煤基地，煤炭资源的开发历史悠久，煤炭产业一直是河南省的传统支柱产业。但是长期以来，河南煤炭产品结构单一，主导产品以原煤为主，资源消耗量大，产品附加值低。

2010 年河南省政府开始对煤炭行业进行资源整合和兼并重组，形成了以河南能源化工集团、中国平煤神马集团、郑煤集团、神火集团为主，地方煤矿为辅的煤炭资源开采格局，产业集中度达到了 95%，煤电一体化、煤电铝、煤化工等产业链条逐渐完善。但是煤炭行业是一个强周期行业，煤炭行业经过飞速发展的黄金十年后，从 2011 年开始，煤炭企业步履维艰。另外，河南省的煤矿由于开采时间长、开采条件差，与山西、陕西、内蒙古相比每吨煤炭的开采成本高出 150—200 元，即使在本省市场上，省外煤炭加上运费后仍然要比省内的煤炭企业有 50 元左右的竞争优势。在国内煤炭市场不景气、竞争白热化的形势下，区位优势减弱、省外市场丧失，河南省煤炭企业亏损较外省更显严重。2013 年业绩报告显示，在归属于母公司所有者净利润方面，河南能源化工集团亏损 22.88 亿元，平煤神马集团亏损 5.27 亿元，神火集团亏损 3.4 亿元，就连四大煤炭集团中规模最小的郑煤集团，其亏损额度也达到 2.17 亿元。2014 年河南煤炭企业的亏损仍然在加剧，2015 年随着煤炭价格快速下行，河南省煤炭企业亏损幅度进一步扩大。河南能源化工集团对外公布的财务数据显示，2015 年，集团实现营收 1 602.46 亿元，净利润则为 -94.96 亿元，集团负债总额达到 2 283. 24 亿元，资产负债率为 83. 09%。郑煤集团净利润亏损 11. 87 亿，且资产负债率也处于较高的水平。

此外，自 2010 年兼并重组以来，兼并重组煤矿发展不良，省骨干煤炭企业已经投入超过 200 亿资金（大部分为银行贷款）技术改造，这些重组煤矿大部分处于停产状态，维护费用高，关闭退出难度大，而且不少兼并重组煤矿有涉法涉诉案件，诸多问题亟待解决。

（二）河南省煤炭行业供给侧结构性改革措施

1. 去产能

河南省煤炭供给侧结构性改革的主要任务之一是去产能，河南省在去煤炭产能方面的措施如下。一是严禁新增产能。原则上 3 年内不再进行煤矿生产能力核增，已纳入“十二五”机械化改造规划且 2015 年年底前已开始的机械化改造项目，生产能力核定工作原则上要在今年 12 月底前完成。对基本建设手续不齐全的煤矿，一律责令停工停产；对拒不停工停产、擅自组织建设生产的，依法实施关闭。

二是淘汰落后产能。2016 年 3 月份，各省、市、自治区以及国务院国资委陆续与国家发改委签订了“化解过剩煤炭产能实施方案”（以下简称《方案》），《方案》明确了各地及中央企业 2016—2020 年过剩煤炭产能关闭退出计划。按照《方案》要求，2016—2020 年，全国各地以及中央企业合计计划关闭退出煤炭产能 875 百万吨。根据《河南省推进供给侧结构性改革去产能专项行动方案（2016—2018 年）》（以下简称《行动方案》），2016—2018 年河南计划关闭退出产能 6 254 万吨，涉及矿井 256 座，资产总额 342 亿元，负债总额 305 亿元，金融机构借款 144 亿元，需要安置职工 13. 63 万人。其中，仅 2016 年一年就退出矿井 89 座，产能合计 2 215 万吨，涉及人员 6. 22 万人。

河南省目前的产能中，骨干煤炭企业河南能源化工、平煤神马、郑煤占全省产能的 90%。公司之间产能大小有所不同，其中河南能源产能占比最大，平煤神马和郑煤次之。《行动方案》对去产能目标进行细化，明确压减河南能源化工集团有限公司煤炭产能 2 896 万吨，压减平煤股份、神马股份、中国平煤神马集团煤炭产能 1 146 万吨，压减郑州煤电母公司郑州煤炭工业（集团）有限责任公司煤炭产能 1 315 万吨。河南能源化工集团、中国平煤神马集团、郑煤集团三大国有重点煤炭集团的去产能占河南省去产能任务总量的 85. 7%。通过化解煤炭过剩产能和进行结构调整，到 2018 年，全省煤炭产能压减到每年

1.6亿吨以内，煤炭行业过剩产能得到有效化解，产业结构得到优化，脱困转型升级取得实质性进展（见图5-2）。

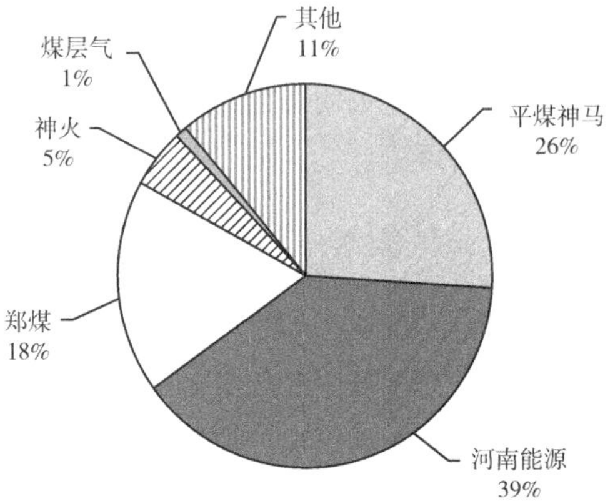

图5-2　河南省煤炭企业产能分布

为推进河南煤炭过剩产能顺利化解，省政府成立了省化解过剩产能工作领导小组。领导小组下设办公室，办公室设在省发展改革委，负责统筹组织、协调与推进河南化解过剩产能工作。其中，领导小组下设清产核资、重整重组、分离办社会职能、富余人员安置、债务化解、矛盾调处6个工作组和4个改革指导组，在担负深化国有工业企业改革职责的同时，承担化解煤炭过剩产能的相应工作。

《方案》为明晰首批关闭煤矿的范围，从安全技术、资源环保、其他等三个方面予以规定。存在下列情况之一的煤矿应予以关闭退出：在安全技术方面，采用国家禁用方法和工艺的；煤矿瓦斯防治能力没有通过评估且拒不停产整顿的；与大型煤矿井田平面投影重叠的；煤与瓦斯突出、水文地质条件极其复杂，且经县级以上政府组织专家进行论证，在现有技术条件下难以有效防治的；一些产能小于30万吨/年且发生重大及以上安全生产责任事故，产能15万吨/年且发生较大及以上安全生产责任事故的；技术改造矿井未按批复设计施工或未在批准工期内完成技改任务的；长期停产或停而不整，2015年年底前达不到安全生产条件的；未按要求主动整改，6月底前未达到安全质量标准化三级标准的。在资源环保方面，开采范围与自然保护区、风景名胜区、饮用水水源保护区等区域重叠的；生产能力为15万吨/年且剩余服务年限不足3年的。其他方面包括，采矿许可证过期未按规定申请延续的；未按要求完成兼并重组任务的；县级以上政府规定应依法予以关闭的；其他自愿退出的。

所以，从行业发展趋势来看，河南未来将严格限制高硫、高灰劣质煤的生产使用，加快劣质煤炭产能有序退出。并强化转型升级，引导煤炭产业向清洁化利用和可再生能源转型发展，河南鼓励利用废弃的煤矿工业广场及其周边地区，发展风电、光伏发电和现代农业。

2. 去库存

完善煤电协作机制，通过促进煤电产业协同发展，稳定发电量以支撑煤炭消费需求。一是稳定省内的发电市场，增加外送电量，提高全省发电运行负荷率，将省外来电纳入对省电力公司目标考核体系。二是完善中长期煤炭买卖合作协议机制，组织落实省内电煤中长期购销协议，要求省内发电企业同等条件下优先采购省骨干煤炭企业电煤。同时，为保证煤炭企业现金流顺畅，要求发电企业电煤货款结算周期不得超过上网电费结算周期，限制银行承兑汇票比例。

3. 降成本

一是优化煤炭企业外部经营环境。在减税、降费、降低要素成本上加大工作力度，降低各类交易成本特别是制度性交易成本，减少审批环节，降低各类中介评估费用，降低企业用能成本，降低物流成本，提高劳动力市场灵活性，推动企业向内降本增效。2016 年 6 月 15 日，河南省政府面对实体经济企业生产经营成本不断攀升的现状，正式发布了《河南省推进供给侧结构性改革降成本专项行动方案》（以下简称《行动方案》），有针对性地出台了一揽子政策措施（见表 5 -1）。

表 5 -1　　河南省降成本措施

降成本领域	具体内容
税负成本	落实全面推开“营改增”试点政策，给予小微企业一揽子税收优惠。企业固定资产加速折旧、企业所得税优惠、研发费用加计扣除。高新技术企业所得税低税率、残疾人工资加计扣除、企业资源综合利用所得税优惠等。对重组企业给予企业重组改制税收优惠政策，包括增值税和契税
用电成本	降低用电价格，全省一般工商业及其他用电价格降低 5. 57 分；全面实行电力直接交易，2017 年全面放开 110 千伏及以上电压直接交易规模；简化企业用电程序，深化电力体制改革
融资成本	降低贷款中间环节成本，严禁以“以贷转存”“存贷挂钩”，鼓励银行对企业办理年审制贷款、循环贷款，提高资金使用效率；清理纠正金融服务不合理收费；降低小微企业贷款利率以及企业融资租赁成本；畅通企业多元化融资渠道，包括股权交易中心，债券等方式

续表

降成本领域	具体内容
社会保险费成本	优化社保险种结构，阶段性降低社会保险费率；降低住房公积金缴存比例，继续实施失业保险稳岗补贴政策；用工工资方面，合理把握最低工资标准调整节奏和幅度，完善农民工工资保证金制度
资源使用成本	降低企业用地成本，完善工业用地出让制度，提高土地使用率；降低企业用气成本，积极推进管道天然气价格改革；落实国家资源税改革部署，部分矿石减征或者免征资源税
行政费用成本	推进行政审批制度改革，简化企业项目审批程序，降低涉企收费水平
物流成本	降低交通运输收费，降低铁路运输成本，运价下浮
通关成本	推广应用电子口岸平台，简化通关手续，降低进出口环节费用
中介费用成本	全面清理行政审批中介服务事项，加强中介服务机构监管，规范中介服务收费
检验检测成本	降低检测费用，免除部分检测费用

《行动方案》着眼于从河南省产业发展实际，从更好地帮助企业降低生产经营成本角度出发，从税负、用电、融资、社会保险、资源使用、行政费用、物流费用、出口通关、中介费用、检验检测等10大方面为企业减负。力争经过1—2年努力，使降成本工作取得初步成效，3年左右使实体经济企业生产经营成本明显下降，企业税费负担合理减轻，融资成本降到全国平均水平。具体来说：

给予骨干煤炭企业专项财政补助。2016—2018年，每年安排2亿元资金对创新、技术改造等项目进行补助，政府在科技创新、产业发展等专项资金和政策方面向省骨干煤炭企业倾斜。4月1日起洗选煤折算率下调5%，每年可减轻煤炭企业负担1 734万元。此外，2016—2018年免收省骨干煤炭企业国有资本收益，支持企业发展。

支持企业多渠道融资。要求金融机构不能一刀切，建立主办银行机制，对经营遇到困难，但符合产业政策、承担重要社会责任、有广阔产品市场的骨干煤炭企业，继续支持其合理的信贷需求，不抽贷、不断贷，不上浮利率，降低资金成本。省政府金融办会同有关部门及时协调解决省骨干煤炭企业重大资金问题。支持煤炭企业以采矿权抵押贷款，增加周转资金，通过金融市场多种渠道融资，加大股权性融资力度，发债替代高成本融资。此外，意见还要求金融机构加快不良资产的核销，支持银行向金融资产管理公司打包转让不良资产，提高不良资产处置效率。对于骨干煤炭企业，则要求其加强资金管控，优化融资结构，严控担保行为。

盘活土地资源。支持退出煤矿用好存量土地，促进矿区更新改造和土地再开发利用，化工企业“退城进园”优惠政策优先向符合条件的省骨干煤炭企业倾斜。此外河南省在降低制度性交易成本、税收负担、融资成本、社会保险费负担、物流成本等方面也采取了一系列措施，例如困难煤炭企业可以一年内缓缴社会保险费，取消对于煤炭生产和流通领域内的不合理收费等，取得了初步成效。

二是引导企业内部降本增效。企业内部改革一方面要稳定企业生产经营，稳定内部市场，巩固省内市场，开拓省外市场。分类分块搞活企业，全面梳理企业内部产业板块及下属企业，分类排队、因企施策。淘汰劣势企业和过剩产能，推进生产要素向优势企业、重点项目、重点区域集中；对机械制造、有色金属等具有一定规模和优势的制造业板块，积极引入战略投资者，实施资产重组。开展全方位成本对标，明确成本控制重点，确保营业成本增长低于营业收入增长。

另一方面是加快转换经营机制，激发企业内生动力，优化内部组织结构，深化薪酬分配制度改革。加快资金链和项目管理，重点防范资金链风险，坚持“现金为王”理念，推进资金集中统一管理，严格执行项目投资决策程序，确保在建项目的现金流。

此外，另一个工作重点在于人员分流。煤炭企业的兼并重组、关闭或退出必然会引发部分职工的转岗分流和再就业问题，职工安置是煤炭供给侧改革中必须做好的民生问题。《方案》中要求省骨干煤炭企业要发挥自身优势，做好企业职工转岗分流工作。人员分流的方式包括解除、终止劳动合同、内部退养等，政府也会建立转岗就业培训机构，加强转岗及创业培训，同时各级财政就业培训资金向煤炭企业职工转岗培训倾斜，减免培训收费。

4. 补短板

通过推进结构调整、促进转型升级，完善体制机制增强企业活力，强化自主创新、转换发展动力、深化开放合作拓展发展空间，实现发展短板得到有效补齐的目标。一是优化产业产品结构，扩大煤炭分级与分质销售，积极发展浆煤、洁净型煤、洁净煤粉等系列清洁燃烧产品；优化发展现代煤化工（煤焦化工、煤基尼龙化工、煤基聚酯等），通过加快发展高附加值新型化工材料和精细化工产品（聚酯、合成树脂、合成纤维等），促进现有煤化工产品精细化、高端化、终端化、差异化发展。

二是调整优化生产布局。将资金、设备、人才向成本低、效益好、开采条件好的主力矿井倾斜，加快骨干煤炭企业“走出去”步伐，参与煤炭富集地区煤炭资源开发。加快煤化工企业“退城进园”，促进业务整合。河南省引导煤炭产业向清洁化利用和可再生能源转型发展，鼓励利用废弃的煤矿工业广场及其周边地区，发展风电、光伏发电和现代农业。河南省对骨干煤炭企业非煤产业自主创新、技术改造、节能减排等转型升级项目给予专项支持，2016—2017年，河南省共支持河南能源精细化工有限公司“年产 3 000 吨丁二酸酐工业试验装置项目”、平煤神马尼龙科技公司“年产 20 万吨己内酰胺项目”等转型升级项目 24 项，划拨资助资金 33 076 万元。

（三）煤炭行业的供给侧结构性改革的成效分析

在多部门多举措的作用下，河南省煤炭行业的供给侧结构性改革取得了较大成效。2017 年，河南省累计生产原煤 10 609. 83 万吨，同比下降 2. 18%，圆满完成化解过剩产能阶段目标，关闭矿井 101 对，退出产能 2 012 万吨，顺利通过国家抽查验收。河南省骨干煤炭企业累计完成煤炭板块固定资产投资 34. 11 亿元，煤炭板块实现营业收入 521. 68 亿元，同比增长 45. 73%，实现利润 32. 58 亿元，扭亏增盈 91. 76 亿元。

在不断加大落后产能淘汰退出的同时，河南省积极发挥优质产能作用，做好全省煤炭产能接续。按照国家新增产能实施减量置换有关要求，河南能源新桥煤矿优质产能核增项目、神火集团梁北煤矿改扩建项目等一批新建、改扩建、技术改造、优质产能核增项目减量置换方案通过国家审核，核增产能 643 万吨/年，增强了安全产能保障能力。2017 年以推进煤炭供给侧结构性改革为主线，不断提升全省煤矿安全生产水平，有力推动了煤炭行业持续健康发展。2017 年，发生伤亡事故 5 起，造成 19 人死亡，百万吨死亡率 0. 179%。不断夯实安全生产基础的同时，全省煤炭行业职工的幸福感得到增强：河南省骨干煤炭企业职工人均年收入 54 915 元，同比增长 22. 9%。

煤矿安全生产标准化建设取得新进展，这也是河南省骨干煤炭企业扭亏增盈的法宝之一。煤矿安全生产标准化新标准实施以来，全省 156 处煤矿达到新标准等级。不仅如此，全省 47 处煤矿获得国家安全高效矿井称号，居全国第三位，核定能力 7 288 万吨，占全省公告矿井数和核定生产能力的 19% 和 45%。全省还建成 55 处“五优”矿井，核定生产能力 9 510 万吨/年，占全省煤矿公告生产能力的 59%，实现了井下安全生产，井上文明生活，促进了全省煤矿安全发展。

2022 年中国煤炭工业协会发布了 2022 中国煤炭企业 50 强和煤炭产量千万吨以上企业名单，河南省 4 户企业入选 50 强，分别是中国平煤神马控股集团有限公司（第 9 名）、河南能源集团有限公司（第 11 名）、河南神火集团有限公司（第 25 名）、郑州煤矿机械集团有限公司（第 31 名）。其中，河南能源集团有限公司、中国平煤神马控股集团有限公司同时上榜 2022 中国煤炭企业煤炭产量千万吨以上企业名单，分别位列第 11 名、第 18 名。

三、思考题

1. 谈谈我国实行供给侧结构性改革的必要性。

2. 说说财政政策在供给侧结构性改革中的作用？

3. 如何理解我国各个阶段实施的积极财政政策？改革开放以来实施了几次积极财政政策？每次的使用的调控手段都是什么？

案例说明书

一、课前准备

本案例要求学生提前阅读案例正文，并学习财政宏观调控政策等相关专业知识，认真思考案例后的思考题。

二、课堂安排

1. 学生熟悉案例背景：结合课前预习的相关理论知识总结提炼案例的基本要点和关键问题，并结合案例后面的思考题进行讨论。此项安排时间大约 20 分钟。

2. 教师组织进行讨论：围绕案例后面的思考题，安排学生进行分组讨论，每个小组确定一个核心讨论问题。具体思路按照：“是什么（what）”—“为什么（why）”—“怎么样（how）”的线索展开。要求每组学生完成以下工作：首先，针对案件中涉及的事件进行描述，对涉及的基本专业知识进行简要介绍；其次，结合实践进行理论分析，分析供给侧结构性改革的几个核心关键问题；最后，学生针对案例中财政宏观调控问题进行探讨，提出相关的政策主张或建议。此项安排时间大约 45 分钟。

3. 教师进行评价和点评：对供给侧改革和我国历年的积极财政政策进行梳理，并归纳总结小组讨论的共识，提出继续思考的问题。此项安排时间大约 20 分钟。

三、教学目标

1. 通过学习该案例，了解财政政策在我国供给侧改革的作用。
2. 对财政政策工具运作机制有较为清晰的认识。
3. 正确认识市场经济下财政的资源配置职能和经济稳定与增长职能。

四、思政元素

本案例展示了我国财政政策从需求侧转向供给侧的过程，介绍了河南煤炭行业供给侧改革的具体情况，引导学生树立历史观，通观源流、明理见道，在学习国家用财政政策进行宏观调控时，不能断章取义、刻舟求剑，而要真正掌握积极财政政策的来龙去脉、前世今生，理解积极财政政策在不同的时代背景和经济状况下会呈现出不同的形态，其政策手段、作用重点方面也存在着明显差异。让学生在掌握积极财政政策的作用机理基础上，深刻理解我国政府是根据国内外经济形势的变化，通过对症下药、解决时弊，才能实现财政与经济之间的良性循环的，培育学生关心国事、经世济民的情怀与专业分析能力。

五、要点分析

1. 我国的供给侧结构性改革

（1）为什么改？

改革开放四十多年来，中国经济持续高速增长，但受到 2008 年美国次贷危机的影响，世界经济陷入低迷，我国的经济发展也受到严重影响，因此，我国实施了以“四万亿刺激计划”为代表的一系列宏观经济政策，通过大规模举债、增加政府投资来刺激社会有效需求的增加。这些政策非但未能解决我国经济的结构性失衡问题，反而加剧了一些传统行业的产能过剩问题，为我国经济的长期发展带来许多问题。主要表现为供求错位，过去国内主要供给体系面向低收入群体，由于国内中等收入群体迅速扩大，消费结构发生变化，出现中低端产品过剩而高端产品供给不足的问题。当供给的结构不能满足需求结构变化带来的挑战时，就要求对供给结构进行调整。

（2）怎么改？

用改革的办法推进结构调整，减少无效和低端供给，扩大有效和中高端供给，增强供给结构对需求变化的适应性和灵活性。“去产能、去库存、去杠杆、降成本、补短板”是供给侧改革的五大任务。“宏观政策要稳、产业政策要准、微观政策要活、改革政策要实、社会政策要托底”是供给侧改革的五大支柱。具体来说，宏观政策要稳，就是要为结构性改革营造稳定的宏观经济环境；产业政策要准，就是要准确定位结构性改革方向；微观政策要活，就是要完善市场环境、激发企业活力和消费者潜力；改革政策要实，就是要加大力度推动改革落地；社会政策要托底，就是要守住民生底线。

（3）我国的供给侧改革不同于西方国家的供给侧宏观调控政策

一是供给侧改革的时代背景不同。美国提出供给侧改革的背景是 20 世纪 70 年代美国等西方国家遭遇高失业率和高通胀率并存的“滞胀”问题。中国供给侧改革背景则是经济新常态，并且在供给侧改革提出之前已经出现一定程度持续性通缩。至今中国面临的主要挑战在两方面：一是步入新常态以后经济增速有较大下滑。我国的 GDP 增速从 2011 年的 9.5% 下降到 6.9%，经济增长进入中高速阶段；二是长期形成的供给侧结构性问题突出，传统产业产能过剩问题严重，结构调整和增长方式的转变尚未实现。

二是财政调控手段不一样。我国供给侧结构性改革不是简单地照搬国外供给学派的拉弗曲线，美国供给学派主要侧重于减税，尤其是对累进税制高税率的削减，通过减税来提高要素税后边际收益率，从而刺激储蓄、投资、劳动供给和技术创新，并在长期内提高生产率和促进经济增长。我国供给侧结构性改革所强调的减税，则是在多年结构性减税基础上配合全面改革和生产方式转变的进一步调整。美国供给学派力主市场经济，政府减少对经济的干预，奉行自由主义。中国供给侧结构性改革提出在适度扩大总需求的同时，要着力加强供给侧结构性改革，因此还要运用好需求管理的政策。积极促进需求侧与供给侧的有机结合，实现经济的均衡、协调发展。政府在供给侧结构性改革中的作用是十分重要的。

三是供给侧改革的目的不同。美国供给侧结构性改革的核心政策是减税，其减税主要是边际税率的降低，而不是结构性减税，富人在减税中所获得的好处更多，使得美国的贫富差距加大。其次美国政府在削减政府开支时以民用支出为主，国防军费开支不降反升。从这两个方面可以看出，美国的供给侧改革不是从普通民众特别是弱势群体的利益诉求出发的，而是为少数富人与特殊利益集团服务。我国的供给侧结构性改革过程中始终以民众需求为导向，坚持民生为本，兼顾经济结构调整的长远发展目标，通过供给体系的改善和增长动力的转换，提升人民的福祉。

2. 我国的积极财政政策实践

我国多年来一直实行积极财政政策，以经济发展作为总体目标，但是不难发现，不同阶段的积极财政政策在政策手段、作用重点方面具有明显差异：

（1）1998—2004 年实施积极财政政策

1998 年受亚洲金融危机的冲击，我国产出下降、消费意愿低迷，外贸出口增长速度大幅度回落，国内需求对经济拉动的力度明显下降，造成 1998 年上半年经济增长速度出现减缓趋势。针对这种情况，中央果断决定实施积极的财政政策，具体措施包括：增发长期国债，1998—2004 年累计发行长期建设国债 9 100 元促进基础设施建设，带动社会投资水平；调整税收政策，提高出口退税率、降低部分产品关税税率、停征固定资产投资方向调节税、开征利息税等；调整收入分配政策，提高最低生活保障水平、推进城镇医疗保险制度等；增加对中西部地区和农村地区的财政投入，促进区域协调发展和产业结构升级。

（2）2008 年至今的积极财政政策

2008 年至今的积极财政政策一共经历以下三个阶段：

第一阶段：2008—2012 年。我国国内遭遇了汶川地震，国际上面对美国次贷危机引发的全球经济危机的影响，经济增长速度出现大幅下降，政府出台了新一轮力度较 1998 年更大的积极财政政策。国务院推出了十项举措，加快民生工程、基础设施、生态环境建设和灾后重建，在 2009—2010 年完成 4 万亿元的投资规划，以扩大内需。4 万亿元投资规划主要投向民生工程、基础设施建设、节能减排、技术改造以及地震灾区恢复重建等方面，包括铁路、公路、机场、水利等在内的基础设施约 1. 5 万亿元，民生工程以及汶川大地震重点灾区的恢复重建、基础设施建设相关的投资近 3. 3 万亿元。2009 年中国实施了结构性减税政策，年减税总额达 5 500 亿元，全面推行消费型增值税，在出口上调高了部分产品退税率。实施积极财政政策后税收对产出及进出口贸易总额冲击起到了显著的正向推动作用。2011 年强调“继续实施积极的财政政策”，2012

年提出“把握好稳中求进的工作总基调”“实施积极的财政政策”。这一阶段主要采取财政增支手段扩大投资和消费需求。

第二阶段：2013—2020 年。经济新常态下的积极财政政策以大规模减税降费为主，从要素端和供给端入手，目标是提升我国经济的长期发展潜力，主要是从需求刺激转向降低供给端的生产要素成本。主要政策措施如下：一是降费，加大收费基金清理和改革力度；二是适度扩大财政赤字规模，增加必要的财政支出。2018—2020 年减税降费超 1.3 万亿元、2.3 万亿元、2.6 万亿元。由于中美贸易摩擦加剧导致的外需不稳定，2018 年产出及进出口贸易总额受到极大冲击，政府通过减税刺激经济增长。

第三阶段：2020 以后。突如其来的疫情使得财政政策必须更加积极。积极有为的财政政策有效对冲了疫情及其衍生风险影响，稳住了经济基本盘，基本民生得到保障。政府推出 7 方面 28 项支持疫情防控和经济社会发展税费优惠政策，通过动用大规模减税降费、优化支出安排、提高赤字率、发行特别国债、提升专项债规模等一系列财政政策工具，尽力减小疫情对国内经济带来的巨大冲击与损失。

2021 年，实施“减税降费 + 缓税缓费”，持续加力加码，减税降费产生了叠加效应。2022 年，我国实施“大规模留抵退税 + 减税降费 + 缓税缓费”新的组合式税费支持政策，呈现了规模力度大、优惠方式多、惠及范围广、连续性强的特点，对提振市场主体信心、扩大消费投资、增强发展内生动力、稳定宏观经济大盘发挥了重要作用。

参考文献

[1] 河南省供给侧改革指导意见解读，招商固收研究团队 2016 - 08 - 01 08：38.

[2] 石英华，张瑞晶．财政政策转型提质的逻辑——基于财政政策有效性的分析［J］．财政研究，2021（06）：45 - 54.

[3] 孙玉栋，庞伟．对积极财政政策更加积极有为的分析［J］．财政监督，2020（12）：21 - 25.

[4] 刘晔．财政政策与供给侧改革［J］．财政监督，2016（09）：5 - 7.

[5] 官高俊．从需求到供给：积极财政政策转型的效应对比研究［D］．青岛：山东大学，2019.